Olivier Blanc
Liebe, Spiel und Guillotine

Olivier Blanc

Liebe, Spiel und Guillotine

Libertine Frauengestalten im 18. Jahrhundert

Aus dem Französischen von Agnes Hüfner

Artemis & Winkler

Titel der französischen Originalausgabe:
Les libertines. Plaisir et liberté au temps des Lumières

Veröffentlicht mit Unterstützung des Ministère Français de la Culture, Paris

Die Deutsche Bibliothek – CIP-Einheitsaufnahme

Blanc, Olivier:
Liebe, Spiel und Guillotine : libertine Frauengestalten im 18. Jahrhundert / Olivier Blanc. Aus dem Franz. von Agnes Hüfner. – Düsseldorf ; Zürich : Artemis und Winkler, 1998
Einheitssacht.: Les libertines <dt.>
ISBN 3-538-07073-3

Umschlagmotiv: Jean Marc Nattier,
Bildnis der Anna Henriette von Frankreich als Flora, 1742.
Florenz, Uffizien. Foto: AKG, Berlin
Umschlaggestaltung: Bine Cordes, Weyarn
Satz: Josefine Urban – KompetenzCenter, Düsseldorf
Druck und Verarbeitung: Pustet, Regensburg
Printed in Germany
ISBN 3-538-07073-3

Inhalt

Anhang

Einführung

Das Wort »Libertinage« ist, so wie es in der Literatur und in der Presse am Ende des 18. Jahrhunderts gebraucht wird, vieldeutig. Vom lateinischen »libertinus«, »freigelassen«, abgeleitet, erfuhr es eine Reihe von Veränderungen und Erweiterungen, um schließlich im Laufe des 17. Jahrhunderts eine mehr philosophische als religiöse Haltung zu bezeichnen, teils noch dem skeptischen Geist des 16., teils schon dem philosophischen des 18. Jahrhunderts verhaftet. Im Namen der Gedankenfreiheit beanspruchten die Libertins das Recht auf Ungläubigkeit. Unter Ludwig XIV. hatte das Wort in der Literatur und im Theater dann bereits die erotischen Konnotationen, wie sie im Hauptwerk der libertinen Literatur, in Choderlos de Laclos' Roman *Les liaisons dangereuses (Die gefährlichen Liebschaften)* ihren vorbildlichen Ausdruck fanden.[1]

Von da an scheint Libertinage eindeutig Liebesverhältnisse außerhalb der Ehe zu bezeichnen. Aber gab es eine typisch weibliche Libertinage? Um herauszufinden, was damit gemeint war, wenn die Frauen am Hof von Versailles und in Paris vor und nach 1789 libertin genannt wurden, soll hier die bereits erschöpfend ausgewertete fiktionale Literatur außer acht gelassen werden; statt dessen stützt sich dieses Buch auf dokumentarisches Material, auf die paradigmatische Darstellung von dreizehn Frauen, die in den galanten Chroniken und Polizeiberichten mehr oder minder als libertin betrachtet worden sind.

Was zeichnete im Alltag – nicht in der Literatur – die

sexuell freizügige Frau aus? War sie eine Expertin der Liebe, als solche bekannt und von einem Liebhaber zum nächsten weiterempfohlen? Erkannte man sie an der Kleidung, ihrem Benehmen, ihrem Lebensstil? War sie eine intrigante Zynikerin, vergleichbar der Marquise de Merteuil aus Choderlos de Laclos' *Gefährlichen Liebschaften*? Gehörte sie einem exklusiven Kreis, einer Sekte an, wie es von den »anandrynes« heißt, Frauen, die ihresgleichen liebten? Weder die Enzyklopädien noch die umfangreichsten Wörterbücher verschaffen in diesem Punkt Klarheit, zumal ihre Redakteure, vor allem im 19. und Anfang des 20. Jahrhunderts sich einem Thema, das a priori als »schamlos« galt, kaum vorurteilsfrei näherten. Um möglichst genau zu bestimmen, was sich hinter weiblicher Libertinage verbarg, zeichnen wir im folgenden einige Lebensgeschichten nach, die es erlaubten, die Frauen, die am Vorabend der Revolution als freizügig galten, in ihren erotischen sowie in ihren wirtschaftlichen, politischen und gesellschaftlichen Eigenheiten vorzustellen.

Das Engagement und die Geisteshaltung der sich der Libertinage hingebenden Frauen unterschieden sich von dem ihrer männlichen Pendants. Ihr Ehrgeiz beschränkte sich nicht auf den freizügigen Umgang und die Beherrschung der eigenen Erotik. Das Feld ihrer Eroberung war unendlich weiter. Sie bemühten sich, die Mittel ihrer Unabhängigkeit in eigener Regie zu beschaffen, und es gelang ihnen, trotz vielerlei Hindernisse schließlich einen neuen Typ Frau herauszubilden: selbständig, für die eigene Wahl und Entscheidung selbst verantwortlich. Für sie war Liebe entschieden mehr als Ehe, Kinder und Häuslichkeit, die für sie ein Dasein hinter Gittern versinnbildlichten. Dem traditionellen Gängelband von Elternhaus, Ehemann oder Religion entkommen, verstanden es diese Frauen, ihre bisweilen teuer erworbene Freiheit sehr wohl zu genießen. Und das Jahr 1789 schien ihnen recht zu geben.

Um sich mit den sexuell freizügig lebenden Frauen dieser Epoche vertraut zu machen, geht man am besten zunächst dem Bild nach, das Schmähschriften wie die *Nouvelles à la main*, die Skandalpresse der Zeit, die wenigen ausführlich und unverhohlen berichtenden Memoirenschreiber wie Graf Alexandre de Tilly, die Bestände der Archive, vor allem der Notariatsarchive, die Denunziationen während der Revolutionsjahre, die Polizeiberichte und die Akten von Fouquier-Tinville, dem öffentlichen Ankläger des Revolutionstribunals überliefern.[2] In all diesen Dokumenten erscheint dieser Typus Frau als eine großstädtische – meist Pariser – Dame. Sie ist, sobald sie konnte, aus der Provinz, oft den entlegensten Landstrichen, geflohen. Die Damen Davasse des Saint-Amarand und Thilorier, beispielsweise, verlassen, kaum daß sie verheiratet sind, Besançon bzw. Bordeaux. Kaum verwitwet, kehren die Damen Vincent und Aubry Montabaur bzw. Lyon den Rükken und lassen sich in der Hauptstadt unter den Namen Mademoiselle Saron und Olympe de Gouges nieder. Selten waren diese Frauen älter als fünfundzwanzig Jahre, und nicht wenige kamen ohne Not, aus purer Langeweile nach Paris. Die jungen Frauen, deren Existenz, anders als die der Adligen und wohlhabenden Bürgerlichen, nicht gesichert war, mußten sich häufig die Mittel selbst beschaffen, um ein Leben ihrer Wahl führen zu können. Für jene, die keinerlei Vermögen besaßen, stellte sich die Frage in aller Schärfe, und der Traum von der Unabhängigkeit scheiterte für viele bereits an dieser ersten Klippe.

Für die ganz mittellosen boten sich drei Lösungen: das galante Gewerbe, die dauerhafte Liaison, die Ehe. Für manche war die Galanterie eine notwendige Episode, die ihnen im besten Fall zu einem ansehnlichen Vermögen verhalf. Frauen, die es so weit gebracht hatten, wurden im Unterschied zu den »leichten Mädchen« dann Frauen des »großen Stils« oder des »feinen Tons« genannt, und Wohlstand erlaubte es ihnen, sich ihre Liebhaber oder auch einen Ehemann selbst auszusuchen. Eine dauerhafte Liaison, die Verbindung mit einem treuen und großzügigen Liebhaber ließ der Frau alle Freiheit und versprach im Fall eines Schicksalsschlags dennoch Sicherheit. Nicht selten fanden die Frauen auch einen reichen, anspruchslosen, häufig älteren Ehemann, den sie, wie das Beispiel von Madame Du Barry zeigt, kaum je zu Gesicht bekamen.

Leibrenten spielten in den Liebesbeziehungen dieser Zeit eine besondere Rolle, denn sie erlaubten es, eine Verordnung Ludwig XIII. zu umgehen, die Schenkungen zwischen unverheirateten Paaren verbot. Das Verfahren war einfach: Der Geldgeber behauptete, von seiner Geliebten eine bestimmte Summe zur Anlage erhalten zu haben, er zahlte für diese Summe Zinsen an die Frau und verpflichtete sich, das angeblich geschenkte Kapital dem Zinsempfänger auf dessen Wunsch »zurückzuerstatten«. Manche dieser Renten waren auf den Nachwuchs übertragbar und kamen oft den aus unehelichen Beziehungen hervorgegangenen Kindern zugute. Die Zinsen, die alle sechs Monate fällig waren, lagen bei fünf Prozent. Diese verkappten Schenkungen erfolgten, wenn sich eine Schwangerschaft anbahnte, sie waren aber auch als großzügige Geste anzusehen, mit der das Ende einer Liaison angekündigt wurde. Dem einen ermöglichten sie den Rückzug, dem anderen die Vermehrung des Vermögens. Das System der Leibrenten sollte die außerehelichen Liebesbeziehungen festigen, es wurde sowohl von hetero- als auch von homosexuellen Paaren in Anspruch genommen und hatte die gleiche Verbindlichkeit wie ein offizieller Akt, denn der Vertrag wurde von einem königlichen Notar beglaubigt.

Manchen Frauen bürgerlicher Herkunft gelang der Einstieg dadurch, daß sie an der Königlichen Musikakadmie, der Oper, dank Protektion als Statistinnen zugelassen wurden. Dieses Tummelfeld von Adligen und reichen Bürgern entzog Minderjährige dem Zugriff der Eltern. Ein Vermerk aus den Akten des Pariser Polizeipräfekten Lenoir lautet beispielsweise: »Der Marquis de Wargemont, Oberst im Regiment de Soubise, hatte in der Rue Grange-Batelière die kleine Rouard, die ihren Taufnamen schon verloren hat – man nennt sie ›Morainville‹ –, versteckt. Ihr Vater, ein Zimmermann aus Lille, sucht sie unter Tränen. Er wird sie in der Oper wiederfinden, aber kein Recht mehr auf sie haben.«[3]

Viele mittellose Eltern hätten es indes nicht ungern gesehen, wenn ihre Tochter Aspirantin und schließlich Pensionärin der Oper geworden wäre. Die Eltern der drei Schwestern Ruggiéri, unter dem Namen Mesdemoiselles Colombe eher zu einer großen gesellschaftlichen als zu einer künstlerischen Karriere berufen, hatten nicht gezögert, ihre charmante Nachkommenschaft einem Adligen oder Finanzier in die Arme zu treiben, um sie zu Wohlstand zu bringen. Etliche der Libertinage bezichtigte Frauen – unter ihnen die außergewöhnliche Mademoiselle Dervieux, der es innerhalb von zehn Jahren gelang, sich ihre Liebhaber nach Lust und Laune auszusuchen – benutzten so »den gehobenen Strich« als Sprungbrett in die bessere Gesellschaft. Hierin unterschieden sich diese Frauen von ihren galanten und ausgehaltenen Geschlechtsgenossinnen.

Einigen dieser Frauen, die sich für ein selbständiges Leben entschieden hatten, gelang es, einer Tätigkeit nachzugehen, die ihrem gesellschaftlichen Status entsprach: der Miniaturmalerei auf Elfenbein, dem Bemalen von Fächern, dem Spiel eines Instruments in privater Gesellschaft oder im öffentlichen Konzert. Andere, die Sartines oder Lenoir die Konzession entwunden hatten, versuchten sich im Glücksspielgewerbe, sei es als Animateurin der Einfaltspinsel, sei es als Direktrice eines oft luxuriösen Spielsalons, wieder andere waren im Immobiliengeschäft erfolgreich, vor allem dank der unter Ludwig XVI. im heutigen 9. Pariser Arrondissement getätigten Bauspekulationen. Bekannt ist auch der Fall der berühmten Mademoiselle Montansier, die ihre Unabhängigkeit als Theaterleiterin errang. Ähnliches versuchte, mit geringerem Erfolg, die große Tragödin Raucourt, eine der perfektesten Repräsentantinnen der Libertinage. Es gab ein paar gewitzte Frauen, die von der Spionage unter den Emigranten profitierten, und ein paar besonders raffinierte, die wahre Schätze dank der Vetternwirtschaft ansammelten, die von Ludwig XVI. bis zum Direktorium nie aufhörte. Von Ursule Renard, die gemeinsam mit dem Kriegsminister Montbarry ein schamhaft als »Einnahmestelle« umschriebenes Büro betrieb, bis zu Caroline de Maningan, Freundin von Barras, machten manche mit ihrem tatsächlichen oder vermuteten Einfluß auf die Mächtigen mehr oder weniger erfolgreich Geschäfte.

Einige dieser Frauen waren gebürtige Aristokratinnen, andere kamen aus dem gehobenen Bürgertum, wieder andere aus dem Kleinbürgertum. Frei von den üblichen Vorurteilen über Liebe und Ehe und der Enge gesellschaftlicher Konventionen entkommen, zögerten sie auch nicht, sich aktiv für eine Sache oder eine politische Idee zu engagieren. Am Anfang der Revolution besuchten einige regelmäßig die patriotischen Klubs und politischen Gesellschaften, so beispielsweise Etta Palm d'Aëlders, Louise Cosme Descoings oder Madame Hocquet de Calon, die am Arm des Abbé Fauchet im »Cercle social« erschien und für Aufsehen sorgte, nicht zu vergessen Théroigne de Méricourt, die sich in der galanten Welt einen Namen gemacht hatte, bevor sie die berühmte revolutionäre Eiferin wurde, als welche man sie kennt.[4]

Olympe de Gouges und andere ergriffen vor der Nationalversammlung das Wort und publizierten zahlreiche »offene Briefe«, um die Frauen zur Wahrnehmung ihrer Bürgerrechte aufzurufen.[5] Die Damen Condorcet[6], Talma[7] und de Gouges, die nicht ganz zu Unrecht im Ruf standen, Libertine zu sein, verteidigten öffentlich die Thesen der

Girondisten und wurden in der Presse der Ultra-Royalisten und Montagnards häufig angegriffen.[8]

Einige Aristokratinnen, die der Libertinage frönten, gingen in den Untergrund und unterstützten die Konterrevolution. Nachdem sie zunächst die Verfassunggebende Versammlung begrüßt hatten, wandten sie sich in dem Augenblick gegen die Revolution, als sie ihre Güter und ihre Sicherheit bedroht glaubten. Andere waren bereit, alles »für das Wohl der Monarchie« zu opfern. Sie zögerten nicht, mit ihrem Körper zu bezahlen, um Bevorzugungen, Passierscheine, Streichung von Namen aus den Fahndungslisten, Aufenthaltsgenehmigungen, Freisprüche oder vorzeitige Entlassung zu erhalten. Aus denselben Gründen versteckte die Gräfin de Beaufort ihren Liebhaber, den Königsmörder Julien de Toulouse, im Stadtpalais ihrer Freundin Madame de Pompignan. Allerdings fanden sich viele dieser Frauen, die sich mit den Montagnards eingelassen hatten, bald darauf im Gefängnis wieder, wo sie auf Mesdames de Linières, Robineau de Beaunoir und andere trafen, die ihre Verführungskünste an Fabre d'Eglantine, Chabot und den Freunden Dantons erprobt hatten.

Die Frauen, deren Geschichte hier erzählt wird, waren mit Ausnahme der in den Niederlanden geborenen, im reformierten Glauben erzogenen Etta Palm Katholikinnen. Man kann davon ausgehen, daß keine von ihnen fromm war; ihnen galten familiäre, wirtschaftliche und gesellschaftliche Erwägungen mehr als das Sakrament der Ehe. Umgekehrt diente aber auch die Ehe beim Adel und dem gehobenen Bürgertum wirtschaftlichen Interessen. Und je größer die Mitgift war, desto weniger kamen die Ehekandidaten und die Liebe zu Wort. Diese zweckgebundenen Eheschließungen hatten die Kirche dazu bewogen, das heiratsfähige Mindestalter niedrig anzusetzen: zwölf Jahre bei Mädchen, vierzehn bei Jungen – ein zartes Alter, das ermöglichte, solche Arrangements ohne Widerstand zu treffen.

Verordnungen der Monarchie verlangten die elterliche Zustimmung zur Heirat bis zum dreißigsten Jahr für Männer und bis zum fünfundzwanzigsten für Frauen, einschließlich der Witwen. Andernfalls drohten Enterbung und Annullierung der Ehe. Angesichts dieser Bedingungen versteht man, warum gegen Ende des 18. Jahrhunderts der Ehebruch belanglos wurde und die Zahl der illegitimen Geburten stieg. Selbst Priester akzeptierten es im übrigen, Kinder unter falschem Namen zu taufen. Unter dem Direktorium wurden dann bessere Gesetze verabschiedet.[9]

Außereheliche Verhältnisse waren in den mondänen Milieus bei Hof und in der Stadt fast die Regel. Chamfort und andere mokierten sich darüber; aber es kam auch durchaus vor, daß Familien, um ihre Würde zu verteidigen und den Verschwendungen Einhalt zu gebieten, die mit diesen Vorlieben einhergingen, die Intervention des Königs erwirkten. So wurden auf Bitten einer Mutter (Madame de Barbentane), eines Ehemanns (des Staatsanwalts de Courville) und sogar eines Schwagers (Bertin de Blagny) die Gräfin d'Hunolstein, Madame Gillet de Courville und die Baronin d'Estat auf unbestimmte Zeit in ein Kloster geschickt.

Die Beziehung der Verfechterinnen der freien Liebe zur Kirche und deren Repräsentanten hat reichlich Stoff zu Romanen und Stücken über »erzwungene Gelübde« und das Zölibat der Priester geliefert. Man denke an Diderots Roman *Die Nonne*, an Bernardin de Saint-Pierre und die antiklerikalen Pamphlete aus dem Jahr 1791, in denen sich der Frauenfeind Sylvain Maréchal hervortat. Dennoch konnte es geschehen, daß die libertinen Frauen recht gute Beziehungen zur hohen Geistlichkeit unterhielten. So empfing die Freundin Voltaires, Madame de Saint-Julien, Gattin eines kirchlichen Steuereinnehmers, in ihrem kleinen Haus in der Rue des Victoires bestimmte Prälaten in einem durchsichtigen Hauskleid.[10] Sie kannte die sybaritischen Sitten des hohen Klerus ebensogut wie Madame de Flahaut, die der Bischof von Autun geschwängert hatte, oder Mademoiselle Guimard, um deren schöner Augen willen seine Exzellenz de Jarente 1779 vom prüden Ludwig XVI. zurechtgewiesen wurde. Im großen und ganzen hatte die libertine Gesellschaft keine sonderlichen Schuldgefühle. Die Überschreitung der alten Verbote entsprach dem Zeitgeschmack.

Für diejenigen, die das Wort in den Jahren um 1789 gebrauchten, bedeutete Libertinage im weitesten Sinn alle Arten von Liebesbeziehungen außerhalb der Ehe. Ein Abt ist libertin, eine in die Jahre gekommene Mätresse wird ihren Ruf nie los, ein naives Dienstmädchen, geradewegs einem Theaterstück von Beaumarchais entsprungen, gilt als sexuell freizügig. Das Wort paßt auf jeden Stand, jedes Alter und beide Geschlechter. Und es kann ebensogut die weibliche wie die männliche Homosexualität bezeichnen. Von Mademoiselle Raucourt heißt es, sie habe sexuell ausschweifend gelebt, während Pamphletisten in ihren plumpen Episteln schreiben, sie sei lesbisch. Libertinage ist der Gattungsbegriff für die freie Liebe. Die sexuelle Lust und alles, was dazu beiträgt, sie zu steigern, gelten als positiver Wert. Das erotische Spiel macht den Unterschied zur vulgären oder gar tierischen Sexualität aus. Das Raffinement beginnt in der Praxis mit einem kleinen rundum verspiegelten, separat gelegenen Boudoir und reicht bis zum rituellen Bad, das lesbische Liebende genießen. Es steht der orientalischen Kultur in nichts nach. Choderlos de Laclos hat in den *Gefährlichen Liebschaften*, um die Zensur zu umgehen, es sichtlich vermieden, von der Sexualität als Lust zu sprechen. Seine Helden, Valmont und Madame de Merteuil, empfinden erotische Freiheit als schöpferischen Impuls, als vitalisierende Kraft. Die Liebestaktiken und -techniken sexuell freizügiger Frauen zielen dagegen eindeutig auf Lustgewinn.

Ist es also Zufall, daß die Frauen, die sich bemühten, den Bann, der auf der hetero- und homosexuellen Liebe lastete, zu brechen und anspruchsvoll zu leben, viel Sinn für Schönheit, Bildung, Geist und Kunst aufbrachten? Die reich bestückten Bibliotheken von Mademoiselle Leduc oder Madame Joly de Fleury sind dafür ein Beweis. Waren Madame du Châtelet oder Madame de Pompadour zu ihrer Zeit Ausnahmeerscheinungen, so sind solche Frauen seit 1770 zur Regel geworden. Als sich die Freimaurerlogen für Frauen öffneten[11], traten die aufgeklärtesten unter ihnen, wie Madame de Rochechouart und Madame de Kolly, als erste ein. Nicht weniger begeistert, unterstützten sie die Gründung des ersten Museums im Jahr 1781[12] und beteiligten sich an den Treffen der u. a. von Parny, Bertin und Cubières angeführten Dichtergruppe »Caserne«[13].

Die einzigartige Verfeinerung ihres Lebens, ihr besonderer Sinn für die schönen Künste, für die Ästhetik im allgemeinen geht über eine Mode weit hinaus. Fast alle protegieren Künstler und betätigen sich, sofern ihre Mittel es ihnen erlaubten, mäzenatisch. Mit ihrer Hilfe werden Pastellmaler, Goldschmiede, Kunsttischler, Landschaftsmaler und Musiker bekannt. Madame Thilorier richtet Freiplätze an der Königlichen Schule für Zeichenkunst ein. Mademoiselle Dervieux setzt alles daran, die Karriere des Architekten Bélanger zu fördern, und Julie Carreau, zukünftige Madame Talma, unterstützt den Architekten Brongniart. Die Musiker Hermann, Paisiello, Saint-Georges, Martini, Steibelt werden bevorzugt in die Salons von Sophie Arnould und Madame de Chambonnas eingeladen. Letztere lebte von ihrem Mann getrennt, den ein mysteriöser Orden der Hermaphroditen, auch Orden von der erhabenen Glückseligkeit genannt, in Anspruch nahm.

Frauen, die der Libertinage nachgingen, hatten großen Einfluß auf die Mode. Die schlichte Eleganz der weiblichen Kleidung am Vorabend der Revolution, der Verzicht auf die mit eingeflochtenen Perlen und Federn hochaufgetürmten Frisuren geht auf sie zurück. »Der Luxus unserer Schönheiten«, schreibt ein Journalist, »gleicht dem der Hetären, die einst die Inseln Zypern, Kythera, Paphos und Anathonte bevölkerten. Venus und die Grazien waren nicht mit solcher Sinnenfreude und Galanterie gekleidet. Die elegante Taille wird von einem Korsett eng umschlossen, dessen Schnüre die schwellenden Brüste heben und das Schultertuch zurückschieben. Feine, durchscheinende Spitze bedeckt Hals und Brustansatz und umspielt den Busen. Kurze Röcke in Rosa, Weiß oder Blau schwingen um schlanke Beine und zierliche Füße. Über dieses neue Schäferinnenkostüm wird eine Tunika aus Musselin oder Leinenbatist geworfen, vergleichbar derjenigen der Vestalinnen. Sie wird an der Taille mit einem breiten Band in der Lieblingsfarbe des Gatten oder Geliebten gehalten. Befestigt ist es an der rechten Seite mit zwei oder drei Goldspangen. Der Kopf bleibt unbedeckt, einzig ein Liebesband schlingt sich um die Haare, die, im Nakken lose zusammengebunden, auf die Schultern fallen.«

Alle diese Frauen empfangen ihre Gäste gewöhnlich bei sich in ihrem Stadtpalais, in kleinen Häusern oder komfortabel ausgestatteten Wohnungen. Sie bevorzugen bestimmte Viertel und Straßen, wie die Chaussée d'Antin, die Grange-Batelière und die Porcherons. Am Empfangstag drängt man in ihren Salon, der wegen seiner bunt gemischten Gesellschaft und seines freiheitlichen Tons geschätzt wird. Man pflegt das geistreiche Gespräch, und man achtet darauf, die Meinungen und den Lebensstil eines jeden gelten zu lassen. Diese Salons sind nicht nur Orte der Geselligkeit und der Zerstreuung; während der Revolution und des Direktoriums werden sie zu Informations- und Kommunikationsbörsen für royalistische Verschwörer, zurückgekehrte Emigranten und der Konterrevolution verdächtige Personen. Sie sind weniger steif als es die Salons von Madame Necker oder Madame de Gramont waren.

Ein besonders renommierter Salon in der Rue Chanthereine gehörte Caroline Mayeul de Maningan, einer verführerischen Frau, die eine wohldosierte Mischung von Halbwelt und Adel – durchweg von der Spielleidenschaft besessene Leute, aktiv im konterrevolutionären Untergrund – angezogen hatte. In manchen Salons ging es allein um das Glücksspiel, so bei Madame de Saint-Amarand, Madame de La Boucharderie und Madame de Saint-Brice. Diese Salons waren das Ziel ständiger Kontrollen durch die Überwachungsausschüsse der Revolutionsregierung. Madame Robineau de Beaunoir, Tochter eines bekannten Ministers und einer Schauspielerin, hatte ihren Salon in der Rue Traversière Saint-Honoré eröffnet. Unterstützt wurde sie von ihrem Liebhaber, dem finsteren Chevalier Jean de Manville, einem notorischen Libertin, Halbbruder der schönen Madame de Sabran, die der Bildhauer Houdon verewigte. Madame de Sabran, bekannt für ihre lange Liaison mit dem Chevalier de Boufflers, war eine typische Vertreterin des freizügigen und aufrührerischen Geistes dieser Zeit, ebenso wie ihre Tochter, Madame de Custine, die in ihren Briefen ihre Eroberungen ungeniert der Reihe nach aufzählte und sich ihres Vermögens offen rühmte.[14]

Das Karree, das die Galerien des Palais Royal bildeten – wahre Tempel der Libertinage, über die der Bruder des Königs, Louis Joseph Philippe, Herzog de Chartres, dann d'Orléans, seine schützende Hand hielt –, spielte in diesem spektakulären, vorrevolutionären Versuch, die Sitten aufzulockern, eine bedeutende Rolle. Unter den Arkaden des Palais Royal und in den angrenzenden Straßen tauchten die ersten politischen Cafés, Restaurants und Spielsalons auf, bei Goury de Champgrand und seiner Tochter, bei Aucane und Madame de Saint-Amarand, bei Josset de Saint-Ange und Madame de Beauchante, bei Bon Peletier Descarrières und Mademoiselle Labachante, im Polnischen Klub, den der Graf de Castellane und Mademoiselle Quincy führten, und schließlich im politischen Klub de Valois, in dem Mademoiselle Adeline unter der Leitung von Palteau de Veymerange die Spieler animierte, nicht zu vergessen auch so bekannte Etablissements wie die Wauxhall d'hiver[15] oder die Chancellerie d'Orléans, wahre Stabsquartiere der Libertins beiderlei Geschlechts.

In der Nähe befand sich auch das Musée Français, 1781 mit der Protektion des Herzogs d'Orléans und dessen Gattin gegründet. Ursprünglich an der Rue Saint-Avoie gelegen, hatte es im neuen Palais Royal, an der Stelle der alten Oper, Ecke Rue de Chartres-Saint-Honoré und Rue de Valois, im Jahr 1784 seinen Platz gefunden. Es war ein Zentrum literarischer und wissenschaftlicher Treffen, bei denen man den Kritiker La Harpe und den Physiker Pilâtre de Rozier anzutreffen pflegte und wohin die meisten Frauen strömten, die, von den alten Vorurteilen befreit, begierig waren, ihren Geist zu bilden. Die Zahl der Frauen, die derart in das philosophische und wissenschaftliche Denken eingeführt wurde, war groß. 1785 erhielt die Einrichtung, die der Graf de Provence wieder finanzkräftig gemacht hatte, den Namen Lyzeum. Es wurde vor allem von Frauen besucht.

Gestalt und Geschick dieser Frauen, in den politischen und gesellschaftlichen Kontext der todgeweihten Monarchie und der auf sie folgenden Erschütterungen zurückversetzt, zeigen deutlich das Bild einer freidenkenden und freizügigen Frau. Ein Großteil der frivolen Schriften aus dem Ende des 18. Jahrhunderts verleumden und verspotten die Libertinage. Laclos hatte sich aus der Affäre gezogen, indem er die Betonung auf die Strategien der Eroberung legte. Zynismus in der Liebe schien in den Augen der Zensoren des Hofes weniger gefährlich als die positive Beschwörung der Sinnenlust. Durch den Sarkasmus und den fragwürdigen Spott der Pamphlete ist das Bild der weiblichen Libertinage, ihres Raffinements und ihres Charmes verzerrt worden.

Und dennoch sind die Pamphlete in Sachen libertiner Praxis auskunftsfreudiger als alle anderen Schriften, auch wenn sie mit Vorsicht zu benutzen sind. Die meisten stammen aus den Jahren des Konvents, sie zielen in erster Linie gegen die Königin und die Frauen ihrer Umgebung und sind oft reine Ausgeburten der Phantasievorstellungen ihrer Verfasser. Zugleich informieren sie aber über erotische Gepflogenheiten und Vorlieben und die Vorstellungen, die man sich von einer besonders zügellosen Libertinage machte. In dieser Hinsicht ist der *Almanach des honnêtes femmes* auf das Jahr 1790 ein kleines Meisterwerk der Pikanterie.[16] Seine Autoren listen alle mehr oder weniger für die Freiheit der Sitten bekannten Frauen am Hof von Versailles und in Paris auf, was immer deren politische Anschauungen gewesen sein mögen.

»Seit die Heiligen mitsamt den elftausend Jungfrauen aus dem Paradies vertrieben worden sind«, schreiben die Autoren im Vorwort, »sollte jeder Tag im Kalender den Namen einer nicht gar so strengen Schönen tragen.« Bevor sie diese Schönen dann der Reihe nach vorstellen, kündigen sie drei Sonnenfinsternisse besonderer Art an: die erste für den 27. Januar 1790 gegen 23.30 Uhr, wenn Madame de Vonac und ihr Beichtvater, der Abbé Lefant, aufeinander zukommen: »Sie wird um Mitternacht ihren Höhepunkt erreichen und nur in der Pfarrei Saint-Sulpice zu beobachten sein.« Die nächste wird am 7. März stattfinden, wenn sich die Herzogin de Valentinois mit ihrem Arzt, die letzte, wenn sich am 15. September Madame Gilbert de Voisins mit ihrem geistlichen Berater einläßt. Ähnlich heißt es über sieben Planeten: »In unserer neuen Himmelskunde verstehen wir unter Planeten die Frauen, die an keiner Stelle eckig sind.« Sieben Namen werden aufgezählt, Adélaïde Saulnier, die berühmte Tänzerin an der Pariser Oper und Mätresse des Marquis Sanguin de Livry, die Gräfin de Roquelaure, Mademoiselle Joli vom Théâtre-Français, die Gräfin de Belzunce, Mademoiselle

Miller, Madame Cuérin und die Gräfin de Grand. Jedem Monat dieses Kalendariums ist eine Kategorie der Frauen zugeordnet, von denen der phantasiebegabte Autor meint, sie brillierten in einer von zwölf erotischen Spielarten. »Die französischen Damen«, sagt er, »haben es in der Lüsternheit so weit gebracht wie die Griechinnen und Römerinnen. Aber unsere Sprache hat mit unserer Libertinage nicht Schritt gehalten. Wir werden also aus dem Wörterbuch der Wollust unserer Ahnen deren einfache und kraftvolle Ausdrücke schöpfen müssen.« Schließlich schlägt er noch vor, die »finsteren und freudlosen Feste« der Vergangenheit durch »liebliche, ihrer neuen Patroninnen würdige« zu ersetzen.

Der Monat Januar ist den »Reiberinnen« (fricatrices) geweiht, begangen wird das *Fest der Vorhaut:* »Ich verdanke meine erste wollüstige Erfahrung der Art, wie die ›fricatrices‹ sie handhaben. Nicht alle Frauen verrichten den Dienst mit dem gleichen Geschick. Das Handgelenk muß locker sein, die Hand weiß, und die Finger sollten lang sein«, erklärt der Autor und fährt fort: »Viele Völker haben die Angewohnheit, ein Stück des Gliedes, von dem die Frauen nie genug haben, zu beschneiden. Schaffen wir diesen Mißbrauch ab und rufen ein Fest zu Ehren dieses wesentlichen Teils aus.« Auf der Liste der »Reiberinnen« stehen ein Dutzend Damen, unter ihnen die Gräfin de Beaufort, im Jahr 1793 Mätresse von Julien de Toulouse, Sophie de Mailly, Mätresse der Mademoiselle Raucourt, des Marquis de Travanet, anschließend von Barère de Vieuzac – der seine beiden Vorgänger ins Gefängnis brachte – und die Herzogin de Canillac: »Madame de Canillac fand sich, nachdem sie alle jungen Männer von Versailles ergötzt hatte, ohne Kunden. Die Hofleute, Madames Händen allzu vertraut, waren ihrer müde geworden. Erzürnt darüber, zieht sie die Kleider ihrer Kammerzofe an und geht in dieser Aufmachung am Abend in die Tuilerien, um ihrer liebsten Neigung zu frönen.« Der *Geheimen Korrespondenz* von Ludwig XVI. ist zu entnehmen, daß Madame de Canillac, Hofdame der Herzogin de Bourbon, auch sonst nicht scheu war und gern Skandale verursachte, den ersten im März 1778, als sie ihren Geliebten, den Grafen d'Artois, beim Opernball in einen heftigen Wortwechsel mit der Herzogin de Bourbon verstrickte.

Der Februar ist in diesem erotischen Kalender der Monat der »Kneterinnen« (tractatrices), bekannt für ihre Geschicklichkeit, »die Hoden ihres Liebsten liebevoll zu kneten. Die Erregung, die er dabei empfindet, ist so groß, daß er, im Wunsch nach mehr, bald keine mehr hat.« Man feiert das *Fest des Bidet:* »Reinlichkeit«, erinnert der Autor, »war im Altertum Vorschrift. So entstanden die Reinigungsriten der Juden und Römer. Warum uns nicht diesen Bräuchen anpassen und das Fest des Bidets ins Leben rufen? Es wäre sehr nutzvoll, vor allem, wenn man es in den Klöstern und in der Provinz einführte. Viele Damen bezeichnen ihr Bidet als ihren Beichtvater: es tilgt alle Sünden und erteilt Absolution.«

Verehrt werden im Februar die Gräfin de Beaumont, die Tochter des Ministers Montmorin und Mätresse von Barnave, die Bibliothekarin Lesclapart und Mademoiselle Adeline, eine der berühmtesten Mätressen.

Der März ist der Monat der »Fellatrizen« (fellatrices): »Von allen Arten der Wollust ist diese«, nach Ansicht des Autors, »die begehrenswerteste. Sie besteht darin, die Eichel des Geliebten zu lutschen. Nur wenige Frauen sind fähig, diesen Liebesbeweis zu erbringen. Und doch kann man erst sicher sein, geliebt zu werden, wenn sie diese Probe bestanden haben.« Unter den genannten Damen befinden sich die Marquise de Jaucourt, geborene Sophie de Chaponay, Gelegenheitsdichterin und Freundin des Chevalier de Cubières, die Vicomtesse de Castellane, deren Gatte von Ludwig XVI. bis Napoleon über die Pariser Spielbänke herrschte, und die Marquise de Champcenetz, eines der schönsten Modelle von Greuze, der sogar angetragen wurde, die Stelle der Favoritin bei Ludwig XV. einzunehmen. Noch andere Frauen sollen im März gefeiert werden, unter ihnen die Gräfin de Balbi, Anne de Caumont La Force, von der es heißt, ein ›hoher Herr‹ habe sie verlassen (der Graf de Provence, Bruder von Ludwig XVI.), und der Autor ergänzt: »Um ihre Häßlichkeit zu verbergen, hatte sie sich als Fellatrix etabliert. Und tatsächlich verschwand ihr Gesicht während der Liebesarbeit unter dem Bauch des Patienten, und der hütete sich wohl, einen Körperteil zu verwünschen, der, so abscheulich er war, so interessant wirkte.« Auch den Fall der Madame de Simiane, Titulärmätresse des Generals de La Fayette, kennt der Autor und kommentiert unverfroren: »Seit ihr Gatte sich aus Verzweiflung über ihre Untreue umgebracht hatte, zog seine Witwe es vor, dreißig Liebhaber zu nehmen, statt einen neuen Ehemann ein zweites Mal betrauern zu müssen.«

Bestens informiert, läßt der spitzfindige Autor des *Almanachs* schließlich noch den Namen Rivarol fallen. Von Rivarol hieß es, er liebe nur Personen desselben Geschlechts, und er fände sie in der Allee d'Argenson, im Palais Royal. Sein Verhältnis mit dem Chevalier de Champcenetz ist für den *Almanach* erwiesene Sache. Rivarols Neigungen, in den *Nouvelles à la main* öffentlich gemacht, wurden während des Empire vom Chevalier de Cubières halbherzig zurückgewiesen: »Rivarol hatte mit Alkibiades mehr als eine Ähnlichkeit«, schrieb er, »und wenn er gelegentlich von bizarren Rivalen der Frauen belästigt wurde, so glaube ich dennoch nicht, daß er sich jemals auf deren Angebote eingelassen hat.«

Der April ehrt die Lesben und feiert den *kleinen Tod:* »Warum soll uns der Freitag an das tragische Ende des gekreuzigten Gottes erinnern? Vergessen wir die Dummheit unserer Väter und ersetzen wir den Tod Christi durch jenen köstlichen Tod, in den uns die Lust treibt, jene Wonne, in der wir wunschlos vergehen.« Ein Monat folgt dem anderen. Im Dezember vollendet das *Fest der verlorenen Jungfräulichkeit* die Litanei der Feiern, die nacheinander dem *Priapus*, dem *Hundsfott*, den *Kupplern* und den *Gehörnten* geweiht sind.

Andere Schriften, religiöser oder ultra-revolutionärer Gesinnung, verurteilen die Libertinage und ihre Anhänger entschieden. Sie berufen sich dabei auf die sogenannte Reinheit der Sitten und auf die Natur, der man so manches zuschiebt. Während der Schreckensherrschaft wagte sich die Revolution in diese Richtung vor und ging so weit, ihr verdächtig erscheinende Verhaltensweisen zu bekämpfen und weibliche Libertinage schließlich sogar mit Prostitution gleichzusetzen, wie aus der Anklage von Fouquier-Tinville gegen Madame Du Barry, diesem Sinnbild der Libertinen des Ancien Régime[17], hervorgeht. Homosexuelle[18] wurden trotz bestehender Straffheit unter der Schreckensherrschaft vom Überwachungsausschuß des Departement Paris verfolgt (Affäre Friez, Lenopir, Guillo usw.), Hersteller »obszöner Gebrauchsgegenstände« – von Kondomen und erotischen Hilfsmitteln – wurden von der Polizei überprüft (Affäre Daniel[19]), und im Garten des Palais Royal fanden im März 1794 Razzien statt.[20] Schließlich sah man nicht selten Prostituierte auf dem Karren der Guillotine (Affäre Sevin, Halbourg usw.)[21]. Die Männer und vor allem Frauen, von denen es hieß, sie hätten die körperliche Liebe verherrlicht oder mit ihr Geschäfte gemacht, hatten weder vom Revolutionstribunal noch von den Volksausschüssen Milde zu erwarten.

Über die Geschichte der Unterdrückung außerehelicher Liebeslust ist wenig bekannt. Die zeitgenössischen Memoirenschreiber haben Themen aus dieser Zeit oft diskret behandelt, über das Intimleben aber schweigen sie sich aus. Dabei haben sich viele von ihnen im libertinen Milieu des

Palais Royal und in der Szene getummelt. Im Laufe des 19. Jahrhunderts trat die Selbstzensur dann an die Stelle der Zensur des Ancien Régime. Die Kronzeugen der galanten Pracht im letzten Viertel des 18. Jahrhunderts, manchmal selbst ehemalige Libertins, Männer und Frauen, sind ebenso lakonisch wie Talleyrand, der das Milieu an der Seite von Vaudreuil, Tilly oder Lauzun eifrig frequentiert hatte. Er begnügte sich mit dem wehmütigen Kommentar: »Wer das Leben vor der Revolution nicht gekannt hat, kennt seine Süße nicht.«

Was »Süße des Lebens« meint, darüber geben die dreizehn folgenden Biographien der Frauen Auskunft, die sich im 18. Jahrhundert über die Tabus der Liebe und der Lust hinweggesetzt haben.[22]

Die schönste Salonpuppe

Wenn es im revolutionären Paris eine Frau gab, die nicht nur im Kreis der Abgeordneten der Nationalversammlung gut bekannt war, sondern ebenso, allerdings schlechter beleumundet, beim Mann auf der Straße, so war es nicht Madame de Staël, und nicht einmal Madame Roland, sondern Madame de Saint-Amarand, auch Sainte-Amaranthe genannt.[1] Allen Besuchern des Palais Royal – auch Robespierre, Danton und der Maler David zählen dazu – war diese eher elegante als schöne Frau aufgefallen. Sie leitete den berühmtesten Spielsalon von Paris, den Klub der Künste in den Arkaden des Palais Royal.[2]

Madame de Saint-Amarand war die Urnichte des Marquis de Saint-Simon. Ihr Vater, der Baron Marie-Etienne d'Esmiers d'Archiac, erinnerte gerne an diese glanzvolle Verbindung und fügte oft dem Familiennamen den seiner Mutter, einer Geborenen von Saint-Simon d'Arpajon, hinzu.[3] Er hatte Claude-Jacques Hudelot de Pressigny geheiratet, die ihm drei Töchter und zwei Söhne gebar. Jeanne-Louise-Françoise wurde 1752 in Saintes geboren, in Besançon, wo ihr Vater große Ländereien besaß, wuchs sie auf. Mit achtzehn Jahren wurde das junge Mädchen dem Leutnant der Kavallerie, Louis-Barthélemy Davasse de Saint-Amarand, vorgestellt, im August 1771 heirateten sie. Mademoiselle Desmiers d'Archiac brachte als Mitgift die Domäne der Grande Régie im Vogttum von Gray und eine Rente ein, deren Grundstock ihr Vater auf 57 000 Livres festgelegt hatte. Françoise, eine kleine, zarte Person, hatte sehr schöne

Augen und ein hübsches Gesicht, das ihre etwas zu große Nase nicht verunzierte. Vor allem verstand sie es, etwas aus sich zu machen und lernte im Laufe der Jahre, ihre kleinen Schönheitsfehler kunstvoll dem Tages- oder dem Kerzenlicht angemessen zu überschminken.

Louis-Barthélemy Davasse war, den Aufzeichnungen des Schauspielers Fleury zufolge, »ganze zwei Monate in seine Frau verliebt. Für ihn war das viel, ganz unerhört für einen Offizier der Kavallerie dieser Zeit. Zwei Monate Treue, das kam damals fast einem Skandal gleich.«[4]

Das Paar ging nach Paris und richtete sich im Stadtpalais de Jonquières, in der Rue Saint-Honoré, ein. Es gehörte dem Vater von Monsieur Saint-Amarand. Kurz darauf quittierte Louis-Barthélemy seinen Dienst und begann eine Karriere in der Finanzverwaltung. Minister Bertin, ein Onkel seiner Frau, soll dessen Bewerbung um den Posten eines Generalpächters unterstützt haben. Innerhalb weniger Jahre hatte sich das freizügig lebende Paar an Luxus und Verschwendung gewöhnt. Madame de Saint-Amarand wurde auffallend häufig vom galanten Prinzen de Conti, Schloßherr auf Isle Adam, empfangen, während ihr Ehemann den leichten Mädchen nachstieg, wie Sartines Polizeiberichte an König Ludwig XV. bezeugen. Unglücklicherweise liebte er auch das Glücksspiel, mit dem er sein eigenes und das Vermögen seiner Frau verlor, was ihn in weniger als zehn Jahren ruinierte und ihn seine Stellung als Generalpächter kostete. Er verkaufte das Stadtpalais und emigrierte – vielleicht aus Sorge vor Strafverfolgung, vielleicht freiwillig – zuerst nach Brüssel, dann nach Dijon, wo er sich, wie der Freund seiner Frau, Graf de Bezons, berichtete, nicht ohne seinen Schneider zur Ruhe setzte.[5]

Schon zuvor hatte seine Frau begonnen, sich dank der Großzügigkeit des liebenswürdigen Prinzen de Conti, der ihre zerrütteten Vermögensverhältnisse in etwa wieder in Ordnung brachte, eine annehmbare Existenz aufzubauen.

Durch ihn erhielt sie auch die Konzession zum Betreiben eines Spielsalons und versammelte schon bald Menschen um sich, die von derselben Leidenschaft ergriffen waren, die ihre Ehe zerstört hatte. Es scheint so, als habe sie damals auch ein Verhältnis mit dem Grafen Alphonse de Durfort Boissière gehabt, der 1779 bei dem Notar Dupré Obligationen zu ihren Gunsten deponierte.[6] Allerdings legte sie Wert darauf, nicht als ausgehaltene Frau zu gelten, und versuchte mit allen Mitteln, den Anschein der Wohlanständigkeit aufrechtzuerhalten. Ihre Kinder erzog sie nach altehrwürdigen Prinzipien, obwohl ganz Paris wußte und darüber klatschte, daß es nicht die Kinder ihres Ehemanns waren. Die meisten schrieben die Vaterschaft dem Vicomte de Pons zu, genannt »der Paris der Grazien«, mit dem sie neben Durfort und Conti ein Verhältnis gehabt hatte. Alexandre de Tilly, das Lästermaul des Milieus, hinterließ uns ein charmantes Porträt von Pons: »Adrette Locken, hautenge Kleidung, reiche Auswahl an Westen, die Krawatte im Wert von drei Louis, sie zu binden kostet drei Stunden, ausgezeichnet durch vollständige Ignoranz in allem, außer in der Aufmachung, darauf gründete sich der Anspruch dieses Herrn, mehr als fünfzig Jahre seines Lebens an die Dämchen von Hof und Oper verschwendet zu haben. Wir sagen es mit Bedauern: sein zierliches Gehabe nähert sich dem Verfall, und bald wird nichts mehr übrig sein als Schall und Rauch eines überlebten Stutzers.«[7]

Madame de Saint-Amarand und ihre beiden Kinder waren in das kleine Stadthaus Boston in der Rue Vivienne gezogen, in eine Wohnung in der ersten Etage des Hauptgebäudes mit Vorhof und Garten hinter der königlichen Bibliothek.[8] In ihrem eleganten Salon empfing sie eine kosmopolitische Gesellschaft. Schauspieler, Sänger, Maler und Intellektuelle wie das Ehepaar Condorcet waren dort Stammgäste.

Im Salon der Madame de Saint-Amarand verliefen die Unterhaltungen vornehmlich mondän, zu mondän für den

Geschmack der Condorcets, die sich schon bald zurückzogen. Madame de Saint-Amarand liebte keine ausführlichen philosophischen Erörterungen, sondern den schnellen Wortwechsel, Rede und Widerrede wie auf der Bühne. Der Schauspieler Fleury sagte, sie sei »die schönste Salonpuppe am Ende der guten alten Zeit« gewesen, und er fügte hinzu: »Sie machte einen Knicks und ein ausdrucksvolles Gesicht, die eine Augenbraue gehoben, die andere gesenkt, warf ein Lächeln hierhin, einen Augenaufschlag dorthin, nickte anerkennend oder herablassend, und alles mit unbeschreiblichem Charme, vollkommener Anmut und bezaubernder Lebhaftigkeit. Sie wirkte geistreicher als sie war. Ihre Verfühungskunst bestand darin, andere geistreich zu machen.« Weiter berichtet Fleury:

»Seit dem Tod des Prinzen de Conti, möglicherweise schon etwas früher, lebt Madame de Saint-Amaranthe auf eigenen Füßen zusammen mit ihrer Tochter. Sie setzt die erworbene Freiheit klug ein: Stellen Sie sich die berühmte Ninon Leclos als Witwe und Mutter vor, und Sie haben Madame de Saint-Amaranthe. Wenn man auch nicht sagen kann, daß sie wirklich hübsch ist, versteht sie es doch, anziehend und begehrenswert zu erscheinen; wenn sie auch nicht jung ist, so ist sie doch erfahren genug in der Kunst, ihre Reize zur Geltung zu bringen, eine Fähigkeit, die den Reiz der Jugend vielleicht sogar übertrifft. In der Gestaltung ihrer Persönlichkeit und in ihrer Aufmachung ist Madame de Saint-Amaranthe eine Künstlerin.

Als sie wieder in Paris ist, spielt man bei ihr mit hohen Einsätzen, denn sie will die Spitzen der Gesellschaft anlocken, und das Glücksspiel ist immer noch der beste Deckmantel für Ambitionen jeder Art. Männer von Rang und Namen, bekannte Frauen, Künstler, Schriftsteller treffen sich bei ihr. Das Spiel ist ihr ein Mittel gesellschaftlicher Anerkennung, nicht Zweck. Wer sie nicht kennt, redet schlecht über sie, wer ihr nahekommt, liebt sie. Sollte sie je unbedacht handeln, wird sie Fürsprecher nur unter ihnen finden.

Frauen dieser Art muß man sehen, um sie zu verstehen. Und wenn man sie einmal gesehen hat, möchte man sie immer sehen.

Wirklich lebte, vergnügte sie sich nur im Schein der Kerzen. Die Sonne überließ sie den Bauern. Sie hatte Recht, denn beim Aufflammen der parfümierten Kerzen erschien sie wie neugeboren, richtete sich auf, als wolle sie die Erde verlassen, fliegen, sprühen, strahlen.«[9]

Zu Beginn der Revolution widmeten ihr die Chroniken keine besondere Aufmerksamkeit, nur der Autor der *Chronique arétine* trug sie offiziell in die Liste jener Frauen ein, die als leichtlebig galten, und berichtete:

»Ein gewisser Marot, ein völlig unbekannter Mann, war ihr erster Liebhaber. Aber sein geckenhaftes Gehabe stieß sie bald ab. Einen besseren Geschmack zeigte sie in ihrer Beziehung zum Vicomte de Pons, von dem sie eine Tochter bekam. Hätte sie sich an einen so liebenswürdigen Menschen wie ihn gehalten, hätte es kein Gerede gegeben. Den Nachfolger aber verzieh die Öffentlichkeit ihr nicht. Es war Aucane, ein reicher Marseiller Bürger, Kanzleirat beim Châtelet. Er hoffte, der Rang seiner Geliebten könne ihm zu einer brillanten Karriere verhelfen. Folglich tauschte er Robe und Amtskragen gegen Federhut und Stöckelschuhe. Die Verwandlung beeindruckte jedoch keinen, dem die erschreckende, aber ehrliche Broschüre ›Der Spieler‹ von Monsieur Dussaulx die Augen über die wahrlich berühmten Talente des Herrn Aucane in mehr als einer Hinsicht die Augen geöffnet hatte.«[10]

Ihre Affäre mit Louis-Marie-Joseph Aucane, Sohn eines ehemaligen Generaldirektors der königlichen Güter auf den Antillen, hatte Madame de Saint-Amarand im Juli 1780 begonnen.[11] Einige Jahre zuvor hatte Aucane seinen Posten im Justizapparat aufgegeben, um sich nach Martinique einzuschiffen. Das Ziel der Reise, hieß es offiziell, sei die Inspektion seiner Zuckerrohrplantagen gewesen, aber man munkelte, daß beträchtliche Spielschulden ihn gezwungen hätten, Paris zu verlassen.[12] 1780, nach Frankreich zurückgekehrt, begegnete er Madame de Saint-Amarand und erlag ihrem Charme. In ihrer bisherigen Umgebung, in den aristokratischen Salons, tolerierte man außereheliche Beziehungen durchaus, solange sie nicht zur Schau gestellt wurden. Als Madame de Saint-Amarand sich aber entschloß, ihre Liaison publik zu machen, überschritt sie die Grenzen der Schicklichkeit, um so mehr, als Aucane, nach wie vor der alte Spieler, seine neue Mätresse vor aller Augen in die Welt der Karten, des Trente-et-un, des Brelan und anderer Glücksspiele einführte, und zwar nicht als Spielerin, sondern als Bankhalterin.

Im Jahr 1787 streckte er Charles Goury de Champgrand für die Gründung des Klubs der Arkaden, in der Hausnummer 9 der neuen Galerien des Palais Royal, Geld vor.[13] Dieser Klub erwarb schnell ein Renommee, das mit dem des exklusiven Klub der Prinzen mithalten konnte, der seit dem Tod des Marschall Richelieu im Pavillon de Hannovre residierte. Und schon bald galt er auch, zu Recht oder nicht, als »revolutionäre« Zelle im Dienst des Herzogs d'Orléans, ebenso wie der im selben Jahr unter der Obhut des Marquis Ducrast gegründete Klub d'Orléans.[14]

Seit dem Ende der Regierung Ludwigs XV. hatten die Damen aller Schichten im Spielermilieu einträgliche Gelegenheiten gefunden, sich zu zerstreuen und ihren Ruf als freizügige Frauen zu festigen, sie fühlten sich von diesen Stätten angezogen, wollten sehen und gesehen werden. Manchmal nahmen sie die Rolle der Animateurinnen ein, wofür sie Provision bekamen, seltener spielten sie selbst. Anfangs traf man sich in Privatwohnungen oder in Botschaften, nach und nach auch in für das Spiel eigens reservierten Hotels und Stadtpalais, genoß das Flair großer Abendgesellschaften, knüpfte Bekanntschaften und ließ sich verköstigen. Besonders erlesen speiste man bei Mademoiselle Dervieux, die sich des besten Kochs von Paris rühmte, beim Marquis de Genlis an der Place Vendôme, beim Präsidenten de Costes de Champeron, bei der vornehmen Marquise de Forceville und der weniger vornehmen Tänzerin Jeanne Tallefer, genannt Lacour. Nach 1787 bekamen diese halbprivaten Zirkel Konkurrenz von den Klubs wie den oben genannten oder dem Klub der Ausländer in der Rue du Mail, den der Marquis de Livry ins Leben gerufen hatte, dem Polnischen Klub des Grafen de Costes de Lacalprenède und des Vicomte de Castellane sowie dem Klub de Valois, der zu Beginn der Revolution von Monarchisten unter der Obhut des Finanziers Palteau de Veymerange eröffnet worden war.[15]

Zur Welt des Spiels gehörte die Liebe nach dem Vorbild des Hofs. Die Spielsalons begünstigten in gewisser Weise, den Freimaurerlogen vergleichbar, die gesellschaftliche Verschmelzung – und die der Geschlechter. Die vornehmen wie die einfachen Salons konzentrierten sich im Viertel des Palais Royal, das nach 1784, als sich hier die Kaufgalerien etablierten, zum Zentrum der libertinen Gesellschaft wurde. Der Herzog de Chartres, später d'Orléans, zeigte sich den Libertins und Spielern dieses ›Anti-Versailles‹ gegenüber äußerst verständnisvoll.

Am Vorabend der Revolution gedachte Aucane, seinen eigenen Salon zu eröffnen. Er fand eine geeignete Wohnung in der Galerie Montpensier im Palais Royal und mietete sie zusammen mit seinem Freund, dem Neapolitaner Persico, Ende des Jahres 1791. Persico, der bekannteste Spielbankbetreiber des Viertels, hatte Anteile an den meisten eleganten Spielsalons. Sein und Aucanes neues Etablissement erhielt den Namen Klub der Künste und übertraf an Reichtum und Luxus den Klub der Arkaden. Gegen eine ansehnliche Gewinnbeteiligung akzeptierte Madame de Saint-Amarand die Rolle der Gastgeberin. Ihre adlige Herkunft sollte ein erlesenes Publikum anziehen, das in dieser stürmischen Zeit immer schwieriger zu gewinnen war. Ihre Tochter Emilie-Charlotte-Rose machte die Honneurs.[16]

Im Jahr 1791 hatten Madame de Saint-Amarand und ihre Tochter zufällig die Bekanntschaft der jungen 20jährigen Joséphine-Armande Marchandeau de Lisle gemacht, die sich wie sie bei einem Verwandten des Ministers Valdec de Lessart, Monsieur Laglade, eines Beamten im Außenministerium, aufhielt; es war der Anfang einer engen Freundschaft.[17] Mademoiselle Marchandeau de Lisle schrieb darüber interessante Erinnerungen, die den Vorteil haben, authentischer zu sein, als die des Schauspielers Fleury oder des Grafen Alexandre de Tilly, die in Lob wie Tadel übertreiben.

Um dem Klatsch, den vor allem Tilly im *Journal de la Cour* kolportierte, ein Ende zu setzen, hielt Roses Mutter für sie um die Hand von Charles de Sartines an[18], Sohn des Ministers unter Ludwig XVI. Er war einer jener jungen Spieler, die ihre Geliebten mit Luxus zu überschütten pflegten. Die Hochzeit fand in der Kirche Saint-Maclou in Rouen statt, die Hochzeitsfeier auf dem Besitz von Madame de Bordeaux, einer Schwester von Madame de Saint-Amarand. Damit endeten die Gerüchte der Skandalpresse. Bereits sechs Monate nach der Eröffnung hatte sich der Klub der Künste als die wichtigste Pariser Spielbank durchgesetzt, die nobelste Adresse, zu der die Abgeordneten der Gesetzgebenden Versammlung und später des Konvents vergeblich Zutritt zu erlangen versuchten. Dennoch wurde Camille Desmoulins durch Sulpice d'Imbert de La Platière dort eingeführt, während Robespierre, entgegen allen Gerüchten, nie den Wunsch äußerte, den Damen zu begegnen.

Eine Auflistung des Mobiliars gewährt Einblick in das Innere des Etablissements: Als Garderobe diente ein Vorzimmer, in dem vier mit Utrechter Samt überzogene schwere Holztruhen zum Sitzen einluden. Im großen Salon, mit Aussicht auf die Rue Montpensier und die Gärten des Palais Royal, fiel der Blick zunächst auf vier große Trompe-l'œil mit exotischen Szenen, Darstellungen möglicherweise der Antillen, und drei große Spiegel, die über dem Kamin und über zwei Konsolen aus vergoldetem Holz mit weißen Marmorplatten hingen. Die Mitte beherrschte ein achteckiger Mahagonitisch mit blauer Marmorplatte, daneben gab es einen zweiten großen ovalen Tisch aus Tannenholz, über dem eine Decke lag, und an dem ebenfalls mehrere Spieler Platz nehmen konnten, außerdem sechs kleine Spieltische, für das Brelan und für Brettspiele, Trictrac, Schach und Dame. 41 Stühle, sechs aus Mahagoni, 14 mit grünem Leder überzogen, 21 aus Korbgeflecht, standen verstreut im Raum, zudem fünf Liegen und sechs mit blauem Taft wie die Fenstervorhänge bezogene Sessel. Licht spendete ein ausladender Kristallüster, doch bevorzugte Madame de Saint-Amarand bekanntlich das indirekte Licht kleiner Lampen und der Kerzenleuchter aus Kupfer oder Silber. Auf Wunsch konnten etwa zwanzig Gäste im angrenzenden Eßzimmer dinieren. Der Feinkosthändler Méot, dessen Geschäft auf der anderen Seite der Gärten im alten Hotel Mélusine lag, bereitete die von Madame de Saint-Amarand bestellten Speisen vor und ließ sie von seinen Gehilfen noch heiß und dampfend servieren. Der Großhändler François Desfieux aus Bordeaux, der nicht weit davon entfernt in der Rue Neuve-Saint-Marc sein Geschäft hatte, belieferte das Haus mit Wein und Spirituosen, vor allem Zwetschgen- und Aprikosengeist; selbst nach der Schreckensherrschaft fand man dort große Mengen davon.[19]

Dieser François war jedoch nicht nur Kaufmann, vielmehr ein bekannter Jakobiner, ein Abgeordneter, der den Montagnards nahestand, und im stillen seine Verbindungen zum Adel aus der Zeit des Ancien Régime pflegte.[20] Er kannte Aucane, den Prinzen de Rohan-Rochefort und war mit dem Grafen de Proli, dem unehelichen Sohn des österreichischen Ministers Kaunitz, einem Mann mit internationalen Beziehungen, Gründer des Journals *Cosmopolite*, engstens befreundet. Mit anderen Worten, François Desfieux führte ein Doppelleben: in den politischen Klubs trat er als ultra-revolutionär auf, in den Spielsalons des Adels im Palais Royal gepudert. Oft sah man ihn und Proli zusammen mit zwei anderen seltsamen Revolutionären, dem Grafen de Gusman, Mittelsmann des österreichischen Kabinetts, der als Geldgeber des Klubs »129«, des »jakobinischen« Spielsalons, galt und Pierre-Ulrich Dubuisson, Schriftsteller, Politiker, Kolonialherr und Mittelsmann des österreichischen Ministers.

Diese falschen Jakobiner, mehr oder weniger Spione, waren Aucane und Madame de Saint-Amarand, die deren Stellung und Einfluß auf die Stadtverwaltung kannten, sehr willkommen. Unter ihrem Schutz fühlten sie sich vor Unannehmlichkeiten und auch vor der Schließung des Klubs sicher. Aus diesem Grund verdrängten Aucane, Madame de Saint-Amarand und ihr Schwiegersohn Sartines jeden Gedanken an eine Emigration. Durch Desfieux, der ein übertrieben »revolutionäres« Gehabe an den Tag legte, durch Dubuisson und einige andere, wie den Händler Péreira, glaubten sie sich – und sie waren es wirklich – außer Gefahr. Von Desfieux soll der berühmte Satz stammen: »Ich möchte, daß die Dinge soweit treiben, daß der Vater seine Tochter an einer Straßenecke, ja sogar mitten auf dem Pont-Neuf vögelt.«

Nur wenige Monate vor den tragischen Ereignissen der Schreckensherrschaft saßen Henker und Opfer noch einträchtig in den Spielsalons des Palais Royal zusammen, und die Agenten der politischen Polizei konnten in Ruhe notieren, was man dort redete und woraus die kommenden Anklagen gezimmert werden sollten. Auch Spitzel, damit beauftragt, den Handel mit falschen Assignaten zu unterbinden, tummelten sich hier. Ein gewisser Armand, ehemaliger Leibwächter am Hof, und der frühere Chevalier Pigace, hatten auf eigene Rechnung Falschgeld verkauft, bevor sie als gelehrige Werkzeuge in den Dienst des finsteren Dossonville traten, des Beauftragten des Allgemeinen Sicherheitsausschusses, der politischen Polizei der Revolutionsregierung. Im Salon der Madame de Saint-Amarand verkaufte Pigace Assignaten im Wert von 100 für 60 Livres, die er selbst für 30 gekauft hatte, während Armand zu ihrem Unglück Kontakt mit ihren Geschäftsfreunden aufnahm. Diese beiden Spitzel hielten ihre Beobachtungen fest und schmückten sie im gegebenen Augenblick nach Bedarf mit eigenen Erfindungen aus. Wahr ist, der Klub der Künste bot »zurückgekehrten Emigranten«, die sich durch Bestechung aus den Polizeilisten versuchten streichen zu lassen, vorübergehend Schutz. Ehemalige »Ritter vom Dolch« wie Sartines, eine Menge Offiziere, frühere Militärs und Leibwächter Ludwigs XVI. und seiner Brüder kamen dorthin – alle adlig, alle ruiniert, alle in der Hoffnung, durch Glücksspiel und Verkauf von Falschgeld wieder zu Ansehen kommen zu können. Auch Abenteurer zählten zu dieser Runde, gefallene Söhne aus guten Häusern, die nur noch die Wahl zwischen Vendée und Emigration hatten. Wirkliche Draufgänger mischten sich darunter, fünf Gascogner, der Bretone Kératry und einige Edelleute, aber auch Du Montet de Lambertye, der Abbé de La Trémoille, Charles-Elysée de Baussancourt, Charles-Hilarion de Dousnic, die später umgebracht wurden.

Alle bemühten sich, der Tochter – und falls das mißriet, der Mutter Saint-Amarand – den Hof zu machen. Diese verteidigte in den Armen von d'Antoine-Joseph-Alexis Leconte de Nonant, Offizier der Kavallerie und bekannter Galan, energisch ihren Ruf als sexuell freizügige Frau. Dieser Liebhaber schenkte ihr nicht weniger als 25 000 Livres, die sie als Mitgift für ihre Tochter zurücklegte.[21]

Nach dem Beginn der Feindseligkeiten mit Großbritannien und Spanien und den ersten Anzeichen eines Aufstands in der Vendée erregte das Gespenst des Landesverrats die Öffentlichkeit. Der fehlgeschlagene Staatsstreich von Dumouriez gab den Beschwörungen Marats und anderer, den Feinden der Revolution wachsamer und mißtrauischer zu begegnen, schließlich Auftrieb. In den Überwachungsausschüssen der Pariser Sektionen, besonders denen des Palais Royal, häuften sich die Denunziationen. Als einigen dieser Anzeigen nicht nachgegangen wurde, beschwerte sich der Bürger Lormeaux beim Konvent:

»Die Sektion der Butte des Moulins hat beim Nationalkonvent Anzeige gegen die Pariser Spielsalons erstattet. Ich unterstütze diese Anzeige nachdrücklich. Ich habe diese teuflischen Einrichtungen oft selbst aufgesucht. Sie sind, zumal in der gegenwärtigen Krise, in der viele Menschen durch die Revolution Nachteile hinnehmen müssen, eine wahre Geisel. Man hofft, durch das Spiel wieder zu Geld zu kommen. Aber wie trügerisch ist diese Hoffnung! Denn der Nachteil des Spielers gegenüber dem Bankhalter ist dermaßen groß, und das erfährt jeder Spieler an Leib und Seele, daß das verfluchte Geschäft ihn unweigerlich in den Ruin treibt. Den Nutzen haben allein die Bankhalter. Obwohl der Unterhalt eines einzigen Spielsalons sie täglich 1 500 oder 1 800 Pfund kostet, sind alle Bankhalter dennoch zu beachtlichen Vermögen gekommen. (...) Ich zeige hier besonders die Sainte-Amaranthe an, in deren Salon sich die ›Ritter vom Dolch‹ treffen. Fast alle waren dort vor dem 10. August gern gesehene Gäste. Hingegen mißfiel es ihr, wenn sich Patrioten bei ihr Zugang verschafften. Sie hatte diese im Verdacht, ihre Gäste auszuhorchen und tat alles, um ihnen den Besuch zu verleiden. Sie benahm sich unverschämter und anmaßender, als man es von der Besitzerin eines Spielsalons erwartet. Die kleinen ›Ritter vom Dolch‹ hingegen hätschelte und herzte sie. Während des Essens fielen die Anwesenden aufs widerwärtigste spottend und höhnend über die Nationalversammlung, die gewählten Volksvertreter, die Nationalgarde und alles Patriotische her. Nichts daran hat sich geändert. Nach wie vor wird dieser Ton in ihrem Haus gepflegt. Und daß sie straffrei bleibt, macht sie noch kecker. Schlimmer, sie ist vor dem Gesetz schuldig, denn sie bezahlt Kommissare der Sektionen und andere dafür, daß ihr Haus geschützt bleibt. Sie ist stets rechtzeitig über Inspektionen informiert, so daß an solchen Tagen in ihrem Salon keine Spuren von Glücksspiel zu finden sind. Alles, was ich hier vorbringe, ist keineswegs Verleumdung, sondern die reine Wahrheit, und wer sich selbst ein Bild von der Lage machen will, wird erkennen, daß ich in nichts übertrieben habe.«

Nicht genug damit, drei Tage später versuchte Lormeaux es noch einmal. In einem zweiten Brief, einer weiteren Beschwerde, bestand er erneut darauf, daß das Etablissement geschlossen werde und die Besitzer bestraft.

»Unter den Besuchern im Haus der Saint-Amaranthe verkehren viele Adlige und Emigranten, die mit dem Ausland in Kontakt stehen. Ich kenne etliche, die vor dem 10. August damit prahlten, des öfteren nach Koblenz gefahren zu sein – was der Fall war –, und die fest mit dem Erfolg der ausländischen Mächte rechneten. Auch jetzt treffe ich noch manchmal einige dieser Gestalten. Ich sehe, sie sind vorsichtiger geworden, aber sie betreiben das alte Spiel. Etliche verkleiden sich als Jakobiner und sind offensichtlich im Untergrund tätig, und sicher geht ein Großteil der jüngsten Unruhen [die Krawalle vom 5. und 6. März] auf sie zurück. Sie verteilen das Gold des Auslands an die Kläffer, die die Volksgesellschaften spalten ...«[22]

Die Beschwerden des Bürgers Lormeaux lenkten die Aufmerksamkeit der Behörden zunächst auf den Schwiegersohn von Madame de Saint-Amarand, Charles de Sartines, der am 28. März 1793 zusammen mit einem gewissen Grafen von Beust, Kammerherr und Spion des Kurfürsten von Sachsen, verhaftet wurde. Die beiden hatten Glück, Kommissar Nicolas Froidure, ein Konterrevolutionär, leitete das Verhör und die Durchsuchung der Wohnung des Ehepaars Sartines in der Rue Vivienne, direkt neben der von Madame de Saint-Amarand. Nach wenigen Stunden kamen die beiden Verdächtigen, denen nichts nachgewiesen werden konnte, frei. Das Ereignis versprach dennoch nichts Gutes, und Madame de Saint-Amarand beschloß, ihren Spielsalon und Paris aufzugeben. Am 17. April 1793 unterzeichnete sie bei ihrem Notar den Kaufvertrag über 35 000 Livres für ein »gutbürgerliches Haus« in Sucy-en-Brie im Val-de-Marne, genannt Château de Chaumontel. Auf der einen Seite grenzte das Anwesen an ein Waldstück, den »Kleinen Park«, auf der anderen, der Dorfseite, an »den Stadtgarten«, von dem aus man den Kirchplatz erreichen konnte. Im Erdgeschoß lagen, links von der Diele, das Eßzimmer und die Küche, rechts davon der große Salon, eine kleine Kapelle, ein Wintergarten, eine Kammer und dahinter die Toiletten. Zwei Herrenzimmer, drei weitere Räume mit Waschgelegenheiten und Garderobe fanden sich im ersten Stock, im zweiten vier Gästezimmer mit Kamin. Außerdem gehörten zum Anwesen ein Gartenhaus, ein Hof, Kuh-, Pferde-, Hühnerstall, ein Taubenhaus, eine Remise, eine Scheune.[23]

Am 20. Juli 1793 ersteigerte Madame de Saint-Amarand dank der Einnahmen des Klubs, an denen sie sich üppig bereichert hatte, für 72 500 Livres ein weiteres Haus im heutigen 9. Pariser Arrondissement, in der Rue de Montholon, errichtet von Louis Delabre, ein reines Spekulationsprojekt.[24]

Die nächste Anzeige kam von einem gewissen Georges-Antoine Fontaine, der den Wohlfahrtsausschuß des Departements Paris darüber informierte, daß die Bürgerin Saint-Amarand ihr übles Spiel ungestraft fortführe, täglich kaufe sie für 8 Louisdors die Duldsamkeit der Mitglieder des Überwachungsausschusses der Sektion der Butte-des-Moulins. Um weiteren Verdächtigungen aus dem Weg zu gehen, gab Aucane ihrem Drängen nach und veräußerte seine Anteile am Klub an Pierre Meunier du Bourg.[25] Anstelle dessen erwarb er Aktien der Ostindischen Kompanie, vielleicht weil er erfahren hatte, daß die vom Konvent seit einem Jahr beschlossene Auflösung der Gesellschaft ebenso diskret und zum Vorteil der Eigentümer gehandhabt werden sollte wie die anderer Finanzgesellschaften, an denen einige Mitglieder des Finanzausschusses selbst beteiligt waren.

Den Herbst verbrachte das Paar in Sucy-en-Brie, wo es Freunde empfing und angeblich, so jedenfalls behauptete ein Denunziant, Glücksspiele und unerlaubte Versammlungen abhielt. »Ich beobachte, daß man keinen Ausweis benötigt, um eingelassen zu werden. (...) Sartines Sohn wohnt beim Sattler in der Rue Caumartin, damit auf ihn kein Verdacht fällt, und man nimmt an, daß die Besucher von ihm zu seiner Schwiegermutter geführt werden, die von ihnen die neuesten Nachrichten empfängt...«[26]

Eine letzte Anschuldigung gegen Madame de Saint-Amarand, von Pierre Nicolas Chrétien, einem Geschworenen des Revolutionstribunals, vorgebracht, und interne politische Auseinandersetzungen führten schließlich zur Anklage. Elie Lacoste hatte im Auftrag des Konvents einen ausführlichen Bericht über die »Verschwörung des Auslands« erstellt, worin es hieß: »Es ist öffentlich bekannt, daß Frau Sainte-Amaranthe in Nr. 50 des Nationalpalastes eine Spielhölle unterhält. Der Hintermann Desfieux mißbrauchte seine Bekanntschaft mit Chabot und erwarb sich auf diese Weise Kredit bei den Patrioten. Er und Sartines speisten bei der Sainte-Amaranthe. Und Desfieux empfing bei sich Sartines in Begleitung von Proli, Péreyra, Dubuisson. Regelmäßig erhielt er große Summen. Darauf angesprochen, antwortete Desfieux, daß er ausschließlich Wein liefere. Er erwähnt einen gewissen Eugène, vormals ›Ritter vom Heiligen Louis‹, der seit Jahren mit Sainte-Amaranthe zusammenlebt.«[27]

In seiner Anzeige bringt Chrétien auch den sechzehnjährigen Louis de Saint-Amarand ins Spiel: »Der Sohn der

Sainte-Amaranthe war einer der Spione, die sich ständig beim Sicherheitsausschuß herumtrieben. Er informierte seine Mutter regelmäßig darüber, wann die nächste Kontrolle der Spielsalons zu erwarten war.« Obwohl in Sucy eine Hausdurchsuchung stattfand, weil man den von der politischen Polizei gesuchten Grafen Berthold Proli dort vermutete, fühlte Madame de Saint-Amarand sich nach wie vor sicher. Sie zählte auf ihre einflußreichen politischen Bekannten, vor allem aus der Umgebung Dantons, dessen Freunde Chabot, Basire, Fabre und der feine Jean-François Delacroix in den Spielsalons verkehrten. Als der Vicomte de Pons, der Vater ihrer Tochter, im Februar 1794 verhaftet wurde, ersuchte sie Delacroix um Beistand.[28]

Während der Sitzung vom 2. April 1794 griff Saint-Juste Danton und seine Clique scharf an: »Damals speiste Danton oft in der Rue Grange-Batelière mit Engländern, dreimal in der Woche mit dem Spanier Gusman und mit dem niederträchtigen Sohn des Ministers Sartines, Schwiegersohn der Sainte-Amaranthe, immer in Begleitung Delacroix'. Dort kostete das Essen 100 Ecus pro Kopf.«[29]

Mit den Verhaftungen der Hébertisten und Dantonisten brach für Madame de Saint-Amarand das Unheil herein; von einem Tag auf den anderen verlor sie ihre Fürsprecher in der Politik. Am 2. April, als auf Befehl des Allgemeinen Sicherheitsausschusses der Prozeß gegen Danton und Delacroix begann, machten sich die Mitglieder des Revolutionsausschusses der Halle-aux-Blés auf den Weg nach Sucy-en-Brie, um die örtlichen Behörden aufzufordern, die Familie Saint-Amarand endlich zu verhaften.

Am Abend war es so weit. Im Haus befanden sich Madame de Saint-Amarand, Sartines und seine Frau Emilie-Rose, der Sohn Louis, Madame de Bordeaux, die seit sechs Monaten bei ihrer Schwester lebte, Joséphine-Armande Martineau de Lisle, sie war am Morgen eingetroffen, und der »schwer erkrankte« Aucane. Die Gesellschaft war gerade dabei, schlafen zu gehen, als die Kommissare kamen. Auftragsgemäß nahmen sie nur Sartines, Madame de Saint-Amarand und ihre zwei Kinder mit. Um zwei Uhr morgens fuhr man los, vier Stunden später traf man in der Sektion der Halle-aux-Blés ein. Um 10 Uhr durchsuchte man in Anwesenheit der Familie die Wohnung in der Rue Vivienne, fand aber nichts Verdächtiges, und auch nichts in dem Stadthaus, das Madame de Saint-Amarand kürzlich erworben hatte, nur eine englische Kutsche mit vier Plätzen »bestens ausgestattet, mit Fenstern, Vorhängen und Geschirr« wurde registriert.[30]

Einer nach dem anderen wurden die Saint-Amarands vom Revolutionsausschuß der Sektion Le Peletier verhört, anschließend – entsprechend der Anweisung des Allgemeinen Sicherheitsausschusses – ins Gefängnis Sainte-Pélagie überführt. Offensichtlich verbrachte man alle Personen, die sowohl mit den Revolutionären Chabot, Julien de Toulouse und Delaunay d'Angers als auch mit den Feinden der Revolution, dem Baron de Batz, Benoît d'Angers, Duruey und anderen Agenten der Emigration und der »englisch-royalistischen Verschwörung« in Verbindung gestanden hatten, in dasselbe Gefängnis, weil man sich aus dem Zusammentreffen der Inhaftierten neue Erkenntnisse versprach, mit denen den Prozeß gegen Danton und Delacroix zu untermauern wäre.[31] Aber die meisten Häftlinge waren entweder wirklich unschuldig, oder hatten verfängliche Dokumente vorsorglich verschwinden lassen, jedenfalls blieben die Akten leer. Der Ausschuß tat sich mit der Anklageerhebung schwer, er benötigte mehr Beweise und engagierte zu diesem Zweck Spitzel. Die Leitung der Aktion übergab er seinem für anrüchige Unternehmungen zuständigen Hauptagenten Dossonville, der, wie sich später herausstellte, im Dienst des englischen Kriegsministers Lord Wyndham stand. Dossonville machte sich daran, falsche Zeugenaussagen zu sammeln. Bei Madame de Saint-Amarand und ihrer Tochter, die man inzwischen in das ehemalige Kloster Les Anglaises überführt hatte, schleuste er den zuvor in der Bekämpfung des Falschgeldhandels aktiven Louis-Guillaume Armand als Gefängnisspitzel ein.

Mittlerweile stand die Verabschiedung des Gesetzes vom 22. Prairial Jahr II (10. Juni 1794) an, das die Verteidigung der Angeklagten abschaffte. Noch ahnte die Familie Saint-Amarand nicht, was sich außerhalb der Gefängnismauern zusammenbraute und hegte Hoffnungen, zumal der Henkerkarren nur selten vor dem Kloster vorfuhr. Der Bürger Foignet, einer der Gefangenen, schildert die dramatischen Ereignisse in allen Einzelheiten:

»Zuerst ist von einer ›Verschwörung des Auslands‹ die Rede, dann verabschiedet man das Gesetz vom 22. Prairial. Der Name ›Sainte-Amaranthe‹ steht auf der Liste derer, die vor das Bluttribunal zitiert werden. Diese Frau, die ihr Leben in Muße und Zerstreuung verbracht hatte, schien nicht stark genug für einen solchen Schicksalsschlag. Man versucht, ihr die Nachricht vorzuenthalten, doch sie dringt zu ihr. Mutig und unerschüttert nimmt sie die Botschaft entgegen, nur das Mitleid mit ihren Kindern, deren Unglück sie voraussieht, bewegt sie. Die Kinder beteuern, sie wünschten nichts so sehr, als ihre Mutter zum Tribunal zu begleiten. Alle drei sind gefaßt, sie bewegen sich, sprechen, essen so ausgeglichen wie tags zuvor. Sie unterhalten sich mit ihren Bekannten im gewohnten Ton (...) Erst am dritten Tag, um elf Uhr abends – die Opfer schliefen schon – holte man sie ab. Wir standen zu mehreren im Klosterhof. Die Kinder werfen sich der Mutter an die Brust, wollen gemeinsam mit ihr sterben.«[32]

Foignet verfügte noch nicht über die uns heute vorliegenden Beweise für die Rolle, die Armand, das Werkzeug Dossonvilles und des Allgemeinen Sicherheitsausschusses, bei der verhängnisvollen Denunziation dieser Familie spielte. Zusammen mit den drei Saint-Amarands holte man Madame Duval d'Eprémesnil, die sich aus den Armen ihrer

Tochter und ihrer Schwester, Madame Babin de Grandmaison, riß, ebenso den Bankier Jauge und Lécuyer, den früheren Kapellmeister des Herzogs d'Orléans. Auch ihre Namen standen im großen Bericht des Elie Lacoste, den der Konvent drei Tage zuvor gelesen und beglaubigt hatte, dieses Bündel falscher Zeugenaussagen, eine geschickte Kombination von ungefähr fünfzig Namen, die den Angeklagten unterstellte, Spitzeldienste für das Ausland geleistet zu haben.

Vorbereitung und Verlauf des Prozesses gegen die Saint-Amarands und ihre »Komplizen« waren gut inszeniert. Die Drahtzieher hießen Barère, Collot und Billaud vom Wohlfahrtsausschuß. Mitglieder des Allgemeinen Sicherheitsausschusses, Meister in Sachen polizeilicher Manipulation, unterstützen sie. Um ihre Macht zu erhalten, scheuten sie vor keiner Bluttat zurück, und da sie niemandem Rechenschaft schuldeten, verfielen sie darauf, die Ursachen allen Übels Robespierre anzuhängen, der in Voraussicht des Kommenden den Wohlfahrtsausschuß bereits eine Woche zuvor verlassen hatte. Auch dem Konvent, in dem die Angst regierte, schoben sie die Verantwortung zu, und seit sie unter der Hand eine Liste mit den Namen der zum Abschuß freigegebenen Mitglieder in Umlauf gebracht hatten, fügte er sich willig ihren Anordnungen. Nur ein paar naive oder ideologisch verblendete Geister hielten die Beschuldigungen für rechtens.[33]

Nach der Urteilsverkündung führte man die Todeskandidaten zur Vorbereitung der Hinrichtung in die Gerichtskanzlei. Sansons Berichten zufolge protestierten einige, als man ihnen die Hände fesselte, die Männer, vor allem Sartines, leisteten Widerstand, und auch die junge Cécile Renault wehrte sich heftig. Schreie ertönten, ein Handgemenge entstand und nur mit herbeigeeilter Verstärkung gelang es schließlich, die Widerstrebenden zu überwältigen. Madame de Saint-Amarand weinte, ihre Kinder waren erschüttert. Als alle Gefangenen gefesselt waren, ordnete der Sicherheitsausschuß an, der Henker solle sie mit dem roten Hemd der Vatermörder bekleiden, um der Öffentlichkeit zu demonstrieren, daß die Verurteilten den »Vätern des Volks« nach dem Leben getrachtet hätten.

Eine Stunde später verließen acht Karren, einer beladen nur mit Frauen, die Conciergerie und fuhren durch die Stadt, wo sich eine riesige Menschenmenge unter der Junisonne eingefunden hatte. Es war die erste Massenhinrichtung der Revolution: 54 Menschen, im letzten Moment waren noch sechs Kriminelle dazugekommen. Die entsetzliche Schlächterei am Tor von Vincennes dauerte 45 Minuten. Es heißt, daß Madame de Saint-Amarand, die vergeblich darum gebeten hatte, ihren Kindern voranzugehen, am Fuß des Schafotts ohnmächtig zusammengebrochen und bewußtlos unter das Fallbeil gelegt worden sei. Vor ihr starben der sechzehnjährige Sohn, dann die noch nicht neunzehnjährige Tochter, die schöne Charlotte-Emilie-Rose de Sartines.

Die Ermordung der Saint-Amarands lastete man, wie vorgesehen, Robespierre an, kaum daß er seinerseits ohne Prozeß hingerichtet worden war. Es gelang tatsächlich, alle Verbrechen der Schreckensherrschaft, wie es die Thermidorianer und vor allem die furchtbaren Barère, Collot, Vadier und Amar wünschten, auf ihn abzuwälzen. Der Klub der Künste wurde vom Bürger Meunier du Bourg weitergeführt, doch der Glanz früherer Tage war für immer verblichen.[34]

Die eigenwillige Tragödin

Ihr Ruhm als eine der großen Schauspielerinnen der Comédie-Française drang bis Berlin und Sankt Petersburg, und auch der Ruf, eine außergewöhnliche galante Frau zu sein, eilte ihr weit voraus. Sie führte ein glanzvolles, bewegtes Leben, und wer sich mit ihrer Geschichte befaßt, wird über die Frauen aus dem letzten Drittel des 18. Jahrhunderts viel erfahren.

Zwar ist im Taufregister der Pfarrkirche Saint-Séverin in Paris vermerkt, daß sie am 3. Mai 1756 auf den Namen Marie-Antoinette-Josèphe getauft wurde; doch nannte sie sich zeitlebens Françoise nach ihrem Vater, dem Wanderschauspieler François Saucerotte, der während einer Tournee in Lunéville Mademoiselle Antoinette Delaporte begegnet war und sie alsbald heiratete. Das Paar ließ sich in Paris, in der Rue des Vieilles-Boucheries nieder, hielt sich aber meistens in der Provinz auf. In Toulouse kam das erste Kind, ein Junge, zur Welt, ein Jahr später die Tochter.[1]

François Saucerotte hatte sich zweimal vergeblich am Théâtre-Français beworben und träumte davon, seiner Tochter möge gelingen, was ihm versagt geblieben war. Schon als Kind erhielt Françoise, oder »Fanny«, wie ihre Freunde sie nannten, Unterricht von dem Schauspieler Brigard, einem Bekannten ihres Vaters.

Sie debütierte vor einem ausgesuchten Publikum in Evreux bei Godefroy-Charles-Henri de Bouillon, Prinz de Turenne, einem aufgeklärten Mäzen, der gern Schauspieler in sein prachtvolles Schloß von Navarra einlud. Zusammen mit seinem Freund, dem Marquis de Chambonnas, hatte er den »Orden der Hermaphroditen oder Orden von der erhabenen Glückseligkeit« gegründet, was ihn in Verruf brachte.[2] Es wird überliefert, daß er die junge Françoise gefragt haben soll, ob sie nicht einen wohlklingenderen Namen als den Ihrigen tragen wolle, worauf er ihr den Namen Raucourt angeboten und ihr erklärt haben soll: »Ich kann ihn verschenken, denn er gehört mir. Die Herzöge von Bouillon waren Fürsten von Sedan und Raucourt. Sie tauschten ihre Fürstentümer mit dem König von Frankreich gegen die Grafschaft Evreux.«[3]

Mit dreizehn Jahren war Mademoiselle Raucourt »fünf Fuß groß«, besaß »die Beine einer Heroin, einen wohlgeformten Busen und strahlende Augen«. Nikolai Michailowitsch Karamsin sah sie auf der Bühne und bewunderte »ihren majestätischen Ausdruck, ihre großen schwarzen Augen, die unter dichten Augenbrauen wie nächtliche Blitze hervorleuchteten, ihr pechrabenschwarzes Haar«.[4] Unter den wachsamen Blicken ihres Vaters, dem Wächter ihrer Tugend, spielte sie in Lausanne und Grenoble. Wahrscheinlich begünstigte die Allgegenwart des Vaters die lesbischen Neigungen des jungen Mädchens, jedenfalls fühlte Françoise sich zu Frauen hingezogen, und sie machte nie einen Hehl daraus. In allem, was sie tat, war sie äußerst eigenwillig, und ihre großen schauspielerischen Erfolge sind gewiß darauf zurückzuführen.[5]

An der Comédie-Française trat sie zum erstenmal in der Rolle der Dido in einem Stück von Jean-Jacques Le Franc de Pompignan auf. Möglicherweise verdankte sie es ihrer »theatralischen Erscheinung« und ihrem selbstbewußten Auftreten, daß sie die großen Rollen in den klassischen Tragödien erhielt und das Publikum im Sturm gewann. Als erste lag ihr Madame Du Barry zu Füßen, sie schenkte ihr kostbare Gewänder, der Finanzmagnat Nicolas Beaujou veranstaltete eine Verlosung zu ihren Gunsten, Vater und

Sohn Richelieu luden sie nach Gennevilliers ein, und Madame de Phalaris, die frühere Geliebte des Regenten und spätere Frauenliebhaberin, betete sie an. Die hohen Gönner öffneten ihr den Zugang zur großen Welt. Der Marquis de Bièvres setzte ihr eine Rente von 12000 Livres aus und erklärte spöttisch, auf diese Weise trage er »Familienschulden« ab, das heißt, er hatte sie zur Frau gemacht.[6] Fanny Raucourt stieg der Erfolg jedoch zu Kopf, sie vernachlässigte das Theater und erlag den Verlockungen des Lebens. Ihr Schauspielerkollege Fleury, der sie bei der »Promenade von Longchamp« sah, schrieb: »Ein wüster Taumel, das wahre Sündenbabel ermächtigte sich der Frauen. Wer an der wilden Maskerade nicht teilnahm, galt als lächerlich, und Raucourt, schön, wie sie war, wollte das Leben genießen.«[7]

Den Marquis de Bièvres hatte sie kennengelernt, als sie Ludwig XV., »folgenlos«, wie es hieß, vorgeführt wurde. Doch die Liaison hielt nicht lange, denn Mademoiselle Raucourt begann schon bald ein Verhältnis mit der Opernsängerin Sophie Arnould, worauf der schlagfertige Marquis sie als seine »undankbare Ren(a)te« verspottete.

Gut zwanzig Jahre lang, von 1757 bis 1778, war Sophie Arnould die Königin der Pariser Oper. Sie war geistreich, liebte Bonmots und verfaßte kleine Gedichte. Auch die Briefe, die sie im Alter schrieb und die später (1859) von den Brüdern Goncourt herausgegeben wurden, zeugen von ihrem scharfen Verstand. In frühester Jugend hatte sie Latein und Italienisch gelernt, und sie besaß eine solide klassische Bildung. Aus ihren zahlreichen Liebschaften, unter anderem mit Félicité de Brancas, Herzog de Lauragais, gingen drei Kinder hervor, aus dem Verhältnis mit Charles Goury de Champgrand eine Tochter, die spätere Madame de Rohan-Rochefort, dann de Saint-Simon und schließlich de Bawr. Sophie Arnould soll die hübsche Fanny Raucourt leidenschaftlich geliebt haben.

Als das Verhältnis zwischen Fanny Raucourt und Sophie Arnould sich dem Ende zuneigte, stritten der Marquis de Villette und der Architekt Bélanger um den Platz an ihrer Seite und duellierten sich sogar ihretwegen.[8] An der Seite von Villette, dessen homosexuelle Neigungen ebenso bekannt waren wie die ihren, demonstrierte Mademoiselle Raucourt zeitweise ihre Abkehr von der gleichgeschlechtlichen Liebe, obwohl keiner ihrer Bekannten daran Anstoß genommen hatte. Aber das Paar war nicht füreinander geschaffen. Während Villette sich wieder der Männerliebe zuwandte, vernarrte sich Mademoiselle Raucourt in eine hübsche Blonde deutscher Abstammung, Madame Barthelémy de Lasalle, geborene Jeanne-Françoise Souque.[9]

Sie gab ihre Wohnung in der Rue du Dauphin auf, bezog ein kleines Haus in der Rue de la Chaussée d'Antin und leistete sich außerdem ein Landhaus in Vaugirard, das damals inmitten von Feldern lag. Aber die meiste Zeit verbrachte die Verliebte bei ihrer Freundin Jeanne in der Rue du Faubourg Saint-Denis. Über die Annehmlichkeiten ihres Lebens geben die zeitgenössischen Archive genaue Auskunft. Sie fuhr in einer vergoldeten grünen Kutsche mit vergoldetem Zaumzeug aus. »Zwei braune Pferde mit gestutztem Schweif und dem Brandzeichen am Kopf« zogen den Wagen, an dessen Seiten die Initialen »F. R.« prankten. Der Kutscher trug Hosen aus glänzendem grünem Tuch mit silbernen Kniebändern, eine gelbe, an den Schößen mit Tressen besetzte Postillonjacke und einen Hut mit Federbusch und silbernen Schnüren und Knöpfen.

1775 kaufte Mademoiselle Raucort für 7 200 Livres Bilder von Poussin, Carracci und Correggio, die sie für echt hielt, obwohl es sich um Fälschungen handelte, und es blieb ihr nichts anderes übrig, als zu prozessieren. Andere Dokumente aus den Jahren 1776 und 1777 belegen, wie sie in allem weit über ihre Verhältnisse lebte und dabei Schulden auf Schulden häufte.[10] Die Gläubiger nahmen keine Rücksicht darauf, daß sie am Anfang einer vielversprechenden Karriere stand, sondern führten unnachgiebig Klage.[11] Mademoiselle Raucourt vergeudete weiter ihr Talent, und so war sie schließlich Zielscheibe des Spottes in der *Correspondance secrète*.

»Als sie anfing, liebte und bewunderte ganz Paris sie, jetzt pfeift das Publikum sie auf der Bühne aus. Sie hat es soweit gebracht, selbst bei denen Anstoß zu erregen, die an Skandale gewöhnt sind. Niemals wurde ein Idol so maßlos trunken beweihräuchert und nie danach so verachtet. Man kann ihren mannigfaltigen Talenten die Anerkennung freilich nicht versagen: es gelang ihr, binnen weniger Monate die Stadt und den Hof durch ihre Entgleisungen ebenso wie durch die seltenen Wunder ihrer Unschuld zu verblüffen. Bei 1 000 Ecus Einnahmen ist es ihr während der vier Jahre, die sie auf der Bühne stand, gelungen, 100 000 Ecus Schulden anzusammeln. Obwohl etliche feine Damen für das merkwürdige Vergnügen, die Geheimnisse dieser jungen Priesterin von Lesbos kennengelernt zu haben, teuer bezahlten, deckten diese Opfergaben die Ausgaben ihres Götzen nicht. Sie besaß zehn oder zwölf Pferde, zwei oder drei kleine Häuser, ein gutes Dutzend handverlesener Diener, Frauen- und Männerkleidung vom Allerfeinsten...«[12]

Im Juni 1776 ließ sie alles stehen und liegen und reiste, um der Verhaftung oder der Einweisung in ein Kloster zu entgehen, mit der hübschen Jeanne ins Ausland. Die beiden Frauen hielten sich in Brüssel auf, in Spa und in Beloeil, wo der Prinz de Ligne, ein großzügiger, libertiner Mann, sie mit allem Pomp empfangen und allem Anschein nach auch die Schulden von Fanny Raucourt beglichen haben soll. Von allen guten Geistern verlassen soll sie jedoch, während der Prinz ihr aus Vienne Liebesbrief auf Liebesbrief sandte, seine Unterschrift auf einem Wechsel gefälscht haben. Der Betrug kam ans Licht, und die Frauen flüchteten nach Hessen, um von dort vermutlich weiter nach Berlin zu reisen. Es heißt, sie seien aufgegriffen und dazu verurteilt worden, kahlgeschoren zu werden. Zweifellos trug auch das ungenierte Auftreten der beiden Frauen als Liebespaar zum Ausmaß der Strafe bei. Will man der Überlieferung Glauben schenken, so soll der Prinz de Ligne selbst, Grandseigneur in jeder Lage, herbeigeeilt sein, um sie vor der erniedrigenden Strafe zu bewahren.[13]

Am 20. Oktober 1776 kündigten die *Mémoires secrètes* die Rückkehr von Mademoiselle Raucourt nach Paris an. Fünf Monate hatte ihre Irrfahrt gedauert. Anstatt sich nun diskret zurückzuhalten, erregten sie und ihre Freundin Jeanne sogleich erneut öffentliches Ärgernis. Da ihre Freundin die Miete schuldig geblieben war, hatte das Gericht das Mobiliar beschlagnahmt und dabei Bücher, Bilder und ein Pferd von Fanny konfisziert. Die Frauen begannen unverzüglich, den Gerichtsdiener zu beschimpfen und hetzten die Dienerschaft auf ihn.

Am 16. Dezember standen die Gerichtsvollzieher dann in Vaugirard, vor dem Haus von Mademoiselle Raucourt, weil sie ungedeckte Wechsel über je 800 Livres ausgeschrieben hatte. Noch immer drückten sie erhebliche Schulden. Man gewährte ihr Aufschub, aber sie gab keine Ruhe, sondern unternahm gemeinsam mit Jeanne neue nächtliche Ausfälle gegen den Gerichtsdiener. Am 27. März, um zwei Uhr morgens, veranstalteten sie betrunken, den »heiligen Namen Gottes« gröhlend, einen »schrecklichen Lärm«. Der Gerichtsdiener verlor die Geduld und zeigte sie an. Um 14 Uhr verhaftete man Mademoiselle wegen ihrer Schulden. Nach einigen Stunden wurde sie jedoch vom Vorsitzenden des Pariser Zivilgerichts entlassen, weil sie auf die Berufung verwies, die sie wenige Wochen zuvor gegen eine Klage ihrer Gläubiger eingelegt hatte, und im Haftregister des Gefängnisses Fort-L'Evêque, in das man sie gesteckt hatte, tauchte nicht einmal ihr Name auf. »Eine hilfreiche Hand« soll sie der Chronik zufolge – war es vielleicht die Königin? – gerettet haben.[14]

Sie versprach, sich zu bessern, und als Zeichen der königlichen Huld berief man sie nach Fontainebleau in die Schauspielertruppe zurück, die sei ein Jahr zuvor ausgeschlossen hatte. Sie gab ihr Bestes auf der Bühne und »hinterließ beim König und bei der Königin einen tiefen Eindruck«. Daß dabei auch die unbewußte Neigung Marie-Antoinettes zu Frauen mitspielte, deuteten die *Mémoires secrètes* am 9. November 1779 mit dem Satz an: »Unübersehbar hält die Königin die Hand über sie.« 1780 und 1781 empfahl der König Marie-Antoinette »die zarten Freuden ihrer Freundschaft« zu Madame de Polignac zu mäßigen; schließlich forderte er sie auf, »der übertriebenen Freundschaft« ein Ende zu setzen. Ungefähr gleichzeitig erging auch die Anweisung, die von der Königin bevorzugte Porträtistin Elisabeth Vigée-Lebrun, die es wie keine andere verstand, ihre Modelle in den schönsten Farben zu malen, vom Hof zu entfernen.

In Paris wartete man unterdessen darauf, die Raucourt wieder auf der Bühne zu sehen, und wohlwollende Freunde begannen, ihre Angelegenheiten zu ordnen. Im Januar 1778 löste ihre Bewunderin Joly de Fleury den bei einem Pfandleiher versetzten Schmuck Fannys für viel Geld aus, um ihn ihr zurückzugeben. Die Schauspielerkollegen waren ihr jedoch nicht wohl gesonnen, und einige lehnten ihre Wiederanstellung rigoros ab: Sie machten geltend, daß die Liederlichkeit und die Libertinage dieser Schauspielerin dem ehrwürdigen Haus widersprächen. Indes wurden auf Wunsch des Königs, den Marie-Antoinette dazu bewegen konnte, alle Hindernisse aus dem Weg geräumt und darüber hinaus am 9. November 1779 die Order erlassen, Mademoiselle Raucourt die Hauptrollen und vor allem alle Königinnenrollen zu geben.[15]

Fanny arbeitete angestrengt, um den Erfolg ihres Debüts zu wiederholen. Unter Anleitung von Sophie Arnould, bei der sie wohnte, studierte sie die Rolle der Dido ein, in der sie ihren ersten Triumph gefeiert hatte. Zur Uraufführung des Stücks (1779) eilten ihre Verehrer beiderlei Geschlechts herbei, um sie zu unterstützen und zu ermutigen. Auch Grimod de La Reynière spendete Beifall:

»Mit ihrer göttlichen Figur, dem schönen Gesicht, dem ehrfurchtgebietenden Gesichtsausdruck ruft sie in den erhabenen wie den erniedrigenden Momenten die erschütterndsten Wirkungen hervor. Hinzu kommen ihre ausgeprägte Intelligenz, ihr großes Sprechtalent, die Kunst, eine Rolle würdevoll zu entwickeln, Selbstbewußtsein, Willensstärke und die vollkommene Beherrschung ihrer Wirkung. Und schließlich verfügt sie über die schöne Kunst der Scharlatanerie, die klug eingesetzt ihre wunderbare Naturbegabung ergänzt und ohne die die großen Schauspieler in den berühmten Tragödien nicht auskommen.«[16]

Im Schutz der Königin fühlte Raucourt sich unangreifbar, und sie war es.[17] Im Gegensatz zu ihr wurde der Schauspieler Boutet de Montval, ihr Kollege am Théâtre-Français, wegen seiner erotischen Neigungen verfolgt und aufgrund seiner homosexuellen Abenteuer in den Tuilerien mit ministeriellem Bann belegt. Er emigrierte ins liberalere Schweden und stieg dort dank Gustav II. zum Theaterdirektor auf. In Versailles hingegen hielt Ludwig XVI. an seinen Vorurteilen gegen die gleichgeschlechtliche Liebe fest und beabsichtigte in seiner moralischen Entrüstung sogar, in flagranti überraschte Höflinge strafrechtlich zu belangen. Die *Mémoires secrètes* berichteten darüber im Dezember 1784: »Man hielt dem König vor, daß eine offizielle Verurteilung gefährliche Unruhe stiften könnte, zudem die Ehre großer Häuser antaste, die Menschen schließlich nur neugierig mache und noch mehr auf den Geschmack dieser Sünde bringe.« Einige Höflinge mußten emigrieren, etwa der Marquis de Créquy, der Hofmeister der Königin, weil er einen Heiducken von Madame zur Unzucht verleitet haben sollte. Als man den angeblichen Frauenheld Hérault de Séchelles eines Tages in flagranti mit einem armen »Lastenträger« überraschte, mußte er, so berichtet Coste d'Arnbat, damit rechnen, auf dem Scheiterhaufen zu enden. Aber er kam mit einer nichtöffentlichen Nachtsitzung des Gerichts heil davon.

Seit ihrer Rückkehr auf die Bühne genoß Mademoiselle Raucourt den Beistand des Prinzen d'Hénin-Liétard, Charles-Alexandre-Marc-Marcellin d'Alsace de Boussu de Chimay, jüngster Sproß einer unermeßlich reichen Familie mit Ländereien in Flandern. Bei Hof stand er in gutem Ansehen und war seit 1774 Hauptmann der Leibwache des Grafen d'Artois. Wie Fronsac, Montbarrey, Sartines und andere Helden der Libertinage rühmte er sich, wiewohl er klein und korpulent war, seiner Eroberungen.

Obwohl er wahrscheinlich nur ihr Herzensfreund und nie ihr Liebhaber war, ließ er in seiner Verehrung für Fanny Raucourt nie nach. 1780 erschien ein Pamphlet *Suite de la vision du prophète Daniel (Die Fortsetzung der Vision des Propheten David)*, das sie als »Hure von Babylon« händchenhaltend mit dem Prinzen, »lüsterne Blicke auf Frauen werfend« darstellt. Der Text lautet: »Hier sehen sie diejenige, die alle Schande, mit der die Völker sich besudelten, überbietet und weiter überbieten wird. Mütter, laßt Eure Töchter nicht allein! Liebhaber, wacht über Eure Mätressen! Ehemänner, achtet auf Eure Frauen! Denn Ihr braucht nur einen Augenblick nachzulassen, schon liegt sie in Eurem Bett und beschmutzt Euer Liebstes.«

Man entrüstete sich über die reichen Gönner, die offen zur Schau gestellte Neigung, und so war es kein Wunder, daß ihr Name die Schmähschriften füllte. Vor allem die *Nouvelles à la main*, ein unter der Hand verbreitetes Klatschblatt, zog über sie her. Kaum verschlüsselt war da die Rede von »Sekten«, und »Tribaden«, Mätressen wurden ihr angedichtet, beispielsweise Mademoiselle Contat[18], und behauptet, sie sei mit Constance, der ersten Tänzerin des

Théâtre-Français, »in Männerkleidung Fisch in Weißwein oder Fischragout essen gegangen. Seit drei Monaten sind die beiden zusammen«. Es wurden ihr auch Orgien angedichtet: »Die Mesdemoiselles Raucourt, Peslin, Colombe und Konsorten gingen zum Speisen ins Roule. Beim Nachtisch entkleideten sie sich. Junge, kräftige, ebenfalls nackte Diener tischten auf. Dann verabschiedeten die Damen die muskulösen Athleten und begannen, sich einander zuzuwenden. Ein Lakai, der angeblich durch das Schlüsselloch schaute, beteuert, daß Mademoiselle Raucourt die erfolgreichste zu sein schien, denn alle umdrängten sie, damit sie ihnen Erleichterung verschaffe. Das Schauspiel war einer Messalina würdig. In einem Raum wanden sich die Tribaden vor Lust, während im Nebenraum die Diener masturbierten.«[19]

Um sich ihre Zuneigung zu erhalten, schrieb der Prinz d'Hénin Mademoiselle Raucourt, die ihn mit der Statistin Rostain betrog, eine Leibrente über jährlich 18000 Livres aus, mit der sie von 1785 an fürstlich lebte [20], indem sie zur Jagd ging und ihre Freundinnen mit Geschenken überschüttete. Seit 1783 wohnte sie mietfrei in einem Haus in der Rue Royale-Montmartre, das dem Geschäftsmann Louis-Julien de La Bluxière gehörte.[21] Am 26. April 1785 überschrieb er ihr dieses Haus; am 20. April 1787 erstand sie aus eigenen Mitteln ein zweites, daneben gelegenes Gebäude, ließ die beiden Häuser miteinander verbinden und richtete sie geschmackvoll ein. Auf dem Gelände ließ sie einen englischen Garten mit Teich anlegen und über die Rasenflächen verstreut Tonfiguren und große grüne Bänke sowie eine herrliche Marmorstatue des Apollo von Belvedere aufstellen.

Zu ihrem Schutz schaffte sich Fanny Raucourt vier große Hunde an, die frei im Gelände herumliefen. Eines der beiden Häuser richtete sie für sich ein. Im Erdgeschoß gelangte man vom Vestibül in das holzgetäfelte Eßzimmer mit drei auffallend großen Spiegeln und einem langen Tisch, um den sich achtzehn mit blauweiß gestreiftem Samt überzogene Stühle gruppierten. Im ersten Stock lag das Bibliothekszimmer, das zugleich ihr Arbeitskabinett war, beherrscht von einem mächtigen Bücherschrank mit gedrechselten Säulen und mit Türen, hinter deren von einem Gitterwerk aus Messingstäben durchzogenen Glasscheiben die Taftbespannung hervorleuchtete, gekrönt wurde das ganze von sechs Bronzebüsten. Ein Kamin aus türkisblauem Marmor sowie ein prächtiger Mahagonisekretär, grüne Fenstervorhänge und grüne Damasttapete mit Motiven aus dem Schäferleben gaben dem Raum ein besonderes Flair. Durch ein kleines Vorzimmer gelangte man in den großen, bunt tapezierten Salon, an dessen Wänden kleine Spiegel hingen, und dessen Decke, gleich der Kuppel einer Kirche, »kunstvoll ausgemalt« war. Vergoldete Schnitzereien zierten die Paneele, während ein eleganter Kamin aus makellos weißem Marmor, auf dem zwei kleine Figuren und zwei große Lilienvasen standen, und drei hohe, vom Boden bis zur Decke reichende, lückenlos aneinandergefügte Spiegel dem Raum eine unermeßliche Tiefe verliehen. Über den Türen sah man Reliefs und noch weit prachtvollere an dem »vortrefflich ausgemalten« Oval der Zimmerdecke. Zum Ausruhen luden ein Kanapee, sechs Lehnstühle, zwei Ohrensessel und eine Ottomane ein; vier lilafarbene, mit Silberfäden durchwirkte Polstersessel und eine schöne Kredenz mit weißer Marmorplatte und Marmorstatue ergänzten das Mobiliar. Die drei Fenster an der Gartenseite rahmten lange weiße, mit bunten Litzen versehene Vorhänge. Herrschte im Salon das Weiß vor, so im Schlafzimmer eine ganze Palette von Grüntönen, abgestimmt auf die von vergoldeten Zierleisten gehaltene Tapete. In einem mit drei großen Spiegeln verkleideten Alkoven präsentierte sich das »römische« Ruhelager, gefertigt aus Zitronenbaum- und Amarantholz, mit vergoldeten Ornamenten geschmückt und bedeckt mit grünem Tuch mit orangefarbenen Paspeln und Troddeln, darüber karmesinroter Samt. Eine mit Gold übermalte Kommode, eine ausgesucht schöne, lackierte Truhe mit vergoldeten Bronzebeschlägen, darauf zwei große, stets mit frischen Blumen gefüllte Alabastervasen sowie ein Nähtischchen aus Rosenholz mit weißer Marmorplatte und Schmuckwerk aus vergoldeter Bronze nahmen den Blick gefangen.[22]

In diesem Haus ging Fanny Raucourt ihrer Liebe zur verführerischen Pierrette-Jeanne Charpentier nach, die von ihrem Ehemann Charles de Mailly getrennt lebte. Mailly, ein damals gefragter Porträtmaler, zugleich auch Hof-Miniaturmaler der Zarin Katharina, hatte sich heftig dagegen gesträubt, daß seine junge »aufreizend sinnliche« Frau Sophie nach 1782 sich der Galanterie zuwandte. Sophie de Mailly tröstete sich mit der Raucourt über die von ihr nur widerwillig eingehaltenen »Abmachungen« mit dem ehemaligen Minister Montbarry hinweg. Eines Abends, als er unangemeldet in Begleitung von Monsieur de Hugues de Cesselès, seiner Eminenz, de Conzié, dem Bischof von Arras und Beichtvater des Grafen d'Artois, bei ihr erschien, überraschte er sie im Bett mit der Schauspielerin.[23] Mademoiselle Raucourt entschloß sich, klare Verhältnisse zu schaffen, und ging mit der schönen Sophie zum Notar, um ihr eine Leibrente von jährlich 3 000 Livres auf ein Kapital von 30 000 Livres zu überschreiben, ein Geschenk, das sich im allgemeinen nur Fürsten und Finanzmagnaten leisten konnten.[24] Der Herzog d'Orléans etwa stellte für die Renten, die er vergab, allenfalls 20 000 Livres zur Verfügung. Fanny Raucourt konnte so freigiebig sein, weil sie neben den beträchtlichen Gagen der Comédie-Française noch die Rente des Prinzen d'Hénin und des Marquis de Bièvres und wer weiß wieviel Gewinn aus eigenen Geldanlagen bezog. Das opulente Geschenk hinderte Sophie de Mailly aber nicht, der Freundin untreu zu werden. Kaum widmete sich die Raucourt erneut der Theaterarbeit, gab die Treulose schon dem Werben des Marquis de Travanet nach, des Spielbankhalters der Königin und Freunds des Herzogs d'Orléans, der Sophie de Mailly in die Salons des Palais Royal einführte und ihr somit eine glänzende Karriere in der Welt des Glücksspiels eröffnete.

Unterdessen kündigten sich ernste Ereignisse an. Die dem Monarchen unterstellte Comédie-Française geriet in die schwerste Krise ihrer Geschichte, die »Affäre Talma«. Der beliebte Schauspieler lag mit einigen seiner Kollegen in unerbittlichem Streit, vor allem über den Stil der Inszenierungen. Er opponierte gegen althergebrachte Regeln, festgefahrene Gewohnheiten und die übliche Trägheit, wünschte Neuerungen, wollte beispielsweise die antiken Kostüme durch realistische ersetzen, wie sie auf den Bildern der Schüler des Malers David zu sehen waren. Schwerer noch wog seine Absicht, ein Stück von Marie-Joseph Chénier auf die Bühne zu bringen. Vor dem Hintergrund der Bartholomäusnacht übte die Tragödie kaum verhüllt Kritik am Absolutismus, was sowohl bei den Mitgliedern der königlichen Zensurkammer als auch bei der Mehrheit der Theaterleute, denen Versailles die Gagen zahlte, auf heftige Ablehnung stieß. Am 23. Juli 1789 denunzierten sie Talma mit der Behauptung, »er habe geschworen, er werde nicht eher wieder auftreten, bis Chéniers *Charles IX.* auf die Bühne käme«.[25] Vertraglich war Talma jedoch gebunden, die in sein Fach fallenden Rollen zu übernehmen. Die Schauspielerkollegen hofften also, ihn auf diesem legalen Weg loszuwerden, und beschlossen, allen voran Françoise Raucourt, »nicht mehr mit Herrn Talma aufzutreten«. Die Lieblingsschauspielerin Marie-Antoinettes war nicht undankbar. Sie wußte, wohin sie gehörte, und zögerte keinen Moment, die richtige Wahl zu treffen; vorbehaltlos unterstützte sie das absolute Königtum, selbst eine konstitutionelle Monarchie war ihr zuwider.

Während die Rechtsberater der Comédie-Française die Truppe zur Mäßigung ermahnten, heizte Monsieur de Mirbeck, »ein Verwandter und Freund der Demoiselle Raucourt«, die Stimmung noch einmal an. Doch langsam wendete sich das Blatt, und die Feinde Talmas, die *Schwarzen*, verloren gegenüber den *Roten*, seinen wenigen Freunden, allmählich an Boden. In dem Pamphlet *Dénonciation des Comédiens-Français* beschuldigte der Bürger Duchosal die *Schwarzen*, sich der neuen politischen Entwicklung, der Ablösung des Schirmherrn durch die Herrschaft des Volkes, in den Weg zu stellen, und erinnerte noch einmal an die außerordentlichen Privilegien, die sie unter dem Ancien Régime genossen hatten: »Die früheren Herzöge und Grafen verteilen keine Kaleschen und Reichtümer mehr. Bald werden die Schauspieler aus dem brausenden Wagen Phaetons aussteigen müssen, und diese Säulenheiligen der französischen Neros werden zur Rechenschaft gezogen werden. Raucourt und Contat werden nicht mehr verehrt, ihr Ansehen sinkt; Naudet verzichtet schweren Herzens auf seine Meriten als Raufbold, und Florence bricht schmerzverzerrt auf den Stufen des Theaters zusammen: Alle zittern vor den neuen Gesetzen und verbergen in den verwundeten Seelen ihren tödlichen Haß auf die Nationalversammlung.«

Ihrer Stützen beraubt, kämpften die Schauspieler von nun an aus dem Hinterhalt und benutzten dabei die übelsten Tricks, um mißliebige Stücke zu Fall zu bringen. Nachdem sie erfolglos versucht hatten, die Aufführung von *Charles IX.* zu »kippen«, rächten sie sich bei nächster Gelegenheit. Drei Tage nach der Premiere mußte ein Stück von Olympe de Gouges gegen die Sklaverei abgesetzt werden, weil die Schauspieler auf offener Bühne stritten und von den »Freunden der Kolonisatoren« angeheuerte Störer die Aufführungen in einem Tohuwabohu untergehen ließen.

Einige Wochen, nachdem der Graf d'Artois, der Bruder

Ludwigs XIV., und mit ihm sein Leibgardist, der Prinz d'Hénin, in die Emigration gegangen waren, kam die Raucourt in Schwierigkeiten. Vermutlich zu Unrecht nahm man an, sie habe das Land in konspirativer Absicht verlassen wollen und verhaftete sie in Saint-Denis auf Befehl des Distriktkommandanten. Es hieß, sie sei auf dem Weg nach Amiens gewesen, um nach Belgien oder Holland weiterzureisen, dort »die Herren zu treffen, ihre Order in Empfang zu nehmen und in den Falten ihres Rocks den Krieg ins Land zu tragen«. Aber man schrieb erst das Jahr 1789, und der Zwischenfall endete für sie ohne nachteilige Folgen. Allerdings mußte sie, obwohl ihre Papiere in Ordnung waren und eine Durchsuchung ihres Gepäcks den Verdacht nicht bestätigte, nach Paris zurückkehren. Im Hôtel de Ville entließ man sie aber mit dem Bescheid, es werde nicht gegen sie ermittelt.

Doch Mademoiselle Raucourt war kein Unschuldslamm. Als der Prinz d'Hénin aus der Emigration zurückkam, bot sie ihm an, bei ihr zu wohnen. Madame d'Hénin, die in ihrem Stadtpalais in der Rue de Varennes geblieben war, gelang es nach dem 10. August, einer Verhaftung zu entgehen und in letzter Minute das Land zu verlassen.[26] Sie teilte die politische Überzeugung ihres Ehemanns und seiner Freunde, des Prinzen de Salm-Kyrbourg, des Grafen Arthur Dillon und des Vicomte Boniface de Castellane. Zu dieser konterrevolutionären Gruppe gehörten außerdem der Financier Palteau de Veymerange und »seine Tänzerin«, die wunderbare Adeline, die einst wie Mademoiselle Dervieux den Freuden des »gehobenen Strichs« gefrönt hatte. Man verabredete sich in Spielsalons und im Klub de Valois, umwarb Abgeordnete, Verwaltungsbeamte, hohe Funktionäre und Kommissare, die im Ruf standen, »ansprechbar«, d. h. bestechlich zu sein, und gab in den Jahren 1792/93 viel Geld für die Unterminierung der republikanischen Regierung aus.

Die Spuren der tatkräftigen Unterstützung, die Mademoiselle Raucourt diesen Leuten gewährte, sind, da die

Akten vernichtet wurden, heute verwischt,[27] gleichwohl vermittelt eine Anzeige, die Monate später zu einer schwerwiegenden Anklage geführt hätte und in der ihr Name am Rande auftaucht, einen recht guten Eindruck von ihrer Rolle: »Die Schauspielerin Raucourt unterhält einen Aristokratenklub. Der in der Rue Neuve-Saint-Augustin Nr. 23 wohnende Bürger Guérin, ein Mitglied des Korrespondenzausschusses, trägt der Raucourt Papiere des Ausschusses zu. Er ist ein Verräter.«[28]

Das Wort »Aristokratenklub« besagt, daß die Konterrevolutionäre nach dem 10. August nicht mehr in ihrem, inzwischen verbotenen Klub de Valois zusammentrafen, sondern in Privatwohnungen, eben auch im Haus von Mademoiselle Raucourt in der Rue Royale-Montmartre. Eifrig darauf bedacht, Komplizen für ihre Sache zu gewinnen, besuchten sie nun die revolutionären Klubs, besonders den der Cordeliers, zu dem Desfieux sowie Aucane und Sartines gehörten. Der Schweizer Bürger Claude Guérin, ein Urologe, Mitglied des revolutionären Volksausschusses der Sektion Halle-aux-Blés, damit beauftragt, den Korrespondenzausschuß der Jakobiner zu leiten, galt als ihre erste Adresse. Dieser Ausschuß gewährleistete die Verbindung zwischen der Zentrale in Paris, den jakobinischen Klubs in der Provinz und den Republikanern im Ausland. Im September 1793 erhielt Guérin vom Minister des Auswärtigen einen Spionageauftrag, fünf Monate später berief man ihn zum Polizeidirektor des Wohlfahrtsausschusses.[29]

Wahrscheinlich aus Geldgier spielte Guérin 1792 und 1793 den Mitgliedern des »Aristokratenklubs« über Mademoiselle Raucourt ganze Abschriften und Auszüge der Korrespondenz der Jakobiner zu.

Während seines Aufenthalts in der Rue Royale beschäftigte sich der Prinz d'Hénin mit der Verschönerung des Anwesens; so ließ er etwa im Garten eine Orangerie bauen.

Im übrigen traf er sich regelmäßig mit Boniface de Castellane und Arthur Dillon, die im Juli 1793 einen Plan zur Befreiung der Königin aus dem Temple entwarfen. Er wurde jedoch entdeckt und dem Konvent hinterbracht. Man verhaftete Castellane und Dillon und fahndete nach den Komplizen, den Prinzen de Salm und Hénin.[30] Marie-Antoinette wurde vom Temple in die Conciergerie verlegt, der Prinz d'Hénin rettete sich ins Departement Seine-et-Marne; Salm, Castellane und Dillon, die dank des Abgeordneten Chabot freikamen, folgten nach.

Gegen Mademoiselle Raucourt erging inzwischen ein Haftbefehl, der alle Schauspieler der Comédie-Française betraf. Barère, Mitglied des wichtigsten Regierungsausschusses, brachte die Sache ins Rollen. Er glaubte, in dem Stück *Pamela* von François de Neuchâteau eine Anspielung auf seine Person entdeckt zu haben und wollte sich rächen. Pamela nämlich hieß eine Adoptivtochter des Herzogs d'Orléans, deren Vormundschaft Barère im Juni 1791 zusammen mit der Verwaltung ihres Vermögens übernommen hatte. Das Vermögen belief sich auf jährlich 12 000 Livres; das Grundkapital betrug 300 000 Livres. Im September 1793, als er den Prozeß gegen den Herzog und die Brissotins vorbereitete, mochte Barère nicht mehr an seine Vergangenheit als Laufbursche der Aristokratie erinnert werden. Also legte er am 3. September 1793 dem Konvent einen von ihm im Namen des Ausschusses gestellten Antrag vor, in dem die Verhaftung der Schauspieler wegen Verletzung ihrer Bürgerpflichten und mutmaßlicher Konspiration mit den Emigranten sowie die Schließung des Theaters gefordert wurden. Der Konvent stimmte der ihm fast aufgezwungenen Maßnahme zu, und in der Nacht vom 3. auf den 4. September kamen Fanny Raucourt und ihre Kolleginnen, darunter Mademoiselle Lachassaigne und Mademoiselle Devienne, ins Gefängnis Sainte-Pélagie[31], die Männer brachte man in die Madelonnettes.

Als Madame Roland die Schauspielerin im Gefängnishof am Arm von General Biron spazierengehen sah, bemerkte sie, der Anblick sei beruhigend, immerhin biete die Raucourt die beste Gewähr dafür, daß die Anzahl der Häftlinge sich nicht vermehre. Nachdem ihre Kolleginnen, eine nach der anderen, freigelassen worden waren, wandte sich Mademoiselle Raucourt mit einer Bittschrift an den Konventspräsidenten: »Heute, da alle meine Schicksalsgefährtinnen wieder zu ihren Familien und zu ihrer Arbeit zurückkehren konnten, bitte ich vertrauensvoll darum, mir dieselbe Wohltat zukommen zu lassen. Meine Unschuld ist ebenso offenkundig wie die der anderen. Die Protokolle meiner Aussagen, die Gutachten meiner Nachbarn, der Nachweis meiner bürgerlichen Gesinnung durch das revolutionäre Komitee meiner Gemeinde (Asnières, wo sie seit 1788 ein Landhaus besaß), das Zeugnis meiner Sektion (des Faubourg-Montmartre) sind mein Unterpfand. Ich hoffe auf die Weisheit und Gerechtigkeit des Sicherheitsausschusses.« Sie fügte hinzu, sie sei leidend und betonte, daß sie für ihre alten Eltern sorgen müsse. Ihre Eingaben waren jedoch offensichtlich falsch eingefädelt. Fouquier-Tinville legte eine Akte vor, die sechs Schauspieler (Dazincourt, Fleury, Mademoiselle Raucourt, Mademoiselle Lange und die Schwestern Contat) als gefährliche Gewährsleute der Aristokratie des Ancien Régime schwer belastete. Obwohl Collot d'Herbois und Vadier am 10. Juli 1794 vor dem Revolutionstribunal mit allem Nachdruck auf der Bestrafung der Unverbesserlichen bestanden, verzögerte sich der Prozeß. Der 9. Thermidor (27. Juli 1794) kam, und eine Woche später verließ die große Tragödin das Gefängnis Les Anglaises, wohin sie zwischenzeitlich überstellt worden war.

Das »Wunder« verdankte sie möglicherweise dem ehemaligen Laienschauspieler Charles Delpeuch de La Bussière. Er war Sekretär des Abgeordneten Legendre geworden, dann Angestellter beim Sicherheitsausschuß und verstand es, seinen Zugang zu den Akten zu nutzen und Anklagen gegen die Schauspieler zu entschärfen. Sein »Sudeln«, wie er diese Tätigkeit nannte, »bestand darin, belastendes Material auszusortieren und Vorwände zu erfinden, um Abschriften und die Weitergabe der Akten zu verzögern ...«[32]

Im Gefängnis soll Fanny Raucourt der Liebe ihres Lebens begegnet sein, Henriette Simonot de Ponty, mit der sie bis zu ihrem Tod zusammenlebte. Sie verkaufte ihr Anwesen in der Chaussée-d'Antin überaus günstig und bezog ein Haus in Chaillot[33], wandte sich wieder ihrem Beruf zu und erhielt während des Direktoriums sogar die Genehmigung, ein Theater zu leiten. 1797 mußte es aus politischen Gründen kurzfristig schließen, weil Mademoiselle Raucourt für die crypto-royalistische Partei der *Clychiens* Geheimdepeschen an Lord Malmesbury weitergeleitet hatte, der im Auftrag der englischen Regierung die Friedensverhandlungen mit dem Direktorium führte.[34]

Während des Konsulats wurde sie wieder in Gnaden aufgenommen. Sie beendete ihre antirepublikanischen Aktivitäten und widmete sich ihrer Karriere und der von Mademoiselle Mars, der Tochter von Monvel. Während des Empire vertraute Napoleon ihr die Leitung der Kaiserlichen Bühnen in Italien an.

Madame de Ponty weilte, wenn sie Fanny nicht auf ihren Tourneen begleitete, in einem Schloß in Chapelle-Saint-Mesmin, in der Nähe von Orléans, das ihre Freundin gepachtet hatte. Die Zeit der Liebeleien und Launen war vorüber und auch die Verschwendungssucht, genährt vom Prinzen d'Hénin, der kurz vor dem 9. Thermidor unter dem Fallbeil gestorben war, gehörte der Vergangenheit an. Fanny Raucourt führte ein ruhiges, ganz von ihrer Liebe zu Henriette de Ponty bestimmtes Leben. Während einer Tournee durch die Niederlande schrieb sie ihr: »Sag mir ehrlich, ob es Dich nicht langweilt, meine Zeilen zu lesen. Mein einziges Vergnügen ist es, in Gedanken bei Dir zu sein; wenn ich Dir schreibe, ist mir, als würde ich mit Dir reden, und diese Vorstellung verschafft mir jeden Tag eine Stunde Glück. Guten Morgen, liebe, geliebte Henriette, sage ich, denn jetzt, während ich Dir schreibe, ist es Abend, und mein Brief wird Dich erst in ein paar Stunden erreichen. Ich komme von einem Spaziergang mit Mademoiselle Mars. Entzückt über die Schönheit der Landschaft brachen wir bei jedem Schritt in den Ausruf aus: ›Wäre Madame de Ponty doch hier, sie würde begeistert sein.‹ Du, immerzu Du, Du bist mein einziger Gedanke. Gute Nacht jetzt, Du, die Landschaft meines Herzens. Es ist so erfüllt von Dir, daß ich hoffe, ein tröstlicher Traum wird Dich an meine Seite legen, in meine Arme. – Henriette! Vierzehn Tage Pein! Und noch ist der sechste kaum vergangen. Es ist zum Sterben.«[35]

Am 15. Januar 1815 starb Mademoiselle Raucourt in ihrer Pariser Wohnung in der Rue Helder. Bei der Beerdigung kam es zum Skandal, weil der Pfarrer von Saint-Roche den Leichnam der Schauspielerin nicht in der Kirche aufbahren lassen wollte. Die Menge aber umringte den Sarg und stieß die Kirchentüren auf, um die Zeremonie zu erzwingen. Am 13. März verständigte sich ihr Bruder und einziger Erbe mit Henriette de Ponty über den Nachlaß, dessen Inventarisierung sechs Monate dauerte.[36] Die materielle Absicherung ihrer Freundin hatte Fanny Raucourt vor ihrem Tod gesetzlich geregelt und auch den Pachtvertrag für das Schloß in Chapelle-Saint-Mesmin auf sie überschrieben.

Die königstreue Kinderfrau

Während der Revolutionszeit wurde Madame Marie de Saint-Brice viermal verhaftet, unzählige Male von der Polizei überwacht und wiederholt von Privatleuten angezeigt. Geboren wurde sie 1764 in Fontainebleau. Sie lebte teils in Versailles, in der Umgebung der Königin und des Dauphin, teils in ihrem ansehnlichen Haus in der Rue de Cléry Nr. 66, in dem damals äußerst eleganten Viertel du Sentier. Sie lehnte es ab zu emigrieren, blieb in Paris und verkehrte bis zu Beginn der Schreckensherrschaft sowohl mit Angehörigen des Adels als auch des Konvents, unter anderem mit dem berühmten Jean-Lambert Tallien.

Sie war wahrscheinlich die Schönste im Gefolge von Marie-Antoinette, und ihr Charme bezauberte die Königin dermaßen, daß sie alles daran setzte, die junge Frau in ihrer Nähe zu behalten. Da Marie Danneville, so ihr Mädchenname, aus kleinbürgerlichen Verhältnissen stammte, benötigte sie als erstes ein Adelsprädikat. Man verheiratete sie also im Alter von sechzehn Jahren mit dem alten Aristokraten und Offizier im Invalidendom, Louis-Charles Jorel de Saint-Brice. Für die Gefälligkeit erhielt er den Saint-Louis-Orden.[1]

Nachdem der Etikette Genüge getan und Madame de Saint-Brice in den engsten Kreis aufgenommen worden war, übernahm sie das Amt einer königlichen Kinderfrau des zweiten Sohns von Ludwig XVI., des späteren Ludwig XVIII. Marie-Antoinette, die sich gern mit hübschen Frauen umgab, schätzte Madame de Saint-Brice um so mehr, als sie intelligent war. Ein Bericht von Guérin, Leiter der Polizeiabteilung im Wohlfahrtsausschuß, aus den Tagen der Schrekkensherrschaft bestätigte: »Sie ist äußerst klug, sehr erfahren und kennt sich im Ränkespiel bestens aus. Ihre Intrigen gelingen stets, denn zu den natürlichen und erworbenen Fähigkeiten kommt hinzu, daß sie auffallend gut aussieht und außerordentlich verführerisch ist.«[2]

Die Pflichten als Kinderfrau ließen Madame de Saint-Brice genügend Zeit, den Freuden der Libertinage nachzugehen. In Paris wohnte sie unmittelbar neben der Malerin und Vertrauten Marie-Antoinettes, Madame Vigée-Lebrun, und so verwundert es, daß Madame Vigée-Lebrun sie nicht malte. Aber vielleicht neideten die beiden Frauen einander die Gunst der Königin. Jedenfalls gibt es das herrliche Porträt einer anderen Nachbarin, Catherine Worlée. Sie wohnte auf der Anhöhe desselben Viertels, hinter dem große Gärten in Terrassen aufstiegen. Catherine Worlée lebte getrennt von ihrem Mann, Monsieur Grand. In der Welt der Galanterie war sie wohlbekannt, und die Zahl ihrer Liebhaber war in aller Munde. Einer von ihnen war Antoine Valdec de Lessart, ein Aristokrat undefinierbarer Herkunft, Freund und Vertrauter Neckers. Zu Beginn der Revolution wurde er Minister des Inneren[3]; etwa zur gleichen Zeit verliebte er sich in Madame Grand, besagte Catherine Worlée. Vorher hatte er lange Zeit mit Marie-Louise O'Morphy, genannt die Morphise, verkehrt, die in ihrer Jugend zu den Damen gehört hatte, die Ludwig XV. sein »Gehege« nannte. Madame Grand erhörte Valdec de Lessart und pflegte weiter ihre Verhältnisse mit Whitehill, dem ehemaligen Gouverneur von Madras, und dem Grafen de Lambertye, einem Freund der Königin und der Polignacs. Dieser junge Mann (dessen Schwester die Mätresse des Herzogs de Polignac war) verbrachte seine Tage und Nächte beim Spiel, und 1792 leitete er zusammen mit Madame Grand eine Spielrunde in der Chancellerie d'Orléans. Das *Journal de la cour*

ren Damen aus dem Gefolge der Königin am 18. August vor den Generalrat der Kommune zitiert wurden. Madame de Saint-Brice sagte aus, sie sei in der Nacht vom 9. auf den 10. August bis vier Uhr morgens wach geblieben und um sieben Uhr dann zum Dauphin hinuntergegangen. Auf die Frage, was sie von der geplanten Flucht des Königs nach Rouen wisse und inwieweit sie darin verwickelt sei, antwortete sie, vom Komplott der Herren Mandat, Rulhières, de Roix und d'Affry nichts gewußt zu haben. Da ihre Antworten ebenso unglaubwürdig klangen wie die der anderen Damen, beschloß der Generalrat, alle zunächst einmal festzunehmen.[7] Man überstellte sie in das Gefängnis Petite-Force in der Rue Pavée im Marais und durchsuchte ihre Wohnungen.[8]

In Paris kursierten unterdessen die finstersten Gerüchte. Es hieß, das Volk empöre sich dermaßen über die Langsamkeit, mit der die Gerichte die Verbrechen des 10. August ahndeten, daß es zu Selbstjustiz greifen wolle. Einige behaupteten sogar, ein Sonderausschuß habe die Ermordung der verdächtigen Häftlinge beschlossen. Der Hof schickte Sendboten zu Manuel und anderen Kommunenmitgliedern, die noch Einfluß auf ihre Gefährten besaßen, und bot für die Prinzessin von Lamballe und andere Lösegeld an.

Gegen Mittag des 2. September ordnete der Magistrat die Schließung der Stadttore an, denn in allen Vierteln griff der Aufruhr um sich. Vom Pont Neuf hörte man in regelmäßigen Abständen Kanonenschüsse, auf den Türmen von Notre Dame wehten schwarze Fahnen. An verschiedenen Stellen ließen sich Freiwillige als Soldaten anwerben, während vom Überwachungsausschuß der Kommune bestochene Volksverhetzer das Gerücht ausstreuten, die Inhaftierten planten den Ausbruch. Die Wut wuchs, und als vor dem Gefängnis der Abbaye ein Transport mit zu Verbannung und Zwangsarbeit verurteilten Priestern vorfuhr, entlud sie sich. Die ersten Massaker fanden statt. Am Abend desselben Tages drang ein außer Kontrolle geratener Haufen in das Gefängnis La Force ein, um Gericht zu halten. Die selbsternannten Richter ließen die Gefangenen einzeln vortreten. Die meisten wurden gleich im Gefängnishof getötet, aufgespießt und verstümmelt, der Prinzessin de Lamballe schlugen sie den Kopf ab. Madame de Saint-Brice trat zitternd vor Angst in die Gerichtsstube.

Wie sie ihrem Schicksal entkam, weiß man nicht. Der ehemalige englische Botschafter Lord Gower, der tags zuvor nach London abgereist war, erfuhr von einem seiner Kundschafter, daß Tallien sich auf Bitten der Eltern von Madame de Saint-Brice, die ein Hotel garni in der Rue Colombier besaßen, angeblich für sie verwendet habe.[9]

Achtzehn Monate später, mitten im Winter 1794, als die Guillotine auf dem Platz der Revolution fast täglich ihr Werk verrichtete, erregten Madame de Saint-Brice und eine ihrer Freundinnen leichtfertigerweise im Theater der Republik öffentliches Ärgernis. Ihre Unbesonnenheit führte dazu, daß man sie gleich nach der Aufführung verhaftete und vor den Allgemeinen Sicherheitsausschuß brachte. Dort legte man ihnen folgende Zeugenaussage vor:

»In aller Eile abgegebene Aussage des Bürgers und der Bürgerin Sherlock, Paris, am 28. Pluviôse an II (16. Februar 1794)

Sherlock und seine Frau befanden sich im Theater der Republik, als zwei ihnen unbekannte Frauen ihre Loge betraten. Eine der Frauen roch stark nach Wein. Sherlock, der vorn an der Brüstung saß, bot seinen Platz an und setzte sich hinter seine Ehefrau. Die beiden Frauen begannen, sich laut zu unterhalten und zu lachen, so daß Sherlock und selbst die Besucher in den Nachbarlogen kein Wort mehr verstehen konnten. Auf seine Aufforderung zu schweigen, reagierten sie böswillig mit noch lauterem Gelächter. Jeder empörte sich, und vom Parkett aus rief man: ›Ruhe, da oben!‹ Die Frauen beschimpften darauf Sherlock aufs gemeinste. Er riet seiner Frau, in der ersten Pause zu gehen, und beschloß, sich bei der Polizei zu beschweren. Er versicherte, die Frauen hätten den Streit wegen seines Schnurrbarts, der ihn als Soldat auswies, angezettelt. Er glaubte bemerkt zu haben, daß sie ihn deswegen absichtlich verspotteten und daß sie sich außerdem über den Patriotismus des Stücks lustig machen wollten. Er meinte gehört zu haben, daß in dem Augenblick, in dem das Opfer auftritt und Talma seine ganze Kunst entfaltet, die Frauen, statt Beifall zu klatschen, ›schlecht, sehr schlecht!‹ riefen.

Sherlock warf ihnen verächtliche Blicke zu und mischte sich in den Chor des Publikums, das begeistert die Wiederholung der Szene verlangte. ›Richtig so‹, sagten die Frauen, ›das Ganze noch einmal, es kann nur besser werden‹ und klatschten dann, als Talma von vorn begann, mit den anderen Beifall. Offensichtlich über seine tadelnden Blicke gekränkt, begannen sie zu plappern und zu lachen und richteten dann das Wort an ihn: ›Wärst Du mit Deinem Schnäuzer ein echter Patriot, hättest Du Dir schon die erste Aufführung angesehen.‹ Sherlock hatte sehr wohl die Premiere besucht und sah sich jetzt mit seiner Frau das Stück zum zweitenmal an. Er antwortete ihnen, es gehöre sich nicht, das Publikum zu stören und fragte, ob sie in Begleitung von [...] seien, denn so frech und unverschämt benähmen Frauen sich nur, wenn sie sich beschützt wüßten.

Endlich betraten der Polizeikommissar und der Bürger und Volksvertreter Saint-Just die Loge. Die Frauen waren ihnen nur allzu bekannt, und darum erteilten sie den Befehl, sie sofort dem Sicherheitsausschuß vorzuführen. Sherlock mußte ihnen folgen. Er erklärte, daß seine Aussagen der Wahrheit entsprachen. Er vergaß aber nicht zu erwähnen, die Frauen hätten sich bei dem ihm aufgezwungenen Wortwechsel über die Freiheit mokiert und gesagt: Da jetzt überall Freiheit herrsche, könnten sie wohl nach Belieben reden und wenn sie sich unterhielten, dann deshalb, weil das Stück ihnen bekannt sei. Diese Begründung erschien dem Ausschuß verständlicherweise nicht stichhaltig.

Gezeichnet: Sherlock.«

Aufgrund der Zeugenaussagen und des Verhörs verfügte der Sicherheitsausschuß, die beiden Frauen getrennt voneinander in Haft zu nehmen und ihre Ausweise zu beschlagnahmen. Madame de Saint-Brice kam ins ehemalige Kloster Les Anglaises in der Rue de l'Oursine, in dem vor allem Frauen einsaßen. Um sie stand es schlecht, es waren andere schon aus geringfügigerem Anlaß hingerichtet worden. Der Ausschuß bestellte einen Referenten, um prüfen zu lassen, ob die Akte an den öffentlichen Ankläger weitergeleitet werden solle. Doch wider Erwarten kam es nicht dazu, und man ließ die beiden Frauen frei.

Fortan war Madame de Saint-Brice vorsichtiger. Sie hielt jedoch Kontakt mit der Gruppe um Sophie Thierry. Die junge, hübsche Frau war mit dem Brüsseler Geschäftsmann Michel-Jean Simon verheiratet. Er gehörte wie sein Vater zu den Gründungsmitgliedern der »Partei des Auslands«, einer Koalition aus doppelzüngigen Montagnards, in Paris ansässigen Ausländern und einheimischen Royalisten. Seit ihr Ehemann Hals über Kopf nach Hamburg abgereist war, führte die junge Frau ein freizügiges Leben. Sie brachte Konventsmitglieder mit ausländischen Geschäftsleuten zusammen, mit Pierre Formalaguès etwa, dem Bevollmächtigten des nach London zurückgekehrten englischen Walter Boyd, oder Herrn Lafitte, dem Vertreter von Perrégaux, den die Ereignisse schließlich zur Flucht in die Schweiz zwangen. Auch bei Formalaguès in der Rue du Sentier Nr. 26 fanden entsprechende Abendgesellschaften statt, und Thibaudeau spöttelte in seinen Memoiren, daß »die Abgeordneten, die sich von den Intrigen fernhielten, die Ehre hatten, nicht eingeladen zu sein«.[10]

Ein anderer Vermittler zwischen den Konventsmitgliedern Fabre d'Eglantine, Chabot und der Welt der Reichen war der Journalist und skandalträchtige Libertin Richer de Sérizy. Seit der Zeit, als er zusammen mit Regnaud de Saint-Jean d'Angely eine Schlüsselrolle im »österreichischen Komitee«[11] gespielt hatte, gehörte er zum Kreis der Madame de Saint-Brice. Sie unterstützte ebenso wie die Damen de Navarre die Prinzessin de Lamballe, bei der alle

Fäden des Komitees zusammenliefen. Über sie hielt der Hof in den Tuilerien Verbindung mit den Königstreuen im In- und Ausland. Als die Monarchie nach dem Mißgeschick von Varennes ihre Strategie änderte und in die Defensive ging, rückte das informelle, gleichwohl wirkungsvolle Komitee ins Zentrum der Geheimdiplomatie. Dabei scheuten die Berater des Königs keine Kosten und zahlten beträchtliche Summen, um das Ansehen der Nationalversammlung und die öffentliche Moral zu untergraben.

Madame de Saint-Brice und Richer de Sérizy hatten einen gemeinsamen Bekannten, Jean-Lambert Tallien. Als Konventsabgeordneter in Bordeaux hatte er eine Zeitlang dort Angst und Schrecken verbreitet. Mit Richer de Sérizy war er seit den Tagen der Verfassunggebenden Versammlung eng befreundet. Der gewöhnlich gut unterrichtete Journalist Peltier behauptete, Tallien sei der Sohn eines Portiers von einem Aristokratenhotel im Marais. Der Besitzer des Hotels habe den »niedlichen, lebhaften« Jungen zu seinem »kleinen Freund« erwählt, wodurch Tallien zu einer soliden Ausbildung kam. Er arbeitete danach für verschiedene Auftraggeber, wurde Sekretär bei Charles de Lameth und schließlich politischer Berichterstatter.[12] Es war wohl nicht nur die journalistische Tätigkeit, sondern auch die offenkundige Bisexualität Talliens, die Richer de Sérizy anzog. Merlin de Thionville beschrieb ihn als »zynischen Lebemann« und »royalistischen Fant«, über dessen notorische Homosexualität auch sein Erfolg bei Frauen nicht hinwegtäuschte.[13] Ein anderer Zeitgenosse, Sénart, berichtete außerdem, beide Männer hätten Gelder in einen Spielsalon investiert, vermutlich den von Mylady Wordley im Hotel d'Angleterre in der Rue de Richelieu.[14]

Wie andere Jakobiner auch kam Tallien nach dem 10. August 1792 zu Amt und Würden.[15] Einerseits denunzierte er bedenkenlos seine Arbeitgeber von einst, andererseits rettete er einige Menschen während der Septembermorde vor dem Volkszorn.

Madame de Saint-Brice wußte, was sie Tallien zu danken hatte. Knapp eine Woche nach seiner Rückkehr aus Bordeaux, Ende Februar 1794, suchte er Madame de Saint-Brice auf und wurde danach ihr ständiger Gast. Da der Wohlfahrtsausschuß Talliens Mission in Bordeaux mißbilligt hatte, registrierte man seine Besuche im Hause Saint-Brice um so aufmerksamer.

Im Protokoll eines Polizisten, der Tallien auf einem seiner Wege vom Palais ins Quartier du Sentier und bis zum Haus von Madame de Saint-Brice folgte, heißt es: »Der Beobachter konnte nicht sehen, wann er das Haus verließ, aber aufgrund meiner eigenen Erkundigungen kann ich mit an Sicherheit grenzender Wahrscheinlichkeit sagen, daß er in der Rue de Cléry Nr. 66 zu Abend aß. Diese Feststellung scheint mir sehr aufschlußreich zu sein, und sie könnte uns vielleicht den Schlüssel zu einer großen Intrige liefern. Die Person, die Tallien in diesem Haus besucht, ist Madame de Saint-Brice, die Ehefrau eines ehemaligen Leibgardisten und Trägers des Saint-Louis-Ordens. Vermutlich hielt sich Tallien noch um sechs Uhr nachmittags dort auf. Im übrigen scheint er regelmäßig in diesem Haus zu verkehren und dort wohlgelitten zu sein ...«[16]

Aufgrund dieses Berichts erging am 6. April 1794 erneut ein Haftbefehl gegen Madame de Saint-Brice, weil man offensichtlich versuchte, über sie an Tallien heranzukommen. Darauf deutet auch die gleichzeitige sorgfältige Überwachung der späteren Ehefrau von Tallien, der Marquise Devin de Fontenay, hin. Sie wechselte ständig den Wohnsitz, und auch Madame de Saint-Brice beschloß, sich zu verstecken.[17] Am 8. April sandte sie dem Referenten des Sicherheitsausschusses, der sich schon im Januar 1794 mit ihrer Sache befaßt hatte, folgenden Brief:

»Bürger,

Ich stehe bereits in ihrer Schuld, obwohl Sie mich nicht persönlich kennen. Sie waren so freundlich, meinen Fall zu bearbeiten, als ich auf Beschluß des Sicherheitsausschusses im Gefängnis Les Anglaises inhaftiert war. Sie werden sich gewiß daran erinnern, Bürger, daß ich damals höchst ehrenvolle Zeugnisse über meine Lebensführung und meine Anschauungen vorlegte. Der revolutionäre Volksausschuß der Sektion Brutus stellte sie mir damals bereitwillig aus.

Durch einen glücklichen Zufall erfuhr ich, daß im Augenblick ein Haftbefehl gegen mich vorliegt. Ich werde angeklagt, zur Familie Capet zu gehören. Ich glaube nicht, daß das ein ausreichender Grund ist, mir die Freiheit zu nehmen. Es stünde auch im Widerspruch zu dem Dekret, das die Angestellten des Hofs vor Verhaftungen schützen soll. Wahr ist, daß ich die Kinderfrau des jungen Capet war. Diese Aufgabe wurde mir aufgetragen, als seine Mutter mit ihm schwanger ging. Ich hatte damals einen dreijährigen Sohn und erhielt vom Hof nie eine Vergünstigung. Ich verwahre mich dagegen, daß man jetzt, um mir zu schaden, behauptet, ich hätte bei der Familie in gutem Ansehen gestanden. Ich erlitt im Gegenteil viel Unbill, weil ich es wagte, die Wahrheit zu sagen, wo Wahrheit unbekannt ist.

Als die Familie Capet ins Gefängnis Temple überführt wurde, folgte ich dem Kind, das ich aufzog, denn es büßte für den Zufall seiner Geburt, und ich erachtete es als meine Pflicht, den Knaben nicht zu verlassen. Vom Temple kam ich ins Gefängnis La Force. Am 2. September ließ man mich frei, weil man wahrscheinlich in den Gefängnissen Platz schaffen wollte. Gleichzeitig beschlagnahmte man meine Papiere. Ich kann Ihnen das Protokoll über die Entfernung der Siegel zeigen. Man fand nichts Verdächtiges. Viele verließen Anfang dieses Monats Frankreich. Ich blieb hier, denn ich hänge an meinem Vaterland, und ich will meine beiden Söhne nicht des Vorteils berauben, in der Heimat aufzuwachsen und ihr eines Tages vielleicht nützlich zu sein. Ich wäre an einem fremden Hof gewiß willkommen gewesen, doch nicht mir persönlich hätte das Interesse gegolten, sondern allein der Tatsache, daß ich Flüchtling war. Dies sind, Bürger, die Beweise meines Patriotismus. Frauen haben selten die Gelegenheit, ihre politischen Ansichten darzulegen. Nur daran, wie sie ihre Kinder erziehen, kann man sie erkennen. Die meinigen lehrte ich Ehrfurcht vor dem Gesetz, Sittlichkeit und republikanische Gradlinigkeit. Sie lernten, daß Selbstachtung und Achtung ihrer Mitbürger das höchste Gut sind. Ich bringe ihnen bei, ihre Mutter zu lieben, um ihre jungen Seelen auf diese Weise darin zu üben, das Vaterland zu lieben. Ich werde ihnen, sobald sie es verstehen können, sagen, daß die Heimat unser aller Mutter ist und sie ihr mehr schulden als mir.

Ich bitte Sie, Bürger, mir die Freiheit zurückzugeben, die mir dadurch genommen ist, daß ich, um dem Haftbefehl zu entgehen, mein Haus verließ.«

Der Polizei gelang es nicht, ihrer habhaft zu werden. Sie scheint Paris verlassen und auf dem Land in der Nähe von Nanterre ein Versteck gefunden zu haben, wo Barras sie nach dem Ende der Schreckensherrschaft gesehen zu haben behauptete.[18]

1795, kurz vor dem Direktorium, tauchte sie wieder in Paris auf, verwandelte alsbald ihre Wohnung in einen Spielsalon und zögerte, da sie sich von Tallien, Barras und allen einflußreichen Mitgliedern des Direktoriums beschützt wußte, auch nicht, ihre ehrliche, nach wie vor royalistische Meinung öffentlich zu bekunden. Ein Polizeibericht bringt das deutlich zum Ausdruck:

»Rue de Cléry Nummer 66, in der Nähe der Rue du Gros-Chênet (Rue du Sentier): Das Haus gehört einer Frau de Saint-Brice, ehemals Kinderfrau des Dauphin. Es heißt, sie habe beste Beziehungen zum Direktorium. Sie ist mit Madame Tallien und Madame de Château-Renaud befreundet. Der Thronanwärter, dessen Sache sie vertritt, läßt ihr Geld zukommen, damit sie in ihrem Haus alle Drahtzieher seiner Partei um sich scharen kann. Der Vater dieser Abenteurerin besaß ein Hotel garni im Faubourg Germain. Sie heiratete einen Bäckerburschen (sic!), dem man in den letzten Tagen der Monarchie den Saint-Louis-Orden verlieh.«[19]

Madame de Saint-Brice hofierte das führende Mitglied des Direktoriums Barras und pflegte die Beziehung sorgfältig. Er hatte sich mit einem kleinen ausgesuchten Hofstaat umgeben, der in Abständen sein Anwesen in Grosbois bevölkerte. Einige Besucherinnen waren adliger Herkunft, so seine Cousine Madame de Montepezat mit ihren entzückenden Töchtern, und eine wahrhaftige Herzogin, Catherine-Fréderique van Nyvenheim, die Witwe des im Gefängnis gestorbenen Herzogs de Brancas. Sie selbst war den Bütteln der Schreckensherrschaft entkommen. Diese Damen spannen ihre Intrigen zugunsten der Königstreuen und Emigranten und bemühten sich, deren Namen aus den Listen der Verdächtigen streichen zu lassen. Die Herzensfreundin von Barras war Joséphine Tascher de la Pagerie, die Ehefrau des Generals Bonaparte, der zu der Zeit den Feldzug in Ägypten anführte. Manche glaubten damals an eine Liebesaffäre zwischen ihm und Bonapartes Frau, verbreiteten später fälschlicherweise das Gerücht, und die libertinen Sitten der Gäste von Barras schienen die Vermutung zu bestätigen. Doch zahlreiche Dokumente und von der zeitgenössischen Zensur unterdrückte Briefe widerlegten dies energisch. Als man Bonapartes Rückkehr aus Ägypten mit »der Anwesenheit seiner Gattin in Paris in der Nähe von Barras« in Verbindung brachte, erklärte der frühere Abgeordnete Camus: »Die Bürgerin Bonaparte kann nicht die Mätresse eines Mannes sein, der, als man ihm ins Gesicht hinein vorwarf, widernatürliche Neigungen zu haben, nicht widersprach.«

Tatsächlich scharte Barras junge Männer um sich und machte sie zu seinen Sekretären. 1793 hatte er in Draguignan den hübschen Victor Grand kennengelernt und zu seinem Geliebten, anschließend zu seinem Sekretär gemacht.[20] Wie die meisten Homosexuellen der Zeit hatte auch Barras sich der Konvention gebeugt und pro forma geheiratet, ohne jedoch die Ehe zu vollziehen.

1798 verhaftete man trotz ihrer Bekanntschaft mit Barras Madame de Saint-Brice auf Antrag der Polizei ihrer Sektion zum viertenmal wegen royalistischer Umtriebe, doch nach dem Verhör wurde sie freigelassen. Sie lebte damals schon seit langem von ihrem Ehemann, dem Chevalier de Saint-Brice, getrennt, der ebenfalls von der Polizei überwacht wurde.[21] Zu Beginn der Restauration dankte ihr Ludwig XVIII. für ihre aufopferungsvolle Unterstützung »der guten Sache« und setzte ihr 1815 eine Rente von 1 500 Livres aus.[22]

Die unbeugsame Verschwörerin

Das Stadtpalais von Madame d'Eprémesnil lag in der Rue Bertin-Poirée Nr. 6 in der Nähe der Kirche Saint-Germain l'Auxerrois. In den siebziger Jahren unseres Jahrhunderts wurde es abgerissen, was um so bedauerlicher ist, als das im Stil Ludwigs XIV. erbaute Haus und das ganze Karree zwischen dem Châlet und der Rue Bertin-Poirée in seiner Geschlossenheit ein lebendiges Bild des alten Paris bot. Das Haupthaus lag zur Straße hin, mit Empfangsräumen in der ersten Etage. Von den holzgetäfelten Salons aus blickte man im Westen auf große Gärten. Nur einige Parzellen sind davon übriggeblieben. In diesem Haus unterhielt Madame d'Eprémesnil einen politischen Salon, in dem vor allem die konservativen Mitglieder der Regierung verkehrten.[1]

Françoise-Augustine Sentuary, die spätere Madame d'Eprémesnil, wurde 1749 auf der Insel Bourbon (heute Réunion) im Indischen Ozean geboren und wuchs in Bordeaux auf, da der Vater sie und ihre beiden älteren Schwestern nach dem Tod ihrer Mutter schon im Kindesalter nach Frankreich geschickt hatte. Er war der Generalbevollmächtigte von Bourbon und besaß große Güter und Plantagen, und als seine Töchter das heiratsfähige Alter erreichten, kehrte auch er in die Metropole zurück. Die jungen, in Bordeaux von einer Tante mehr schlecht als recht erzogenen Kreolinnen boten dem Stadtklatsch reichlich Stoff, denn man sah sie oft in Begleitung hoher Herren, etwa des Marschalls Richelieu, dessen Glück bei den Frauen sprichwörtlich war. Nach ihren beiden Schwestern Michèle und Marie-Catherine (Mesdames de Bonneuil und Testart) heiratete auch die jüngste. Aus ihrer Ehe mit dem jungen Anwalt Jacques Thilorier gingen zwei Töchter hervor.[2] Chamfort berichtete, daß die flatterhafte junge Frau gleich nach der Hochzeit ihre Verführungskünste an Bollioud de Saint-Julien erprobte:

»Herr von Saint-Julien verlangte von seinem Sohn eine Aufstellung seiner Schulden. Als ersten Posten führte dieser 60 000 Livres für den Kauf eines Amtes am Gericht in Bordeaux an. Der Vater machte ihm verdrießlich bittere Vorwürfe, denn er hielt das ganze für einen schlechten Witz. Der Sohn aber bestand darauf, er habe diesen Amtssitz wirklich bezahlt. ›Als ich damals, Frau Thilorier kennenlernte‹, erzählte er, ›wünschte sie eine Position für ihren Mann. Andernfalls hätte sie sich niemals mit mir angefreundet. Sie sehen also, Vater, Sie haben keinen Grund, über mich erzürnt zu sein und zu glauben, ich machte schlechte Witze.‹«[3]

1776 beorderte Ludwig XVI. den Kolonialherrn Jean-Etienne-Bernard Clugny de Nuits von den Antillen zurück nach Frankreich und ernannte ihn zum Generalkontrolleur der Finanzen. Er begegnete Madame de Thilorier, die seit Mitte der siebziger Jahre mit ihrem Mann vorwiegend in Paris lebte, und umwarb sie. Sie erinnerte sich an ihren Erfolg bei Monsieur de Saint-Julien und spielte dasselbe Spiel wie seinerzeit in Bordeaux, um ihrem Ehemann eine Stellung als Ratsherr im Petitionsausschuß des Pariser Gerichts zu verschaffen. Diesmal mußte Clugny bezahlen, und zwar 100 000 Livres. Madame Thilorier erhielt außerdem eine Rente über 20 000 Livres, die er aus dem Königlichen Schatz entlieh, was dazu führte, daß die Manipulation während der Revolution oft als Paradebeispiel für den skandalösen Umgang mit Staatsgeldern in der Zeit des Ancien Régime zitierte wurde.[4]

Im übrigen vermehrte Madame Thilorier dank ihrer Schönheit und der erkauften Nachsicht ihres Ehemanns die Zahl der Pariser Mätressen. Aufsehen aber erregte sie erst, als sie gemeinsam mit ihrer Freundin Madame de Martainville und ihrer Schwester Madame de Bonneuil zu dem Trio Madame Taffart, Madame Testart du Lys de Maison Rouge und Madame Fenouillot de Falbaire de Cangé stieß. Dieses »Musenkränzchen« hatte der Finanzier Beaujon in Dienst genommen, um sich, wie es hieß, »ein Schlaflied singen« zu lassen.

Am 17. März 1778 schrieb eine gewisse Madame Duplessy ihrer Freundin in Bordeaux:

»Madame de Martinville lebt schon lange von ihrem Mann getrennt; sie ist, wie man hört, sehr gefragt in Paris und wohnt ebenso wie Madame Thilorier, Madame Taffard und eine weitere Frau, deren Name mir entfallen ist, bei Herrn Beaujon. Jede dieser Haremsdamen von Herrn Beaujon hat ihre eigene Wohnung, Kutschen, Diener, einen wohlgedeckten Tisch, alles im Hause Beaujons und auf seine Kosten. Da das Palais sehr groß und weiträumig ist, sehen und begegnen sie sich nur, wenn sie es wollen. Die Hausfreundinnen an einem Ort zu haben, ist für ihren Gebieter bequemer, als wenn sie über die Stadt verstreut wohnten. Im übrigen sind sie völlig frei, welchen Gast sie auch immer und in welcher Absicht empfangen möchten. Rechnen Sie hinzu, daß die Damen großzügigst ausgehalten werden und sämtliche Vergnügungen genießen, so können Sie daraus schließen, daß man den ungeheuren Reichtum, den man auf Kosten der Allgemeinheit erwarb, nicht besser nutzen kann, als ihn an allgemein zugängliche Frauen zu verteilen. Diese Spitzfindigkeit, die mir gerade einfiel, muß unter uns bleiben.«

Einige Tage später berichtete sie: »Die vierte Dame, von der ich Ihnen in meinem Brief erzählte, ist Madame Guesnon de Bonneuil, die Schwester der Thilorier.«[5] Letztere ebenso wie Madame Tessart trieben ihre Ergebenheit Beaujoun gegenüber übrigens so weit, daß er sie in seinem Testament bedachte.

Beaujoun war durch Spekulationen mit Weizen zu seinem riesigen Vermögen gekommen, und der Harem in seinem Haus war sichtbarer Ausdruck nur eines Bruchteils dessen, was er besaß. Für ein Lächeln und eine kleine Liebkosung stand seinen Damen tatsächlich das ganze hochherrschaftliche Palais von Evreux zur freien Verfügung.

1780 kursierten in ganz Paris die pikantesten Geschichten über die Pflichten des »Musenkränzchens«, man hechelte es durch und erzählte sich die intimsten Geschichten. Eine Schmähschrift mit dem Titel *Scènes dialoguées sur le malheur d'être riche (Unterredungen über das Unglück, reich zu sein)* ließ der Milliadär verbieten, aber die *Nouvelles à la main* veröffentlichten den Text unter der Hand: »Der alte Beaujon läßt sich von den Damen Bonneuil und Tetard du Lys in der Wiege schaukeln. Sie wickeln ihn, geben ihm das Fläschchen und klatschen ihm auf den Po, wenn er unartig ist.«

Später fielen die *Nouvelles à la main* über den ehemaligen Hofbankier Ludwigs XV. selbst her:

»Der arme Beaujon eilt seinem letzten Stündchen entgegen. Unser braver Midas stammt aus Bordeaux und zählt 72 Jahre. Er hat es bis jetzt nicht für nötig erachtet, bei seinen Gläubigern, denen er seit seiner Bankrotterklärung vor vierzig Jahren 160 000 Livres schuldet, wieder zu Ehren zu kommen. Das Gericht der Provinz Guyenne schickte ihm einen Strafbescheid, ordnete den Prozeß an und vergaß, gegen Bezahlung versteht sich, ihn zu führen. Der belangte Beaujon ist ein parasitärer Vielfraß, ein alter geiler Bock, einer jener Greise, die so stumpfsinnig und verblödet sind, daß sie sich einbilden, schön und sinnlich zu sein wie Adonis oder Narziß.

Beaujon umgibt sich mit einer Schar von Frauen, die ihn in ihren Armen wiegen, kitzeln, kratzen oder auch auspeitschen, denn der impotente Alte braucht den elektrisierenden Reiz, der seinen Muskelfasern die nötige Spannkraft zurückgibt und sein mattes Blut aufs neue in Wallung bringt.«[6]

Allein der Unterhalt des »Musenkränzchens« kostete, den *Mémoires secrets* zufolge, jährlich 200 000 Livres. Die Malerin

Vigée-Lebrun schilderte in ihren *Erinnerungen* den Luxus, mit dem Beaujon sich umgab, ohne ihn wirklich genießen zu können: »Ich traf ihn allein an, er saß in einem Rollstuhl im Eßzimmer. Seine Füße und seine Beine waren derart geschwollen, daß er nicht gehen konnte. Seine Mahlzeit bestand aus einem tristen Spinatgericht. In einiger Entfernung, ihm zugewandt, sah ich die Tafel für dreißig oder vierzig Personen gedeckt, die er, wie man mir später erzählte, fürstlich beköstigte.«

Dieses »wie man mir später erzählte«, ist wohl untertrieben, denn Madame Vigée-Lebrun war eine enge Freundin von Madame de Bonneuil, und sicher hatte die Haremsdame de Bonneuil an dem feudalen Essen teilgenommen. Auch mit Madame Thilorier war Madame Vigée-Lebrun gut bekannt; sie malte ein heute verschollenes Porträt von ihr, sei es im Hause Beaujon, sei es in der Privatwohnung in der Rue Bertin-Poirée, wo sie ebenfalls ein und aus ging. Hier, in ihrem eigenen Haus lernte Madame Thilorier den amerikanischen Seefahrer John Paul Jones kennen, den Schwarm aller Schönen von Paris. Frankreich stand am Vorabend seines Eintritts in den amerikanischen Unabhängigkeitskrieg auf seiten der Aufständischen, und der Name des Generals La Fayette war in aller Munde. Die Libertinage litt an der Begeisterung für die amerikanische Unabhängigkeit keinen Schaden, vielmehr bemühten sich beide Schwestern Sentuary, Madame Thilorier und Madame de Bonneuil, eifrig darum, der untreuen Geliebten La Fayettes, der Madame d'Hunolstein, den schneidigen Paul Jones streitig zu machen. Als die Nichte von Madame Thilorier, Madame Regnaud de Saint-Jean d'Angely, nach dem Tod ihres Gatten, 1819 die Geliebte La Fayettes wurde, wird sie sich mit ihm vielleicht auch über die Liebschaft ihrer Tante mit Jones unterhalten haben. In den Briefen des Seefahrers findet man jedenfalls den Hinweis auf ein Liebesabenteuer mit einer Madame T.[7]

Alle drei Schwestern gehörten zum kleinen Kreis um den von Parny, Bertin und Cubières Anfang der siebziger Jahre ins Leben gerufenen, freigeistigen Dichterkreis der »Caserne«: Ebenso wie Chamfort und Mercier, die sich ihnen anschlossen, waren sie Freimaurer der ersten Stunde und Gründer der am meisten »literarischen« Loge *Neuf-Sœurs*. Auch Jacques Thilorier wurde Mitglied der Loge und befreundete sich dort mit seinem Hauseigentümer, dem Ratsherrn und renommierten Rechtsanwalt Jean-Jacques Duval d'Eprémesnil, mit der Folge, daß d'Eprémesnil sich unsterblich in Madame Thilorier verliebte. Ihr Ruf als galante Frau war ebenso verbürgt wie der ihrer Freundin Aglaé d'Hunolstein, über die die *Nouvelles à la main* sich genüßlich ausließen:

»Die Gräfin d'Hunolstein, die junge Gouvernante der Kinder des Herzogs de Chartres, ist bekannt für ränkevolle Affären mit dem schönen Marquis de Valence und dem Marquis de La Fayette. Dieser vermachte ihr eine Rente über 12 000 Livres für einen Sohn, den sie von ihm hatte, und obwohl das Kind kurz nach der Geburt starb, bezog sie das Geld noch volle drei Jahre. Die Gräfin ist äußerst hübsch, aber sie krankt an der unglücklichen Leidenschaft, sich das Geld anderer aneignen zu müssen. Ihren Machenschaften setzte sie die Krone auf, als sie der Herzogin de Chartres einen Diamanten im Wert von 32 000 Livres stahl. Man überprüfte sie, fand das Diebesgut in ihrem Besitz und wies sie in aller Ruhe vor drei Tagen ins Kloster Valdône ein, wo sie wohl den Rest ihrer Tage verbringen wird. Ihre Mutter, Madame de Barbentane, und ihr Ehemann, der Graf d'Hunolstein, hatten vom König den Einweisungsbefehl erbeten.«[8]

Die Schwestern Sentuary ließen indessen die dichtenden Freunde der *Neuf-Sœurs* hinter sich und hielten nach reichen Freunden Ausschau. Madame de Bonneuil wandte sich Boutin, Magon de Lalande und anderen einflußreichen Männern zu, während Madame Thilorier, durch einen Unfall ihres Mannes im Dezember 1783 verwitwet, den letzten ihrer Liebhaber, den vermögenden Duval d'Eprémesnil, unbedingt zu ehelichen trachtete, sie erwartete ein zweites Kind von ihm. Chamfort, der sie gut kannte, schilderte, wie es weiterging:

»Herr d'Eprémesnil lebte seit langem mit Frau Thilorier, die gern von ihm geheiratet werden wollte. Sie bediente sich Cagliostros, der die Hoffnung erweckte, er könne den Stein der Weisen finden. Bekanntlich verquickte Cagliostro mit seinen alchimistischen Narrheiten auch allerlei Fanatismus und Aberglauben, und als nun d'Eprémesnil sich beklagte, eine gewisse Formel habe nicht geholfen und der Stein der Weisen sei nicht gefunden worden, da gab ihm Cagliostro zu verstehen, das komme daher, weil er mit Frau Thilorier in einem unsittlichen Verhältnis lebe. ›Wollen Sie Erfolg haben, so müssen Sie mit den unsichtbaren Mächten und ihrem Herrn im Einklang sein. Heiraten Sie Frau Thilorier oder lassen Sie von ihr ab.‹ Sie wurde noch koketter als vorher, und d'Eprémesnil heiratete sie. Sie hatte den Stein der Weisen gefunden.«[9]

Durch ihren neuen Ehemann geriet Madame d'Eprémesnil in die Politik. Er scheute keinen Skandal, verwickelte sie in seine Affären, etwa in die Auseinandersetzung um Kornmann, und sie ergriff beflissen seine Partei. Als sie über Madame Kornmann herzog, griff selbst Beaumarchais zur Feder. Er verfaßte ein Pasquill, in dem er seiner Verwunderung Ausdruck verlieh, daß ausgerechnet Madame d'Eprémesnil einer anderen Frau moralische Vorschriften glaubte machen zu können. Auf Bitten von Madame de Bonneuil verzichtete Beaumarchais jedoch auf eine Veröffentlichung.

Als man den bretonischen Aristokraten Monsieur de Kersalaün festnahm, weil er sich dem Reformprogramm des Finanzministers Loménie de Brienne widersetzte, kam das Gerücht auf, auch Madame d'Eprémesnil würde in der

Bastille enden. Tatsächlich hatte sie Kersalaün so nachhaltig unterstützt, daß der Hof sich provoziert fühlen mußte. Doch es kam zu keiner Verhaftung.[10]

1788 setzte d'Eprémesnil sich an die Spitze der Fronde gegen den Finanzminister, wurde daraufhin festgenommen und auf die Mittelmeerinsel Sainte-Marguerite verbannt. Seine Frau setzte, um seine Freilassung zu erwirken, Himmel und Hölle in Bewegung, endlich reiste sie ihm trotz ausdrücklichen Verbots nach und erfuhr bei der Ankunft, ihr Ehemann sei begnadigt worden. Die Rückreise der beiden gestaltete sich zu einem Triumphzug, denn wo immer sie Station machten, umjubelte man sie, und mit dem Nimbus von Volkshelden zogen sie in Paris ein.

Bei der Debatte über den Abstimmungsmodus in der Versammlung der Generalstände stand d'Eprémesnil wieder an vorderster Front. Die Frage, ob die drei Stände – Adel, Klerus, Bürgertum – gemeinsam oder einzeln ihre Stimme abgeben sollten, war heftig umstritten, weil der Dritte Stand, das Bürgertum, bei einer Pro-Kopf-Abstimmung die Mehrheit auf sich zu ziehen hoffte, wie es denn auch geschah. Unter starkem Einfluß seiner Frau erarbeitete d'Eprémesnil ein Gutachten, das für die Einzelabstimmung plädierte.

Am 4. Dezember 1788 überraschte der Graf de Ferrand, den Bochard de Saron und Le Peletier de Rosanbo, vorgeschickt hatten, Monsieur d'Eprémesnil in seinem Haus und ließ ihn wissen, daß sein Gutachten die französische Monarchie gefährde. D'Eprémesnil versprach, sein Papier zurückzuziehen und teilte seinen Freunden unverzüglich mit, sie könnten nicht mehr auf ihn zählen, woraufhin sich diese Ferrand zufolge an Madame d'Eprémesnil mit der Bitte wandten, ihren Ehemann auf den rechten Pfad zurückzuführen. »Er stand«, sagte Ferrand, »völlig unter dem Einfluß seiner Frau, einer intriganten, ehrgeizigen, mit allen Wassern gewaschenen und ihre Verführungskünste schamlos einsetzenden Person. Er war ihr hörig, und wann immer die Revolutionäre befürchteten, er könne aus der Reihe tanzen, eilten sie zu Madame.«[11]

So ging Monsieur d'Eprémesnil unabsichtlich als Bahnbrecher der Revolution in die Geschichte ein, in Wirklichkeit aber lief er damals schon an der Leine des wichtigsten Ministers Ludwigs XVI., Jacques Necker. Necker machte ihn zum Sprecher des Adels in der Versammlung der Generalstände, und d'Eprémesnil trat gegen die Pro-Kopf-Abstimmung auf.

Tatsächlich opponierte er nicht als Antimonarchist gegen Versailles, ganz im Gegenteil richtete sich sein Widerstand gegen die Reformen, die die Privilegien der Großgrundbesitzer beschneiden sollten. Ohne die Zusammenhänge zu durchschauen, feierte das Volk ihn am Vorabend der Revolution als Helden.

Sein wahres Gesicht zeigte sich dann, als er der erschütterten Monarchie zur Seite sprang und sich mit den Ultrarechten um Madame de Polignac und den Freunden der Königin verband. Von da an begann sein Stern zu sinken, seine provokanten Auftritte, die die Nationalversammlung in Mißkredit brachten und wiederholt zu handgreiflichen Tumulten führten, waren selbst dem Adel zuviel. Madame d'Eprémesnil nahm gelegentlich in Begleitung von Madame de Cabris und ihrer Schwester, mittlerweile die Mätresse des einzigen glaubwürdigen ultrarechten Redners Cazalès, an den stürmischen Sitzungen teil. Allmählich scharte sie die ganze Gruppe der sogenannten Schwarzen, die sich durch eine schwarze Kokarde als Freunde der Königin zu erkennen gaben, in ihrem Salon um sich. Der Graf d'Espinchal, Mitglied dieser Gruppe, hinterließ das folgende, hier zum erstenmal veröffentlichte Porträt von Madame d'Eprémesnil:

»Ich kannte sie seit zwanzig Jahren, begegnete ihr 1768 in Bordeaux und sah sie danach regelmäßig in Paris. In ihrer Jugend glich sie einem Gemälde, und als ich Frankreich verließ, war sie immer noch begehrenswert. Ihre Ansichten deckten sich mit denen ihres Ehemanns, und ihre geistreiche Art zu reden, entzückte ihre Gäste. Sie war die jüngste Schwester der Madame de Bonneuil, deren ebenmäßige, bis ins hohe Alter andauernde Schönheit ganz Paris bewunderte. Eine dritte Schwester, Madame Testard, starb vor fünfzehn oder zwanzig Jahren in Bordeaux.«[12]

Schön waren auch die Töchter und Nichten, und sicher fühlten die adligen Gäste von Madame d'Eprémesnil sich auch von ihnen angezogen. Der Graf de Montlosier erzählte:

»Nicht nur d'Eprémesnil, seine ganze Familie war reizend, und alle liebten die Musik so leidenschaftlich wie ich selbst. In ihrem Haus lernte ich Ferrari und Steibelt kennen, dessen harmonisches Klavierspiel mich entzückte. Ich hatte Gelegenheit, dort einer äußerst charmanten jungen Person zu begegnen. Da sie mir mit jener Schüchternheit gegenübertrat, die manchmal der Ausdruck von Verliebtheit ist, redete die Marquise de Beauharnais sogleich von Heirat. Das schöne Mädchen fragte mich nach meinem Porträt, wohl wissend, daß man damals in Paris Bilder von den Abgeordneten verkaufte. An einem anderen Tag unternahmen wir alle einen Ausflug aufs Land. Ferrari wollte, daß sie uns ein kleines, von ihm komponiertes Lied vorsinge, in dem es hieß: ›Ach, um diesen Ort zu lassen,/ heißt's sich in Vernunft zu fassen;/ könnt man Bess'res je erstreben/ als hier glücklich sein fürs Leben.‹

Da, im selben Augenblick, als sie dies singt, sieht mich das Mädchen an und fällt in Ohnmacht. Man trägt sie zur Kutsche und spricht auf mich ein, daß ich den Vorfall nicht allzusehr zu meinen Gunsten auslege. Wie süß war mir diese Begebenheit!«

1790 nahmen die Eprémesnils Kontakt mit einer Vereinigung von Spekulanten auf, der sogenannten Scioto-Gesellschaft, die in Amerika ungerodetes Land erwarb und es in Paris unter falschen Versprechungen teuer verkaufte. In der

Chronique de Paris und anderen Blättern höhnte man alsbald: »Monsieur d'Eprémesnil hat 6 000 Morgen Land am Ufer des Scioto erstanden, wohin er sich nun mit seiner Gnädigsten und der ganzen Familie begeben wird, um dort den Feudalismus, Magnetismus, Mesmerismus, Maritimismus und Theosophismus einzuführen.«

Überhaupt kamen die Eprémesnils oft in die Schlagzeilen. Im Juli 1789 amüsierte sich ganz Paris über folgende Geschichte: Einem Zeitungsbericht zufolge soll ein Möbelhändler einer vor dem Haus der Eprémesnils versammelten Menschenmenge, die im Begriff war, Feuer zu legen, das Vorhaben ausgeredet haben mit den Worten: »Was wollen Sie, meine Damen und Herren? Das Haus von Monsieur d'Eprémesnil in Brand setzen? Es gehört ihm nicht. Der Architekt, der es erbaute, hat noch keinen Pfennig gesehen. Wollen Sie die Möbel zerschlagen? Meine Rechnung steht noch offen. Wollen Sie seiner Frau die Fehler ihres Mannes anlasten? Aber warum diese Dame belangen, gehört sie nicht jedem?« Ein anderes Mal kreiste die Menge d'Eprémesnil vor der Nationalversammlung ein und hielt ihn so lange fest, bis seine Kollegen ihn aus der Umklammerung befreiten. In den Cafés und politischen Klubs hörte man Schmähreden gegen ihn, und die Fanatiker des Cafés du Caveau inszenierten einen Schauprozeß, in dem sie verkündeten, d'Eprémesnil zum Wohl des Vaterlandes als Opferlamm schlachten zu wollen.[13]

Als das Gerücht aufkam, die Royalisten beabsichtigten, die Königliche Familie aus den Tuilerien zu entführen, fiel wieder der Name d'Eprémesnil. Tatsächlich beteiligte er sich an allen Verschwörungen. Am 5. Februar 1791 machte Monsieur Goust, der Protokollführer der Sektion Louvre, auf geheimnisvolle nächtliche Zusammenkünfte im Hause Eprémesnil aufmerksam: »Es ist eine Heimstätte des monarchistischen Klubs und die Brutstätte der Hetzschriften, die Paris und ganz Frankreich überschwemmen.«

Zehn Tage später dementierte Monsieur d'Eprémesnil in der *Chronique de Paris,* in seinem Haus fänden weder Geheimsitzungen noch Verschwörungen, sondern nur Familien- und Freundschaftstreffen statt. Und wenn noch mitten in der Nacht die Lichter brannten, dann deshalb, weil seine Kinder manchmal Tanzabende veranstalteten. Kaum vierzehn Tage später war er jedoch unter den ersten, die in die Tuilerien eindrangen, um Ludwig XVI., auch ohne seine Billigung, aus Paris und außerhalb der rund hundert Kilometer umfassenden Einflußzone der Nationalversammlung zu bringen. Das zweifellos bei den Eprémesnil ausgeklügelte Manöver erregte großes Aufsehen. Die *Chronique de Paris* berichtete:

»Gegen zehn Uhr abends drangen mehr als vierhundert Personen, unter ihnen d'Agoust, d'Eprémesnil, Foucault und Berthier, durch den Majordomus, den früheren Herzog de Villequier, mit den nötigen Papieren versehen, in das Schloß ein. Alle trugen als Erkennungszeichen zurückgekämmte Haare und schwarze Umhänge, einige darunter die Uniform der verbotenen königlichen Leibwache. Bewaffnet waren sie mit Pistolen und schrecklichen Dolchen (beidseitig geschliffene Klingen, Spitzen wie Schlangenzungen, die selbst bei leichter Verwundung qualvolle Schmerzen verursachen). Die Nationalgarde schöpfte Verdacht, Monsieur de Gouvion eilte zum König, um ihn zu warnen, eine Schar Bewaffneter sei ins Innere des Schlosses eingedrungen. Der König befahl, sie zu entfernen. Einer der Verschwörer näherte sich ihm und sagte: ›Sire, Euer treuer Adel ist herbeigeeilt, um Eure heilige Person zu schützen.‹ – ›Meine Person ist durch die Bürgergarde in ausreichender Sicherheit. Wenn Sie mich verteidigen wollen, müssen Sie in der Uniform der Bürgergarde auftreten. Ziehen Sie sich zurück.‹

Die Nationalgarde umstellte, durchsuchte und entwaffnete den Haufen und drängte ihn hinaus. Einige versuchten, Widerstand zu leisten, und nur aufgrund der Besonnenheit der Bürgersoldaten kamen sie ungeschoren davon. Die Herren d'Eprémesnil und Frondeville bestanden auf der Unverletzlichkeit ihrer Person, doch die Nationalgarde zwang sie, dem Befehl des Königs zu gehorchen und bewies ihnen praktisch, daß die Unverletzlichkeit verspielt, wer die Sicherheit des Staatsoberhauptes gefährdet.«[14]

Die unbeugsame Haltung der Eprémesnils versprach ihnen eine unheilvolle Zukunft. Am 6. Juli 1792 wäre er von einer wütenden Menge beinahe gelyncht worden, als er die Nationalgarde beschimpfte. Dennoch weigerte sich das Paar bis 1793, in die Emigration zu gehen. Schließlich flüchteten sie nach Le Havre, aber auch dort hörte d'Eprémesnil nicht auf, sich an Verschwörungen zu beteiligen. Zwar konnte er sich, wenngleich auf der Liste der Verdächtigen geführt, noch eine Zeitlang verbergen, doch im Winter 1794 entdeckte man ihn auf seinem Gut Maréfosse, verhaftete ihn und sperrte ihn erst ins Gefängnis von Bolbec, dann in das von Le Havre. Im Februar überführte man ihn nach Paris. Madame d'Eprémesnil, nach der anfangs nicht gefahndet wurde, folgte ihm, und als sie dem Überwachungsausschuß ihrer Sektion ihre Papiere zur Beglaubigung vorlegte, nahm man auch sie im Interesse der »öffentlichen Sicherheit« fest.[15]

Sie kam ins Gefängnis Les Anglaises, Rue de l'Oursine, wo ihr Ehemann einsaß, und dorthin überstellte man auch ihre Schwester, Madame de Bonneuil, die schon seit Monaten in der Sainte-Pélagie gefangengehalten wurde.

Nach dem Dekret vom 22. Prairial Jahr II (10.6.1794) wurden Madame und Monsieur d'Eprémesnil ohne Gerichtsverfahren zum Tode verurteilt. Gleich vielen anderen, darunter Madame Saint-Amarand, mußten sie zur Hinrichtung das rote Hemd, das Zeichen der »Mörder der Väter des Volks«, tragen.[16]

Die geschäftstüchtige Liebeskünstlerin

Das Stadtpalais in der Rue Chantereine, genannt das »Haus« von Mademoiselle Dervieux, stand im Ruf beispielhafter Eleganz. Es war das Werk des Architekten Brongniart, aber erst der Umbau durch François-Joseph Bélanger, ihren späteren Ehemann, verlieh ihm seine Vollkommenheit[1]. Von 1785 bis Mai 1793 empfing Anne-Victoire Dervieux dort ihre Gäste, und das Haus beherbergte im Lauf der Jahre eine buntgemischte, in den politischen Anschauungen jedoch übereinstimmende Gesellschaft unter seinem Dach. Seine Geschichte ist von der seiner Besitzerin nicht zu trennen; sie begann als kleine Tänzerin an der Oper und galt schon bald als die verführerischste und wohlhabendste Mätresse des ausgehenden 18. Jahrhunderts.

Mademoiselle Dervieux wurde am 15. August 1752 als Tochter einer Wäscherin geboren. Ihre Mutter war vor ihren Gläubigern hinter die Mauern des Temple geflohen, jener ehemaligen Klosteranlage, die Asylsuchenden Schutz vor der Polizei gewährte. Ein gewisser François, Laufbursche des Prinzen de Conti, bemerkte das junge Mädchen und führte es seinem Herrn zu.[2] Wie damals üblich, brachte der Prinz sie an der Oper unter, wo Adlige und später auch reiche Bürger bis zu Beginn der V. Republik sich nach Lust und Laune vergnügten. Nach den Maßstäben der Zeit, wie der Maler Boucher sie in seinen Bildern festhielt, war Anne-Victoire eine außergewöhnliche Schönheit, und als sie nach einigen stummen Rollen zum erstenmal in einer Hauptrolle auf der Bühne stand, lag das Publikum ihr zu Füßen: »Man kann sich über den Erfolg der Mademoiselle d'Ervieux, die im *Devin du village (Der Dorfwahrsager)* die Colette spielt, nicht genug wundern«, berichtete Bacamont 1767. »Diese junge, noch nicht einmal vierzehnjährige, als Tänzerin schon ausgewiesene Person, die außer bei Monsieur, dem Prinzen de Conti, noch nicht als Sängerin in Erscheinung getreten ist, zieht scharenweise Verehrer an. Sie hat nur ein dünnes Stimmchen, aber sie setzt es mit großem Geschick und Geschmack ein, und obwohl es so scheint, als orientiere sie sich am Spiel von Mademoiselle Durancy, hat sie schon zu eigenem Stil gefunden.«

Der Beifall für Mademoiselle Dervieux brachte sogar Jean-Jacques Rousseau dazu, ganz gegen seine Gewohnheit in die Oper zu gehen, um die neue Colette zu hören. Er fand sie auf der Höhe ihres Rufs und verließ begeistert das Theater. Die Gunst des Publikums hielt in den folgenden Jahren an, und die Zahl der Verehrer wuchs. Melchior Grimm schrieb 1770:

»Herr Dorat, der die Gabe besitzt, seine Huld allen berühmten Schönheiten zuzuwenden, auch wenn er sie nicht kennt, hat soeben die Reize einer neuen Hebe besungen. Die Hebe Dervieux ist eine kleine Tänzerin an der Oper, die fünfzehn, sechzehn Jahre zählt; sie ist eins der Kinder, die im Alter von neun bis zehn Jahren auf den elysischen Gefilden der Oper ›Kastor‹ getanzt haben und meist sehr hübsche Vertreterinnen der Tanzkunst geworden sind. Wenn ich nicht fürchten müßte, mich mit Herrn Dorat zu überwerfen, würde ich sagen, ich finde bei allem Strahlen und aller Frische der ersten Jugend am Aussehen der Hebe Dervieux nichts Besonderes, was sie aber nicht gehindert hat, sich schon Diamanten zu verdienen. Sie hat kürzlich ein Haus in der Rue Sainte-Anne gekauft, für das sie 60 000 Livres bezahlt hat; ebensoviel wird sie für die Ausstattung aufwenden, und ich werde den unschätzbaren Vorzug genießen, ihr Tischnachbar zu sein, wenn sie für Herrn Dorat ein Souper gibt. Vor einigen Jahren spielte und sang sie die Rolle der Colette in Rousseaus ›Dorfwahrsager‹ mit viel Anmut, und niemand tanzte auf ihrer Hochzeit besser als sie; jetzt steht sie im Zenit ihres Ruhms.«[3]

Ein Jahr später, 1771 glänzte sie in der Rolle der zum Leben erweckten Statue in *Pygmalion*, und wieder eroberte sie das Publikum.[4] Witzig, schlagfertig und schlau, verdrängte sie nach und nach die agile Mademoiselle Guimard und Mademoiselle Allard, die ungeachtet ihrer Leibesfülle wahre Wunder vollbrachte, erstaunlich behende Pirouetten ohne Ende und ohne Eleganz drehte. Trotz ihres Erfolgs verließ Mademoiselle Dervieux Anfang 1775 endgültig die Oper; sie tanzte nunmehr auf privaten Bühnen.

Im Jahr darauf beschäftigte ein Abenteuer, an dem sie beteiligt war, für einen Augenblick die »Arbeitslosen von Paris«. Einige junge Leute vom Hof, unter ihnen der Graf d'Artois und der Herzog de Chartres, verfielen auf die Idee, ein Fest mit Galadiner, Schauspiel, Ball und den bekanntesten Liebesdienerinnen von Paris zu veranstalten und schrieben das Fest zur Subskription aus. Mademoiselle Dervieux erhielt den Auftrag, das Essen bei einem renommierten Lieferanten zu bestellen; die Theateraufführungen sollten bei Mademoiselle Guimard stattfinden, Mademoiselle Duthé war als Sängerin engagiert worden. An besagtem Tag zog vor dem Haus des Lieferanten Polizei auf. In dieser Lage bewies Mademoiselle Dervieux ebensoviel Geschick wie Geschmack; sie ließ die Speisen zum Pfarrer von Saint-Roche bringen und ihn bitten, sie an die Armen und Kranken zu verteilen. Seitdem hieß das verunglückte Festmahl »das Essen der Ritter vom Heiligen Ludwig«, denn jeder Höfling hatte fünf Louisdors dafür bezahlt.

1780 erhielt Mademoiselle Dervieux für ihre Verdienste als Tänzerin bei Hof, wo sie selten, aber stürmisch gefeiert auftrat, eine Schenkung von 800 Livres, die sie vor anderen auszeichnete und ihr eine Sonderstellung verschaffte. Doch längst hatte sie sich auf einer anderen Bühne einen Namen gemacht: Nach ihren Förderern, den Prinzen de Conti und Condé, hatte auch der Prinz de Soubise sie »beehrt«. Das große Glück kam dann in der Person eines reichen jüdischen Kaufmanns aus Bayonne, Charles-Joseph-Paul Peixotto de Beaulieu. Er verliebte sich derart in sie, daß er sich ihrer schönen Augen wegen bald ruiniert hätte; er wollte sich scheiden lassen, konvertieren und die attraktive Tänzerin heiraten.[5] Mademoiselle Dervieux war eine Expertin der Liebe, eine Liebeskünstlerin, sie kannte die erotischen Phantasien der Männer und verstand es, deren Gunst zu erwerben, indem sie ihren geheimen Wünschen bereitwillig nachkam. Eines ihrer Spiele wurde überliefert:

»Der kleine Jude entkleidete seine Mätresse, steckte ihr Pfauenfedern in den Hintern und hieß sie auf allen Vieren durch das Zimmer kriechen. Dann legte er seine Hand auf ihr Gesäß und rief: ›Was für ein schöner Vogel!‹, versank in dieser Vorstellung und nahm nach einigen Augenblicken der Ekstase schließlich den Platz der Federn ein.«[6]

Diese erotischen Exzesse sind in zeitgenössischen Dokumenten festgehalten, so liest man im *Registre du harem de la mère Liébaut, rue Pierre-Sarrazin (Register des Harems der Mutter Liébaut, Rue Pierre-Sarrazin)*, einer um 1783 bekannten Kupplerin, daß der Generalpächter Mercier dreimal in der Woche zur Fellatio zu »Agathe, ihren rosigen Lippen, ihrem kühlen Mund und ihren schönen Zähnen« kommt. Der Herr Bourgeois, »ein begabter Architekt und stattlicher Mann«, sucht Liebesverlangen und findet es bei »der dikken Euphrosine und der robusten Jeannette, die ihn, nachdem sie ihn entkleidet haben, auspeitschen«:

»Die schmerzhaften Hiebe erregen ihn. Ein letzter blutiger Schlag, die Lust überkommt ihn, er wendet sich von seinen Peinigerinnen ab: ›Lassen Sie mich, ich eile zu meiner Mätresse und mache sie glücklich!‹ Dann ergreift er die Flucht.«

Ein Maler namens Martin befriedigt sich, indem er jungen Mädchen eine Wurst in die Scheide steckt. Ein Finanzrat am Kammergericht »läßt Agathe ihm den Hintern zuwenden, unter dem Vorwand, seine Liebesbekundung von hinten her zu erbringen. Doch der verschlagene Bursche versucht, den Allerwertesten anzubohren. Daraufhin ruft Agathe: ›Ich spüre den Erguß!‹ Der alte Liébaut eilt herbei, und der Finanzrat erklärt gravitätisch, daß er in das falsche Loch geraten sei.«

Agathe erzählt, mit welchem Vergnügen sie einmal einen »sehr reichen, aber sehr knauserigen Kunden« mit der Peitsche traktierte, und erzählt auch, daß sie Männer kennt, die sich am liebsten von Männern schlagen lassen und dabei auch Peitschen mit Stacheln benutzen.

Jean-Jacques Rousseau selbst war diesen Praktiken durchaus nicht abgeneigt, und von Zeit zu Zeit ging er entweder in die Rue du Pélican oder in die Rue Maubué, um sich für ein paar Münzen Hiebe verpassen zu lassen. In seinen *Bekenntnissen* gestand er, seit Mademoiselle Lambercier ihn in seiner Jugend geschlagen habe, finde er »eigenartiges Gefallen an der schmerzhaften Lust«. Zu den Kunden des Bordells gehörte auch der fromme Christophe de Beaumont, der Erzbischof von Paris. Er kniete sich vor dem Hintern eines Mädchens nieder, hieß sie die Stellung einer betenden Frau einnehmen, nannte das »Allerheiligste der Lust« seine »Kapelle« und schenkte, nachdem er befriedigt war, seiner Partnerin ein oder zwei Kleider. Manche Kunden mochten es nicht, wenn man sich über sie lustig machte: Einer »zog einmal einen schönen Federquast aus der Tasche und begann, während er auf die weißen Hinterbacken seiner Odaliske einschlug, einen Militärmarsch zu singen. Als sie über ›diese drollige Farce‹ lachte, reagierte er so verärgert, daß er sie ernsthaft schlug.«[7]

Die junge gewitzte Anne-Victoire Dervieux lachte nicht über die Liebespraktiken ihrer immer zahlreicher werdenden Liebhaber. Sie schöpfte ihren Ruf als Liebesexpertin voll aus und erwarb nacheinander als Liebhaber: einen »polnischen Magnaten«, dessen Namen man nicht kennt, dann »fürs Portemonnaie« Lord Bolimbroke und »fürs Herz« den stellvertretenden Polizeipräfekt Lenoir, darüber hinaus den Chevalier de Vauréal (er war der natürliche Sohn des Prinzen de Conti), den schneidigen Charles de Sartines, Sohn eines Ministers von Ludwig XV., und den Schweizer Bankier Thélusson, einen Freund Neckers. Dieser reiche Mann schenkte ihr im Sommer 1777 ein Gartenhaus am Ende der Rue Chantereine.[8]

Ende der siebziger Jahre war Anne-Victoire Dervieux die begehrteste und zugleich unnahbarste Mätresse von Paris. Alle adligen Herren und eine Frau, Mademoiselle Raucourt, träumten davon, sie zu erobern. Doch vermögend, wie sie war, suchte sie sich ihre Liebhaber und Förderer selbst aus. Nachdem sie sich mit dem Schauspieler Volange »vergnügt« hatte, kam sie mit dem allmächtigen Lenoir ins Geschäft. Er überhäufte sie mit Geschenken:

»Derjenige, dem Mademoiselle Dervieux ihren größten Luxus verdankte, war unwidersprochen Monsieur Lenoir. Unter den Fittichen dieses Liebhabers entfaltete sie segensreiche Wirkungen. Die Polizei war ihr völlig ergeben. Maßvolle Schätzungen kommen auf 800 000 Livres, die der Verliebte ihr zukommen ließ, Geld, das dieser hohe Beamte von den Gewinnen der städtischen Spielbanken abzweigte. Das strenge Parlament brachte den fabelhaften Fluß der Einkünfte zum Stocken. Nur noch wenige Jahre, und Mademoiselle Dervieux hätte sich ein Denkmal setzen können, das jenes der berühmten Hetäre von Memphis übertrumpft haben würde. Es heißt, diese Frau habe eine vierhundert Klafter hohe Pyramide erbauen lassen, zu der jeder ihrer Liebhaber je einen Stein beitrug.«

Nicht zufrieden mit der einen Million aus den Spielbanken – Polizeipräfekt Sartines deckte den Schwindel, um die

Tätigkeit der Spitzel in den Salons zu fördern –, veranlaßte sie »Lenoir, die Leitung des Hotels Angleterre, der übelsten Pariser Spielhölle, ihrem angeblichen Vater zu übertragen«.[9]

Offensichtlich sorgten der Prinz de Conti und vor allem sein Sohn, der Chevalier de Vauréal, dafür, daß Mademoiselle Dervieux weder mit Gefängnisstrafen noch mit der Einweisung in ein Kloster rechnen mußte. Der *Correspondance secrète* zufolge hielt ihr Verhältnis mit dem Chevalier de Vauréal lange an und endete erst 1785:

»Bekanntlich war der Sohn des Prinzen de Conti, der Chevalier de Vauréal, während der letzten sieben Jahre mit Mademoiselle Dervieux liiert. Er ist zu seinem Regiment zurückgekehrt. Die ehemalige Tänzerin nahm die Gelegenheit wahr, um dem Prinzen zu schreiben, daß der Chevalier ihr 50 000 Livres schulde. Der Prinz beauftragte die Herren de Monboissier und Fragnier, die Forderung zu überprüfen. Die Demoiselle nannte aus dem Gedächtnis verschiedene Summen. Man kam insgesamt auf 17 000 Livres. Ein vertrauenswürdiger Mann versicherte, sie habe für 11 000 Livres Schulden gebürgt, die der Chevalier bei ihm hatte. Der Prinz ließ der Demoiselle also 30 000 Livres anbieten, um deren Außenstände von 28 000 Livres zu begleichen. Sie, die 50 000 Livres verlangt hatte, fühlte sich in ihrer Ehre gekränkt und schrieb dem Prinzen, bei ihrem Vermögen könne sie den Verlust von 20 000 oder 50 000 Livres verschmerzen und sie weise das Kleingeld zurück. Der Prinz ließ antworten, daß er die Summe an die Armen verteilen werde, was auch tatsächlich geschah ...«[10]

Nachdem sie François-Joseph Bélanger, den Erbauer des Schlosses Bagatelle, beauftragt hatte, an ihrem Haus einige Umbauten vorzunehmen, machte sie ihn zunächst zu ihrem Immobilienberater, dann zum Freund, zum Geliebten und schließlich zum Ehemann.[11] Er baute zwei Seitenflügel an, einen für das Eßzimmer, den anderen für ein achteckiges, mit weißem Stuck auf blauem Grund und mit bunten, auf

Ebenholz gemalten Medaillons reich verziertes Badezimmer. Alle drängten danach, das Haus zu besichtigen, und der russische Schriftsteller Karamsin lobte es in einem seiner Reiseberichte in höchsten Tönen. Die fünfundzwanzig Räume atmeten den Geist Piranesis und der Pompejaner, überall herrschten Ornament und Farbe vor.

Die Ausstattung des Musikzimmers harmonisierte mit der des Eßzimmers mit einen schweren Mahagonitisch, sechzehn Stühlen, Kandelabern und einer Balustrade für die Hauskonzerte. Ein kleiner Spielsalon, dessen Vorhänge mit fliederfarbenem Satin eingefaßt waren, führte zur Bibliothek mit Naturalienkästen für Insekten und Vögel. Von der Bibliothek ging es weiter zu einem türkischen Salon mit vier großen Sofas, zu einem Billardzimmer, den Boudoirs, den Ankleidezimmern und Schlafgemächern. Das Schlafzimmer der Dame des Hauses übertraf alle anderen. Die Rückwand des Bettes war bis zur Decke über und über mit Spiegeln verkleidet; die anderen Wände waren »mit Stoffbahnen in der Art arabischer Wandteppiche dekoriert, die in allen erdenklichen Gold- und Seidenstickereien glänzten. Zierleisten aus Ebenholz und Elfenbein mit weißgestreiften, schillernden Satinborten hielten sie zusammen.« Das Bettgestell war aus Mahagoni, der Baldachin aus blauem und rosafarbenem Damast. Satinschleifen, nach persischer Art mit Federn besteckt, rafften die Vorhänge, und ein Kristallglobus in japanischem Stil hing als Lüster von der Decke.

Der Prunk des großen Salons war ohnegleichen. Über einem Kamin aus Marmor, den ein Löwenpaar aus vergoldetem Kupfer einrahmte, erhob sich ein mächtiger Spiegel. Auf dem Boden lag ein von Dumenould eigens für diesen Raum entworfener Teppich. Über den Türen prangten Reliefs aus weißem Stuck auf blauem Grund, während die Reliefs und Medaillons der Kastendecke aus gelbem Grund hervorleuchteten. Mehrarmige Kristalleuchter mit Marmorfüßen spendeten abends Licht.

Das Dach war mit einem Blätterwerk aus kleinen Kupferplatten gedeckt; der Garten, teils im italienischen, teils im englischen Stil angelegt, beherbergte ein Treibhaus, einen Pavillon, eine Brücke, einen Felsen und eine Grotte mit der Inschrift: »Die Kunst führt in die Natur und reicht ihr freundschaftlich die Hand«. Auf einem Postament kauerte eine Venus aus Marmor, ein Reif aus vergoldeter Bronze verdeckte geschickt die Bruchstelle eines Arms. Auf der Freitreppe zum Haus standen links und rechts vom Eingang vier große Vasen, zwei aus weißem Marmor und zwei aus japanischem Porzellan.[12]

War Mademoiselle Dervieux abwesend, baten Fremde um die Erlaubnis, das Haus besichtigen zu dürfen. Eines Tages drängte eine Herzogin ihren Liebhaber – ihr war bekannt, daß er der Dame seine Aufmerksamkeit geschenkt hatte –, sie dorthin zu begleiten. Die Pracht des Hauses überwältigte die Eifersüchtige, und sie rief: »Das ist wie tausendundeine Nacht!« Mademoiselle Dervieux, die an diesem Tag zu Hause geblieben war, hörte in einem Nebenzimmer den Ausruf, steckte den Kopf durch ein kleines Rundfenster, das eine Rosette aus Bergkristall geschickt verbarg, und schrie laut: »Ja, Madame, und ich zweifle, daß eine einzige ihrer Nächte soviel wert ist!«

Bélanger riet seiner Geliebten, nicht weit von ihrem Anwesen ein Grundstück zu kaufen, auf dem er drei Häuser baute, die sie 1792 mit großem Gewinn an die Herren Gau und Brontin und an den Marquis und die Marquise de Pompignan verkauften.

Obwohl sie schon sehr reich war, war Mademoiselle Dervieux, von der es hieß, sie habe »einen ausgeprägten Sinn für glitzernde Steine«[13], immer nur bestrebt, etwas zu unternehmen, das Gewinn versprach. Nachdem sie – wohl um Bélanger eine Gefälligkeit zu erweisen – das galante Leben aufgegeben hatte, eröffnete sie in ihrem Haus einen Spielsalon und lockte die Gäste durch erlesene Speisen an:

»Die Demoiselle Dervieux, die einmal sehr hübsch war, hat Karriere ›im Amt‹ gemacht. Ranghohe Beamte kommen zum Spiel zu ihr, und da sie den besten Koch von Paris beschäftigt, spricht Tag für Tag ein Schwarm von Feinschmeckern den Mahlzeiten ebenso eifrig zu wie dem Karten- und Würfelspiel. Die Spekulation geht auf, sie bringt ihr wenigstens 50 000 Livres ein.«

In der Regel kamen die Glücksritter ohne ihre Ehefrauen, denn die Freundinnen von Mademoiselle Dervieux zeigten sich gern in dieser feinen Gesellschaft. Kein anderer Salon, auch nicht der von Madame Necker, konnte damit konkurrieren. Bei Anne-Victoire Dervieux traf man die üppige Adeline-Marie-Madeleine Ruggiéri an der Seite ihres Beschützers, des Herrn Palteau de Veymerange; Mélanie de Varèse, eine korsische Schönheit, die sich von Tilly hatte verführen lassen, bevor sie zur Prinzessin de Salm-Salm avancierte; die kleine Fontenelle, die Richer de Sévigny gerade dann einen Sohn gebar, als er die reiche Witwe des Sängers Gardel heiratete; die Schwestern Malacrida, Gabrielle – verheiratete Nivon –, genannt ›Carline‹, und Angélique, genannt ›Mademoiselle Quincy‹ – herrliche Geschöpfe, die der Herzog d'Orléans in das Milieu eingeführt hatte.

Die Geschichte der Entführung der Schwestern Malacrida und ihrer Freundin Duthé durch den Herzog und seinen Komplizen, den Marquis de Genlis, bot lange Zeit Gesprächsstoff. Das Ereignis fand in Absprache mit den Opfern um vier Uhr morgens statt, und die Schreie der Entführten weckten die ganze Nachbarschaft[14]. Auch die falsche Baronin de Burmann, die der gewandte Postminister Rigoley d'Ogny aushielt, ging im Salon von Mademoiselle Dervieux ein und aus. Sie hieß eigentlich Mademoiselle Lecoq, war die Tochter eines Juweliers und besaß dank der Freizügigkeit ihres Galans ein schönes Haus in der Rue Blanche. Ehemalige Schauspielerinnen der Oper verkehrten hier, die geistreiche Sophie Arnould zum Beispiel und Mademoiselle Allard, die Favoritin des Finanziers Laborde, oder Mademoiselle Dumesnil, die am Arm von Kornmann einherschritt, desselben Kornmann, der seine Frau wegen Ehebruchs strafrechtlich belangte[15], schließlich Adelaïde Saulnier, erste Tänzerin der Oper, in Begleitung des Marquis de Livry. Wie alle anderen legte auch Mademoiselle Dervieux Wert darauf, verführerisch zu erscheinen. Der Dichter Roucher berichtete, noch zur Zeit der Revolution habe sie »manche Reize, schöne Augen, eine elegante Figur, ein lebhaftes Wesen und Schicklichkeit«[16] besessen.

Nach 1789 trug Anne-Victoire Dervieux Sorge, den Luxus, in dem sie lebte, vor der Öffentlichkeit zu verbergen und zog eine junge Waise wie eine eigene Tochter auf. Bélanger, der nicht mehr von ihrer Seite wich, tat alles, um bei den Überwachungsausschüssen des Viertels gut angesehen zu sein, forderte den Abriß der Bastille, »damit dieses leibhaftige Grabmal in ein Denkmal der Freiheit des Landes umgewandelt werde«, verfaßte ein Memorandum zugunsten der Handwerker und Arbeiter, »die jeden Tag ihre Pflicht für das Wohl des Volkes erfüllen, deren Rechte aber offensichtlich mißachtet werden«. Doch öfter als die Republikaner suchte er die Gesellschaft der Aristokraten im Klub de Valois auf.

Im Frühjahr 1793 soll sich das Paar in Bad Forges in der Normandie aufgehalten haben, wo »zurückgekehrte Emigranten«, die ihre zeitweilige Abwesenheit vertuschen wollten, problemlos Bescheinigungen über einen ständigen Wohnsitz vor Ort kaufen konnten. Im September eilten Bélanger und Mademoiselle Dervieux nach Paris zurück, weil das Gesetz der Verdächtigen sie beunruhigte. Angesichts des Berichts, den der Sektionsausschuß ihres Viertels über sie abgegeben hatte, war die Unruhe durchaus berechtigt:

»Vormals Schauspielerin an der Oper, ist sie seit langem eine Intrigantin. Sie unterhielt Spielsalons und Zirkel, in denen die Feinde der Republik zusammenkamen. Bei ihr gaben sich diejenigen, die sich am Schweiß des Volkes und an der Prostitution bereicherten, ein Stelldichein. Sie war bekannt für abscheuliche sexuelle Ausschweifungen, übermäßigen Luxus und unermeßlichen Reichtum, den sie in ihrem Haus in der Rue Chantereine schamlos zur Schau stellte. Der niederträchtige Lenoir, vormals Polizeipräfekt, und andere, deren Leben ein einziges Gewebe aus Verbrechen und Raub war, hatten ihr dieses Haus errichtet.

Um von ihrem Lebenswandel abzulenken, zog sie sich ins Haus von Bélanger zurück. Die Unsittlichkeit des einen wie des anderen, ihre Beziehung und ihr Benehmen, haben uns von der Schuld dieser beiden Individuen überzeugt. Ihre Verblendung war so groß, daß sie sich einbildeten, etwas vorgetäuschte Volkstümlichkeit und ein paar Abgaben ihrer Einkünfte würden ausreichen, ihre Ansichten und die Machenschaften, mit denen sie zu ihrem Reichtum kamen, in Vergessenheit geraten zu lassen.«[17]

In der Nacht des 11. Oktober 1793 beschlagnahmte man die Wohnung von Bélanger und wies beide aus. Sie flüchteten in ein Mietshaus in der Rue du Faubourg-Poisonnière, das Bélanger gehörte; am 1. November wurden sie verhaftet. Trotz genauester Durchsuchung fand die Polizei »nur Papiere zum Thema Revolution und zum Vorteil des Bürgers Bélanger«, so daß man sie freilassen mußte. Um weiterem Ungemach zu entgehen, erwarb Anne-Victoire, die schon im Mai ihr schönes Stadthaus günstig verkauft hatte, außerhalb von Paris in Thias ein Bauernhaus[18]. Vergebliche Hoffnung: man verhaftete Bélanger und sie erneut und warf sie am 3. Februar 1794 ins Gefängnis Saint-Lazare, »verdächtigt, alle sie belastenden Beweise vernichtet zu haben.«[19]

Selbst im Gefängnis scharte Anne-Victoire Dervieux die Menschen um sich und unterhielt ihre Gäste – als führe sie weiterhin einen Salon – mit Anekdoten über die Freundinnen und Rivalinnen von einst. Gelegentlich organisierte sie auch Geldsammlungen und rundete selbst die Summe auf, um die Lage bedürftiger Mithäftlinge zu verbessern[20]. Ihr Geld und ihr Bekanntheitsgrad ermöglichten es ihr, am 10. März in eines der sogenannten Gesundheitshäuser überzuwechseln, wo man Schutzgeld bezahlte und sich vor Fouquier-Tinville sicher untergebracht glaubte[21]. Dann versteckten sie sich im Haus eines Arztes, wurden aber bald verraten, da sie den Kontakt mit der Außenwelt nicht abbrachen.

Kurz bevor das verbrecherische Dekret vom 22. Prairial (10. 6. 1794) in Kraft trat, brachte man sie in das Gefängnis von Plessis, vor dem der Henkerkarren jeden Tag vorbeifuhr. Am 1. Juli schrieb Anne-Victoire Dervieux in Panik einen Brief an Fouquier-Tinville, auf den dieser glücklicherweise nicht einging. Erst mit dem 9. Thermidor (27. 7. 1794) wich die Angst. Mademoiselle Dervieux, die bald Madame Bélanger wurde, verließ als eine der ersten das Gefängnis. Sie führte danach ein konventionelles und geregeltes Leben, ohne daß der Ruch des Skandals, der ihr anhing, ganz verging. Ludwig XVIII. ehrte sie 1818 mit einer Rente, einer allerdings symbolischen Geste der Anerkennung, denn die Summe von 800 Livres erschien bei dem Vermögen, das die berühmte Mätresse angesammelt hatte, wie ein Brosamen[22].

Im selben Jahr 1818 starb Bélanger; die Witwe zog sich in die Rue Saint-Etienne zurück. Zwei Jahre vor ihrem Tod kaufte sie ein schönes Haus in Auteuil, wo sie 1826 verschied.

Die adlige Denunziantin

Im Spielsalon der Madame de Linières verkehrten die Abgeordneten aus dem Umkreis Dantons, vor allem François Chabot, ein entlaufener Kapuzinermönch, und Joseph Delaunay d'Angers, ein ehemaliger Rechtsanwalt. Bis zu ihrer Vertreibung von der politischen Bühne waren beide Mitglieder des Polizei- und Überwachungsausschusses der Gesetzgebenden Versammlung, später des Konvent.

Der Lebensweg von Madame de Linières erhellt einige unbekannte Aspekte des Privatlebens der Parlamentarier jener Epoche, die gleichzeitig die Politik dieser Kreise in neuem Licht zeigen. Schließlich markierten Geldgeschäfte, private Gelage und intime Beziehungen einen Teil des Wegs der Freunde Dantons, der mit ihrem tragischen Tod enden sollte.

Madame de Linières gehörte allem Anschein zum Trotz und obwohl ihr Mädchenname Pingon in der Savoyer Heraldik auftaucht nicht dem Erbadel an. Sie »stammte aus einem Dorf im Kanton Vaud, ihre Eltern waren Bauern«, so bestätigten es drei mit ihr befreundete Schweizer Bürger, die sich für ihre Freilassung aus dem Gefängnis einsetzten, wohin ihre Sympathie für die Dantonisten sie gebracht hatte. Auf jeden Fall aber besaß sie beste Verbindungen zur Finanzwelt, wofür ihre Freunde Jean-Baptiste Romey, François-Elie du Coster de Chéry und Johannot – sie arbeiteten im Ministerium Neckers – ein untrügliches Zeugnis sind. Ihren Namen verdankte Madame de Linières ihrem verstorbenen Ehemann Louis-Jean-Joseph de Linières, dem

Chevalier des Saint-Louis-Ordens, der dem Schwertadel angehörte. Die gewöhnlich gut unterrichteten Autoren der *Chronique arétine* behaupten, daß man nicht weiß, wie die Tochter eines Viehhändlers »in die Kolonie Santo Domingo kam. (...) Die Anfänge von Mademoiselle verhießen eigentlich keine glänzende Laufbahn, aber das Schicksal wollte es anders.«[1]

Offenbar half die Vorsehung nach, jedenfalls war die schöne Schweizerin bald die erste Spielbankbesitzerin in Port-au-Prince auf Haiti. Vor der Öffentlichkeit firmierte das recht vornehme Etablissement als Billardsalon, in Wirklichkeit wurden dort Glücksspiele veranstaltet. Der *Chronique arétine* zufolge hatte Mademoiselle Pingon, um den Salon auf einer sicheren Basis in Gang halten zu können, sich »mit Ysabeau, einer Schwarzen, verbündet, deren Reichtum und Verrücktheit weithin bekannt waren. Und außerdem war Mademoiselle der Stern der Kolonie.«

Diese hübsche Frau von »einnehmendem Wesen« fühlte sich in der Gesellschaft der lokalen Grundeigentümer und der Militärs des amerikanischen Unabhängigkeitskriegs, die in Port-au-Prince ihren Urlaub verbrachten, gut aufgehoben. Sie war, wie die *Chronique arétine* versichert, »feinfühlig und gleichermaßen entgegenkommend, ob es sich nun um Infanterie- oder Marineoffiziere handelte. Unterschiedslos allen gewogen, nahm sie Huldigungen und Komplimente entgegen, ohne Partei zu ergreifen. An oberster Stelle standen ihre Geschäftsinteressen, von denen sie jeden Schaden fernhielt.«

Monsieur de Linières, einer der stattlichen Offiziere, machte in Haiti Station. Einige Jahre zuvor war er in Paris durch seinen Umgang in übel beleumundeten Kreisen aufgefallen.[2] Darüber hatten die Polizeiinspektoren den Präfekten Sartines ins Bild gesetzt, der seine Informationen an Ludwig XV. weiterleitete. »Die Demoiselle Dufresne setzt wohlgemut alles daran, ihren Offizier zur See, den Herrn von Linières, an den Bettelstab zu bringen, während sie gleichzeitig eine heimliche Liebschaft mit dem Herrn von Estat unterhält, der alles in allem trotz seiner Beleibtheit ein mickriges Subjekt ist.«

Als Monsieur de Linières 1779 auf dem Weg nach Amerika in Port-au-Prince Zwischenstation machte, suchte er, vom Spiel besessen, geradewegs den Salon von Mademoiselle Pingon auf. Um seiner Geldnot abzuhelfen, kam er auf die Idee, der Dame des Hauses gegen Beteiligung an ihrem blühenden Geschäft den Titel einer Vicomtesse anzubieten. Am 10. Mai 1781 besiegelten die beiden ihre Ehe, vereinbarten aber folgende Klauseln: Gewährleistung von Gütertrennung, Zusicherung einer Witwenrente auf ein Kapital von 30 000 Livres und die Festlegung, daß der Nießbrauch der beweglichen und unbeweglichen Güter – die vor allem die Braut in die Ehe brachte – dem Überlebenden zustehe.[3]

Der Zufall wollte es, daß der Vicomte de Linières drei Monate nach der Hochzeit starb und seiner Witwe Freiheit, Geld und seinen Namen hinterließ. Ohne Zeit zu verlieren, schiffte sie sich sofort nach Frankreich ein, und schon 1784 tauchte ihr Name neben denen von Mademoiselle Saron und Mademoiselle Lacour in dem Pamphlet *Les tripots et ses héroïnes bonnes à connaître pour les éviter (Die Spielhöllen und ihre Heldinnen, die man kennen sollte, um sie zu meiden)* auf. Im Dezember 1787 erwarb die neue Vicomtesse für 50 000 Livres ein schönes Nebengebäude auf dem ehemaligen Gut des Grafen de Charolais in der Rue de Bellefonds und verpflichtete sich, die Summe in einigen Jahren abzuzahlen. Das Gut des Grafen de Charolais, Charles de Bourbon-Condé, mitten im heutigen 9. Arrondissement gelegen, war wegen des Schlosses und des weitläufigen Gartens berühmt. Die Erben teilten das prächtige Anwesen auf und verkauften Stück für Stück einzeln. Das kleine von Madame de Linières erworbene Haus, mit Vorhof und Garten, hatte drei Etagen; ein Wirtschaftsgebäude gehörte dazu sowie ein schöner, mit Hainbuchen und Linden bewachsener Garten. Im ganzen maß das Grundstück etwa 1 000 Quadratmeter. Hier soll der Graf de Charolais die Gespielinnen seiner nächtlichen Orgien gefangengehalten haben,[4] und selbstverständlich kannte die neue Eigentümerin die libertine Tradition des Anwesens gut.

Anfang Januar 1789 befahl Polizeipräfekt Thiroux de Crosne, der Nachfolger Lenoirs, alle Spielstätten in der Hauptstadt zu melden und konnte schon bald darauf der königlichen Staatsanwaltschaft ein »Verzeichnis aller Häuser, in denen allem Anschein nach Glücksspiele veranstaltet werden« übergeben. Die nun in Gang gesetzte Untersuchung kommentierte die Presse folgendermaßen: »Da trotz des Verbots einige Spielsalons ihren Betrieb weiterführten, hat sich das Parlament erneut mit dem Thema befaßt. Monsieur Seguier zählte 53 in der Mehrzahl von ehemaligen Dirnen betriebene Etablissements. Man hat beschlossen, der Sache nachzugehen. Das unerwartete Einschreiten des Parlaments geht auf einen Spielabend beim Marquis de Genlis zurück, an dem ein Spieler im Verlauf von zwei Stunden 900 000 Livres gewann. In der Regel aber sind die Gewinne der Betreiber dieser Salons außerordentlich groß, im Durchschnitt bringt jeder Spieler mehr als 100 Louisdors ein.«[5]

Zu ihrem Unglück verfügten die wenigsten der Belangten über einen so verläßlichen Schutz, wie der Marquis de Genlis und seine Freunde Livry und Castellane ihn genossen, die Vertraute des Grafen d'Orléans waren.

Trotz des Wechsels in der politischen Führung 1790 ließ die polizeiliche Überwachung nicht nach, ganz im Gegenteil wurden die Betreiber von Spielsalons mit Verboten und Geldstrafen geradezu überschüttet. Gillard de Viennay, der sein Haus an die Herren Maussion und Heppe vermietet hatte, wohlwissend, welchem Gewerbe sie da nachgehen würden, mußte 600 Livres zahlen; Herr Gibbon 25 Livres, bloß weil bei ihm Roulette gespielt wurde. Außerdem wurden ihm die Kugeln abgenommen und zugunsten der Armen von Saint-Germain l'Auxerrois verkauft. Viele fühlten sich ungerecht behandelt und legten Beschwerde ein. Madame de Saint-Germain verweigerte der Polizei den Zugang zu ihrem Haus. Auch Malmazet de Saint-Andéol sowie Madame Laberge empörten sich über das Vorgehen der Polizei, die jedoch in aller Regel nur jene verschonte, die irgendeine Protektion genossen. Unter ihnen befand sich auch Madame de Linières. Die Chronik spricht in diesem Zusammenhang von der »zärtlichen Zuneigung« des zuständigen »Ministers« für die Vicomtesse, ihre Tochter und ihre aus der Schweiz zugereiste Schwester.[6]

Nach Beginn der Revolution half ihr Liebhaber, der Lyoner Devisenmakler Valentin-Charles Roch, Madame de Linières dabei, durch vorgetäuschten Kauf ihres Mobiliars ihre Schulden zu begleichen.[7] Er wohnte damals hinter der Oper, in der Rue Bondy, in der Nähe seiner Freunde, des Marquis de Livry und der Tänzerin Saulnier, die ebenfalls vom Spielgewerbe lebten. Er hatte Geld in mehreren derartigen Salons angelegt und war zudem Teilhaber des Etablissements von Madame Robineau de Beaunior und dem Chevalier Jean de Manville. Zu Beginn der Revolution empfing Jeanne-Esther de Linières die Besucher noch in ihren herrlichen Salons an der Place des Petits-Pères, die sie ganz nach ihrem Geschmack eingerichtet hatte. Ihre Tochter zog dort »wie eine Rosenknospe, um die sich ein Schmetterlingsschwarm streitet« die Besucher an.[8] Marie-Gabrielle-Sophie entstammte wohl einer vorehelichen Beziehung; ihrer nahmen sich »auf unterschiedliche Weise und mit verschiedenen Ergebnissen« sowohl der Marquis de Genlis an, Partner des Herzogs d'Orléans in allen Ausschweifungen, als auch Madame Joly de Fleury, deren Herz für hübsche Mädchen schlug. »So lassen sich in wenigen Worten die frühen Neigungen dieser jungen Schönheit zusammenfassen«, heißt es in der *Chronique arétine*. Später heiratete sie Pierre-François de Savignac.

Madame de Linières hatte eine Schwester namens d'Adelmoche, eine dieser »fremd wirkenden Gestalten, die nach nichts aussehen und den Männern doch den Kopf verdrehen«. Der Graf d'Auréville, ein Kenner der Pariser Spielbanken und Salons, behauptete, »ein für seine herrliche Nachkommenschaft bekannter Herzog habe sie eine Weile geliebt, gegenwärtig sei der Graf von B. C. R. (Charles-Elysée de Baussancourt?) ihr innigster Anhänger«. Er äußerte sogar die Vermutung, daß jene Schwester »mit dem barockfremden Namen und dem angehängten Adelstitel« durchaus eine Tochter von Madame de Linières hätte sein können. In der Zeit des Empire heiratete die angebliche Gräfin d'Adelmoche ihren Kutscher, »den Mann mit dem stattlichsten Aussehen von ganz Paris«.

Die drei Frauen lebten zusammen in einem kleinen Haus in der Rue de Bellefonds Nr. 200. Wenn der Tag zur Neige ging, begaben sie sich, aufs schönste herausgeputzt, in einer Kutsche zum Palais Royal. Als erstes zündeten sie dort die Lichter der hintereinander gelegenen Salons an – und schon erschienen die ersten Spieler. Kenner der Szene hatten schon frühzeitig Gerüchte über Madame de Linières in Umlauf gebracht: »Sie hat ihre ersten Sporen in Amerika verdient, zunächst dank ihrer Reize, danach dank der Karten. Die Dame ist sehr ambitioniert, vor allem liebt sie die hohen Herren. Bei ihr spielt man die neuesten Spiele und oft mit hohen Verlusten. In ihren Salons verkehren die unterschiedlichsten Figuren. Es heißt, sie sei die Witwe eines Offiziers, der an den Folgen seiner Verletzungen aus dem amerikanischen Unabhängigkeitskrieg starb.«[9]

Trotz aller Anstrengungen und trotz des Adelstitels gelang es Madame de Linières nicht, die aristokratischen Glücksritter, die sie vor 1789 zu ihren Kunden zählte, weiterhin in ihren Salons zu halten. Auch die ihrer Einkünfte aus der Justiz- und Finanzverwaltung beraubten Bürger kamen nicht mehr. Verbittert mußte sie miterleben, wie ihre einstmals ebenso kostspieligen wie einträglichen Ämter aufgelöst wurden und man sie mit wertlosem Papiergeld abspeiste. Madame de Linières, nicht in der Lage, mit Madame Robineau de Beaunoir oder Madame de Saint-Amarand in Wettstreit zu treten, war klug genug, sich den neuen politischen Gegebenheiten anzupassen. Das ersparte ihr zunächst viel Ärger, hätte sie später aber fast das Leben gekostet.

Ende 1791 eröffnete sie ein neues Etablissement im Eckhaus Rue Vivienne und Rue Neuve-des-Petits-Champs bei der Freitreppe des Palais Royal. Unter den Paneelen des großen Salons versammelte sich eine neue Kundschaft, Leute, über die viel in der Presse berichtet wurde, die zukünftigen Montagnards. Etliche von ihnen gehörten der fortschrittlichen Fraktion der Jakobiner an, die nicht nur zu den Feuillants, der Verfassungspartei von Lameth, Duport und Barnave, sondern auch zur neuen Gruppierung um Brissot, de Manuel und de Pétion in Opposition stand. François Chabot und Delaunay d'Angers, Mitglieder des Überwachungskomitees der Gesetzgebenden Versammlung, besuchten die Spielsalons von Amts wegen und aus Neigung, und sie zogen mit ihrer Begeisterung für die freizügige Gesellschaft von Madame de Linières die Montagnards nach, die ebenfalls die Welt dieser schönen, im 19. Jahrhundert »Löwinnen oder Halbweltdamen« genannten Frauen liebten.

Der Ausschuß griff zum Teil in die traditionellen Aufgaben der städtischen Polizei ein und wandte sein Augenmerk auf das Spielgewerbe, ein Bereich, in dem sich polizeiliche und politische Interessen vermischten.

Angezogen durch die Frauen im Umfeld von Madame de Linières, ihrer Schwester und ihrer Tochter, war François Chabot schon bald einer der eifrigsten Besucher ihrer Salons.[10] Chabot, gebürtig aus Saint-Geniez, lehrte nach dem Theologiestudium in Rodez und Toulouse. 1780 war er dem Kapuzinerorden beigetreten und unter dem Namen »Bruder Augustin« Pförtner im Kloster von Milhau geworden. Das Klosterleben entsprach jedoch nicht seinem Temperament, und so ließ er sich, erst vorsichtig und dann vollends auf die mondäne Gesellschaft des Barons de Sambucy ein. Schnell knüpfte er zahlreiche Beziehungen, so mit der Gräfin de Rochechouart, die ihn als Erzieher ihrer Kinder einstellte, und mit dem Grafen de Ferrières-Sauvebeuf, einem Agenten der Geheimdiplomatie von Vergennes und Spitzel der Revolutionsgefängnisse.

Am 21. Januar 1791 legte Bruder Augustin, alias François Chabot, den Eid auf die Verfassung ab und betrat damit die politische Bühne. Er freundete sich mit Danton und dem Abbé Grégoire an, die sich für seine Kandidatur als Abgeordneter der Gesetzgebenden Versammlung des Departements Loire-et-Cher verwandten. Nach seinem Eintritt in den Überwachungsausschuß verfolgte er mit großem Eifer die Machenschaften der Spitzel des Königs und überprüfte das Palais Royal bis in die entlegendsten Winkel. Um Schutz vor der strengen Verfolgung der städtischen Polizei zu finden, umwarben die Betreiber der Spielsalons Chabot, der ihren Schmeicheleien, besonders denen der Vicomtesse de Linières bald nachgab. Am 26. Juli 1792 erstatteten die Bürger Franc und Desneux Anzeige gegen Madame de Linières, in deren Räumen »in der ersten Etage eines Hauses in der Rue Neuve-des-Petits-Champs, dessen Zugang durch Eisengitter und Holzbarrieren erschwert ist, man zweimal täglich und oft bis in die Nacht Trente-et-un spielt«. Diese Anzeige stieß dank des entschiedenen Einspruchs Chabots auf taube Ohren.

Im Salon von Madame de Linières machte der ehemalige Kapuzinermönch die Bekanntschaft mit seiner ersten Mätresse, Louise-Michelle Cosme Descoings. Diese schöne abenteuerlustige Person hatte im Ancien Régime ihr Auskommen als Zofe bei Madame Adelaïde gefunden, geriet mit der Justiz aus ungeklärten Gründen in Konflikt[11] und hatte, um einer drohenden Verhaftung aus dem Weg zu gehen, Zuflucht im Kloster Saint-Denis gefunden. Zusätzlich hatte sie sich der Gunst der Gräfin de Provence versichert, die den Bitten schönen Frauen nie widerstehen konnte. Zu Beginn der Revolution ließ sich die hübsche, aber rat- und mittellose Louise-Michelle von Chabot verführen. Als das Verhältnis in die Brüche ging, behauptete er, Madame Descoings verstoßen zu haben, um seinen Ruf zu schützen. Sie überließ sich daraufhin zunächst den Armen des Grafen de Gusman, eines Konkurrenten von Madame de Linières in Sachen Glücksspiel, schließlich arrangierte sie sich mit Chabots Mitstreiter Joseph-Louis-Marie Delaunay d'Angers.

Delaunay, ein unsicherer Kantonist, gehörte wie Chabot zum Gefolge Dantons und war wie jener in den politischen und finanziellen Skandal um die Ostindische Kompanie verwickelt. In den Klubs der Nationalversammlung spielte er den glühenden Patrioten, gleichzeitig unterhielt er undurchschaubare Beziehungen zu Agenten ausländischer Regierungen und den Emigranten. Mit seinem Landsmann Benoît d'Angers, einem aktiven Diplomaten, zugleich krypto-royalistischen Mitarbeiter des Geheimen Rats Ludwigs XVI., steckte er unter einer Decke. Dem berühmten Marquis du Boullaye, Antoine-Omer Talon, der nach dem 10. August 1792 in aller Eile bei Pitt in England Zuflucht suchte, diente Benoit als williges Werkzeug. Benoît d'Angers spielte beim Versuch, die Abgeordneten der Montagnards abzuwerben, eine ebenso aktive Rolle wie der Baron de Batz und der Bankier Durney und machte sich den Einfluß seines Freundes Delaunay in den Klubs und in der Nationalversammlung dabei zunutze.

Delaunay und Chabot brachten Dutzende von Abgeordneten auf den Geschmack des schnellen Geldes. Am Abend kamen sie gern zu Esther de Linières, die ihnen einen Reigen hübscher Mädchen präsentierte, womit sie ihre Rolle als Animateurin ein wenig überzog. Delaunay, der »Frauen gegenüber nicht nein sagen konnte«, ließ es zu, daß Louise-Michelle Cosme Descoings Macht über ihn gewann. Angeregt durch ihre Freundin Françoise-Marguerite Goupil knüpfte Delaunay enge Beziehungen zu Jacques-René Hébert, dem engagierten Redakteur des *Père Duchesne*, einer satirisch-demagogischen Zeitung. Mademoiselle Goupil hatte 1791 leichten Herzens das Kloster verlassen, in das sie eingetreten war aus Kummer darüber, daß ihr Geliebter, der Vicomte de Carouges, geheiratet hatte.

Sie hatte ein hübsches, ovales Gesicht, eine kleine Nase, eine hohe Stirn, braune Augen und Haare, was alle Lügen straft, die sie eine »große Spinne«[12] nannten. Kaum hatte sie das Kloster verlassen, führte Louise-Michelle Cosme Descoings sie in die revolutionäre Gesellschaft ein, wo ihre Anmut bald Aufmerksamkeit erregte. Anfang 1792 heiratete sie Hébert. Eine kleine Rente des Herrn Carouges setzte sie in den Stand, die Zeitung ihres Mannes zu kaufen. Die neue Madame Hébert, keine wahrhaftige Revolutionärin, begleitete gelegentlich Mademoiselle Descoings, die man für ihre Schwester hielt,[13] in den Salon von Madame de Linières. Diese Besuche gaben schließlich den Anlaß, ihren Mann ebenso wie Delaunay d'Angers anzuklagen, sich insgeheim mit ausländischen Agenten eingelassen zu haben. Unter dem gleichen Vorwand wurde auch Mademoiselle Descoings verhaftet, mußte jedoch, wahrscheinlich dank dem Maler David, lediglich vor das Revolutionstribunal. Madame Hébert und ihr Mann dagegen, der »Komplizenschaft mit dem Bankier Koch, den Brüdern Junius und Emanuel Frey sowie dem Abbé d'Espagnac« angeklagt, bestiegen am 13. April 1794 das Schafott. Die vier »Komplizen«, alles Börsenspekulanten, verkörperten in der Tat das, was man die »Partei des Auslands« nannte. In seiner Anklageschrift vom 8. April bezeichnete Fouquier-Tinville Madame Hébert als »aktive Helfershelferin des Korruptionssystems, das eine Horde ausländischer Bankiers unter Mißbrauch einiger unwürdiger Volksvertreter ins Leben gerufen hat«.

Am Tag, nachdem bekannt wurde, daß die Liquidation der Ostindischen Kompanie unterlaufen worden war, machte Chabot Aussagen, die die Anklage gegen die Héberts ins Rollen brachten. Niemand zweifelte daran, daß die Mitglieder des ehemaligen Sicherheitsausschusses, dem Chabot und Delaunay angehört hatten, mit der »Partei des Auslands« eng zusammenarbeiteten, und auch nicht daran, daß Hébert durch die Verbindungen seiner Frau und mehrerer Mitglieder der Kommune, darunter der Chevalier de Cubières und sogar die engagierte Gräfin de Rochechouard, sich für eine solche Kooperation empfänglich gezeigt hatten. Immerhin war bekannt, daß Hébert der Gräfin in Passy begegnet war, wo es möglicherweise zu einer Begegnung mit dem aus Holland geflüchteten Geschäftsmann und Anwalt Jean-Conrad de Koch, dem späteren Schriftsteller Paul de Koch, gekommen war.[14]

Gegen besseres Wissen beschrieb Chabot *Père Duchesne*, konkret Hébert, als einen Konterrevolutionär von Grund auf und besudelte en passant seinen alten Freund Delaunay mit folgenden an den Konvent gerichteten Zeilen:

»Delaunay hat mir gesagt, Hébert sei ein williges Werkzeug, und die Verschwörer (die Pariser Agenten der englischen, holländischen, preußischen und österreichischen Regierungen) zählten auf ihn. Auch ist nach meiner Kenntnis seine Frau seit mehr als zwei Jahren mit der Mätresse von Delaunay eng befreundet (...). Delaunay hat seine Beziehungen zu Hébert gestanden, was Gold wert ist und beweist, daß ich nicht grundlos die Konspiration beider und ihre Verbindungen offengelegt habe.«[15]

Um seine Ehre, vor allem aber sein Leben zu retten, ging Chabot bis zum Äußersten. Zusammen mit dem mit ihm verdächtigten Abgeordneten Basir erklärte er, Hébert sei dafür bezahlt worden, einem Fluchtversuch Marie-Antoinettes im Juni aus dem Temple und einem weiteren im September aus der Conciergerie nichts in den Weg zu stellen. Man weiß, daß Hébert großen Einfluß auf die Kommune ausübte, so daß man zu Recht von den Hébertisten sprach, und man weiß auch, daß führende Vertreter der Polizeiverwaltung, beispielsweise Soulès, Michomis, Froidure und Lafosse, von den Agenten der Konterrevolution gekauft worden waren. Hébert hat sich wohlweislich nie gegen die massiven Anschuldigungen, die von Camille Desmoulins im *Vieux Cordelier* wiederholt vorgetragen wurden, verteidigt. Dennoch vermied man es während des Prozesses ihm seine Verflechtungen mit dem Ausland auf den Kopf zuzusagen und schob die Schuld statt dessen auf rangniedrigere Angeklagte. Dieses Verfahren wurde auch bei den Prozessen gegen Danton, Chabot, Delaunay und Françoise Marguerite Hébert angewandt, denn um jeden Preis sollte vermieden werden, die Nationale Volksvertretung durch die Schande einiger Volksvertreter zu besudeln. Das »Erbe der Montagnards« sollte gerettet, die Öffentlichkeit von den wirklich Schuldigen abgelenkt werden.

Wenngleich die Männer, die den Sturz der Gironde vorbereiteten, bei ihr verkehrten, konnten die Gäste von Madame de Linières nur dem Anschein nach Jakobiner genannt werden. Sie alle hatten sich mehr oder weniger mit der konterrevolutionären Bewegung eingelassen. Hatte nicht der Freund der Hausherrin, Jean-Valentin Roch, dem Bankier und englischen Diplomaten Walter Boyd rechtzeitig einen Paß verschafft, der ihn wenige Stunden nach Bekanntgabe des Dekrets gegen die Ausländer davor bewahrte, wie alle übrigen von einem Tag auf den anderen verhaftet zu werden? Auch Chabot stellte falsche Pässe aus und ließ sich seine Unterschrift teuer abhandeln. In den Klubs, in der Nationalversammlung und ihren Ausschüssen wuchs sein Einfluß, während er auf dem besten Weg war, der »Lobbyist« der Pariser Ausländerbank zu werden. Durch seine und Delaunays Vermittlung gelang es ihren Vertretern ebenso wie den spanischen, preußischen und österreichischen Diplomaten, an die Abgeordneten heranzutreten, die, aus scheinbar unerklärlichen Gründen, hier den Wortlaut eines Beschlusses änderten, dort ein Dekret aufschoben oder einen Antrag unterstützten, und zwar vor allem, wenn es die Ausländer betraf. Chabots Vermögen erfuhr 1793 starken Zuwachs, und er war nicht der einzige, dem es so erging.

Im Winter 1793/94 verhaftete man Madame de Linières und ihre Schwester Madame d'Adelmoche, am 4. Februar fand das Verhör statt, ihr Haus wurde durchsucht.[16] Der Haftbefehl gegen Madame de Linières erging nicht vom gefürchteten Sicherheitsausschuß, sondern vom Wohlfahrtsausschuß des Departements Paris, und da sie nach wie vor über beste Kontakte verfügte, wurde sie wenige Tage nach der Verhaftung aus Krankheitsgründen wieder entlassen. Umgehend ließ sie alle verdächtigen Unterlagen verschwinden, selbst jene, die sich in den von der Polizei versiegelten Schränken befanden. Doch bereits Ende des Monats, nachdem ihr Name während der Ermittlungen gegen Chabot gefallen war, ordnete der Sicherheitsausschuß ihre sofortige Inhaftierung an und ließ sie ins Gefängnis Petite-Force einsperren, überrascht über die ihr bislang entgegengebrachte Milde.

Im Gefängnis teilte Madame de Linières die Zelle mit Louise-Michelle Cosme Descoings und Nicole Vignier de Montréale, der Mätresse des Bankiers Boyd, die man bei der Vorbereitung ihres Fluchtversuchs überrascht und festgenommen hatte. Der Gefängnisspitzel Ferrières-Sauvebeuf berichtete über ständige Streitigkeiten zwischen Mademoiselle Descoings und Mademoiselle Montréal, die sich gegenseitig ihr Unglück vorhielten. Nach der Hinrichtung Chabots, Delaunays, Héberts und seiner Frau erwartete sie das gleiche Schicksal.

Madame de Linières konnte allerdings noch immer auf geschickte Fürsprecher zählen. Der Schweizer Jean-Baptiste Romey erreichte über den Sicherheitsausschuß ihre Verlegung in ein Krankenhaus in der Rue Folie-Regnaud, deren Eigentümer er selbst war.[17] Überflüssig zu sagen, daß solche Verlegungen Geld kosteten, und zwar mehr als der Krankenhausaufenthalt selbst. Im allgemeinen verhandelte über solche Vergünstigungen ein gewisser Lainville entweder mit Fouquier-Tinville oder mit einem Mitglied des Sicherheitsausschusses. Das einträgliche Geschäft endete allerdings mit einem Skandal, der seine Profiteure kompromittierte. Im Mai wurden die meisten Insassen des Krankenhauses wieder in reguläre Gefängnisse überführt.

Madame de Linières kam diesmal ins Gefängnis Plessis, sie wollte aber nicht einsehen, daß es jetzt übel um ihre Sache stand. Zudem kam bei erneuten Hausdurchsuchungen ans Licht, daß sie die Siegel gebrochen hatte. Weiteres belastendes Material fand man am 17. Juni, so ein Medaillon mit einem Bild Chabots. Die Verurteilung der Vicomtesse schien nunmehr unausweichlich.[18] Sie entging jedoch der Strafe. Schweizer Freunde setzten alle Hebel in Bewegung, um sie frei zu bekommen – am 3. August war es soweit, eine Woche nach den Ereignissen des 9. Thermidor (27. 7. 1794).

Coster de Chéry, einer dieser Schweizer Freunde, hatte den Spielsalon des noch inhaftierten Chevalier de Jean und der Madame Robineau de Beaunoir gemietet und schlug ihr vor, dessen Leitung zu übernehmen. In der Zeit des Direktoriums agierte sie dort als Animateurin beim Trente-et-un-Spiel. Da ihr die Protegés von einst fehlten, hatte sie mit der Polizeiverwaltung zu kämpfen, bei der ein für sie ungünstiger Bericht eingegangen war.

»Die genannte Delignières [sic!], wohnhaft in der Rue Traversière-Saint-Honoré, widersetzt sich der Order des Ministers. Sie hat seit Schließung des Spielsalons alle erdenklichen Mittel angewandt, um ihre Trente-et-un-Partien fortzusetzen und vor jedem Zugriff zu schützen. Fast täglich wechselt sie Örtlichkeit und Gäste. Gestern hielt sie sich in der Rue Villedo 14 bei der Bürgerin d'Aligre auf. Hier kam es zu Schlägereien, die bei Anwesenheit der Polizei hätten vermieden werden können. Die Bankanhalter warfen sich Stühle an den Kopf und dem genannten Hazon de Saint-Firmain[19] wurde ins Gesicht gespuckt. Bekannt als eines der übelsten Subjekte von Paris, hat er 1793 den Prinzen de Linange um 400 000 Livres geprellt. Als es zu Handgreiflichkeiten kam, erlitt der Prinz Verletzungen.«

Das anschließend ergangene Spielverbot und ihre Schulden brachten Madame de Linières in eine peinliche Lage. Im Lauf des Jahres 1799 stieß sie, angeregt durch den Schnüffler Du Peron, zur großen Schar derer, die im Auftrag der Polizei die Pariser Spielsalons und Cafés ausspionierten und die Kundschaft denunzierten. Dafür erhielt sie eine finanzielle Unterstützung. Sie nutzte ihre Position auch dazu, Théodore de Lameth einzureden, ihr Einfluß bei der Polizei ermögliche es ihr, die Freilassung der Herren Nelaton und Rabusson bewirken zu können, und bekam dafür aus den Händen des Notars Dosne das außerordentliche »Trinkgeld« von 200 Louisdors. Die beiden saßen ein, weil sie »Emigranten mit falschen Papieren die Rückkehr ermöglichten«. Dafür wurde die Vicomtesse erneut ins Gefängnis gesteckt, kam aber auf Ersuchen ihrer Tochter, Madame de Savignac, der man nachsagte, das gleiche Gewerbe wie ihre Mutter zu betreiben,[20] wieder frei. Das Ende dieser Abenteurerin, der Zierde der weiblichen Libertinage und Galionsfigur der Spielsalons des Palais Royal, ist nicht bekannt.

Die ungleichen Freundinnen

Die Überraschung war groß, als Madame de Pompignan ihren Salon den Königsmördern aus dem Konvent öffnete. Sie war die Schwiegertochter des Schriftstellers Jean-Jacques Le Franc de Pompignan, der seinerzeit die Gegner der Enzyklopädisten anführte und über den Voltaire mit Wonne sarkastisch hergefallen war.

1767 wurde sie auf Schloß La Roque in Baynac im Périgord als Tochter des Vicomte de Beaumont geboren und wurde in Paris erzogen. Sie heiratete den einzigen Sohn aus der Familie Pompignan, dem sie 1788 selbst einen Sohn gebar. Ihr Mann, der natürliche Halbbruder der Olympe de Gouges, übernahm nach dem Tod des Vaters den Titel eines Marquis. Zu seiner Verwandtschaft gehörte der berühmte Prälat Jean-Georges Le Franc, Erzbischof von Vienne, der am Vorabend der Einberufung der Generalstände von sich reden gemacht hatte. Seine junge Frau war die Nichte des Erzbischofs von Paris, Christophe de Beaumont, eines erbitterten Reformgegners.[1]

Zusammen mit ihrem Ehemann Louis-Georges weilte die junge Julie-Constance-Louise häufig auf dem elterlichen, zwischen Toulouse und Montauban gelegenen Besitz, wo sich beide, schenkt man den während der Revolution verfaßten Berichten Glauben, einer gewissen Beliebtheit erfreuten. Dennoch zwangen die Ereignisse sie gegen Ende des Jahres 1791 nach Brüssel zu emigrieren.

In Toulouse freundete sich Madame de Pompignan mit Anne-Marie de Montgerould an, die mit sechzehn Jahren am 17. September 1781 mit dem Grafen Brandouin de Beaufort verheiratet worden war und ebenfalls teils im Languedoc, teils in Paris lebte. Ihre Originalität und ihre literarische Begabung wirkten verführerisch. Zunächst veröffentlichte sie Gedichte, wechselte dann zur Prosa und schrieb vor allem Romane.[2] Am 4. Januar 1792 begegnete sie wieder ihren Freunden, den Pompignans, in Brüssel und verbrachte dort mit ihnen einen angenehmen Winter. In ihren Diensten stand ein junger, verschlagen wirkender Mann, der sie später auch nach Paris begleitete. Wie sich herausstellte, registrierte er jeden ihrer Schritte und teilte seine Beobachtungen, als er den Augenblick für gekommen hielt, dem Überwachungskomitee seines Viertels mit.

Kurz bevor die Enteignung der Emigranten begann, kehrten Madame de Beaufort und das Ehepaar Pompignan wie viele ihresgleichen – vor allem die Frauen jener Männer, die sich der konterrevolutionären Armee in Koblenz angeschlossen hatten – schnell nach Frankreich zurück und kamen am 2. März in Paris an.[3]

Der Graf de Beaufort, der seit Jahren von seiner Frau getrennt lebte, folgte dem Grafen de Provence und blieb bei ihm bis zu dessen tragischem Tod in Quiberon. Madame de Beaufort hatte seit Jahren eine Liaison mit dem Grafen de La Châtre, dessen Frau wiederum mit dem Chevalier de Jaucourt zusammenlebte. Auch Beaufort scharte wie im libertinen Milieu üblich, Mätressen um sich. Nach der Kriegserklärung begab er sich zur Armee der Prinzen nach Koblenz, von Niederhagenthal aus reichte er später seinen Abschied ein. Sein Weggang ermöglichte seiner Frau die Scheidung. Solche Scheidungen – übrigens nichts Ungewöhnliches, da der Ehebruch unter Adligen beinahe zur Lebensregel gehörte – dienten damals auch dazu, die gemeinsamen Güter dem Zugriff der Revolution zu entziehen.

Nach ihrer Rückkehr aus der Emigration paßten sich die beiden jungen Frauen den Umständen an, beugten sich den neuen Gesetzen, insbesondere den Steuergesetzen, und begannen damit, für sie nützliche Verbindungen zu den wichtigsten revolutionären Zirkeln zu knüpfen.

Zufällig hatten sie in Brüssel die Bekanntschaft eines Landsmanns aus Toulouse gemacht, der sich im Umfeld des Herzogs de Villequier an den heimlichen Vorbereitungen des Aufstands in den Tuilerien beteiligte. Es war der Graf Rocques de Montgaillard, einer der größten Abenteurer seiner Zeit und bis zum 10. August 1792 ständiger Gast in den Klubs und Spielsalons des Palais Royal – danach mußte er für drei Monate emigrieren.[4]

Vermutlich hatte Montgaillard Madame de Beaufort in diese verrufenen Etablissements eingeführt, er war ein Jugendfreund ihres Schwiegersohns. Sie verfiel schnell der Spielleidenschaft und arbeitete, dem Beispiel von Madame de Saint-Amarand folgend, gelegentlich, mehr oder weniger freiwillig, als Animateurin beim Trente-et-un, das Monsieur Josset de Saint-Ange in den Arkaden des Palais Royal veranstaltete.[5] Manchmal lud sie auch zu sich ein, wobei dann der Graf Bechon d'Arquin die Rolle des Bankhalters übernahm. Da sie sich aber für diese gewinnbringende Tätigkeit wenig begabt zeigte, gab sie bald auf. Man trifft sie noch einmal im März 1793 als Partnerin der Vicomtesse de Linières in der Rue Villedo,[6] wo die Freunde des Generals Dumouriez, von Kriegsminister Beurnonville bis zu Danton und alle jene, die man spöttisch den »Schwanz von Orléans« nannte, ein und aus gingen. Wie Poupart de Beaubourg, ein wegen Betrugs inhaftierter ehemals hoher Marineoffizier behauptete, soll Madame de Beaufort dann eine Affäre mit einem Leibwächter Ludwigs XVI. gehabt haben, einem Mann namens Paris.

Nach der Verabschiedung der neuen Scheidungsgesetze wandte Madame de Beaufort sich an den Rechtsanwalt Julien, um sich von ihrem emigrierten Ehemann scheiden zu lassen. Sie kannte Julien noch aus Toulouse, wo er sich als protestantischer Pfarrer betätigt hatte. Julien, ein breitschultriger Mann von stattlicher Größe, mit rundem Gesicht, blauen, kleinen Augen und braunem Haar sprach mit der einschmeichelnden Stimme eines Predigers und wirkte auf den ersten Blick recht scheinheilig.[7] Bevor er in ernsthafte Schwierigkeiten geriet, erregte er in den Klubs und im Konvent viel Aufsehen und gewann beträchtlichen politischen Einfluß. Er hatte sich zum Wortführer der Geschäftswelt, besonders seines Freundes, des Abbé d'Espagnac, gemacht. Ein typischer Vertreter der Clique um Danton, im wahrsten Sinne »januskköpfig«, verkaufte er sich an den Meistbietenden und verriet skrupellos der Reihe nach Adlige, Girondisten und Geschäftsleute. Im Prozeß gegen Ludwig XVI. votierte er für die sofortige Vollstreckung der Todesstrafe.

Seine Ehefrau hatte er in Toulouse zurückgelassen und ging in Paris ungehindert seinen Vergnügungen nach. Als er sich im Umfeld von Chabot und Delaunay bewegte, geriet er auch in die Kreise von Esther de Linières, Adelaïde Robineau, Madame Josset de Saint-Ange und Madame Descarrières. Immer häufiger sah man ihn in Begleitung der Gräfin de Beaufort, die sich dieser Bande von Demagogen angeschlossen hatte, von denen beinahe alle in den Allgemeinen Sicherheitsausschuß aufgerückt waren.

Um das Liebesverhältnis ihrer teuren Freundin zu schützen, der Julien nach seinem Eintritt in den Sicherheitsausschuß besonders ans Herz gewachsen war, gewährte Madame de Pompignan dem außergewöhnlichen Paar, der Gräfin und dem Königsmörder, Unterkunft in ihrem Haus in der Rue Saint-Georges.

Das Haus, erbaut im neoklassizistischen Stil, lag im elegantesten Viertel von Paris. Es bestand aus zwei gleichgroßen, parallel zueinander gelegenen und miteinander verbundenen Pavillons. Die Eingänge lagen links und rechts der Toreinfahrt; dahinter öffnete sich im Westen ein Hof, in dem in der Höhe der Salons Steingärten angelegt waren. Von der Rückseite des Hofs aus sah man durch ein schmiedeeisernes Gitter den großen Park des Stadthauses von Mademoiselle Dervieux. Madame de Pompignan bewohnte einen der Pavillons und überließ den anderen ihrer Freundin und Julien. Auch Madame de Pompignan begann eine neue Affäre, allerdings nicht mit einem Garanten der neuen Republik, sondern mit dem überzeugten Royalisten Etienne de Mallet, dessen konterrevolutionäre Aktionen ihn am Ende den Kopf kosten sollten.

Madame Beauforts Hausdiener, Vannez, verfolgte mit großer Aufmerksamkeit alles, was sich in der Rue Saint-Georges abspielte. So hielt er beispielsweise fest, daß Madame de Beaumont, die Schwägerin von Madame de Pompignan »während der preußische Tyrann in die Champagne einfiel«, gesagt habe, »sobald sie wieder in ihre Rechte eingesetzt sei, hätten die Bauern die während der Revolutionsjahre geschuldeten Zinsen nachzuzahlen«.[8] Auf den Einwand, die Bauern hätten unter der Revolution ebenso wie die Adligen zu leiden und man würde sie zu Bettlern machen, verlangte man von ihnen nachträglich Zinsgelder, erwiderte die Gräfin: »Sie haben Dummheiten begangen und müssen dafür büßen.«

Nicht weniger feindliche Bemerkungen gegen die französischen Patrioten vernahm der Hausdiener von der Gräfin von Nassau, Ehefrau eines Mitglieds der niederländischen Regierung[9], die, wie er sich ausdrückte, »die Rechte des Volkes während der belgischen Revolution an die österreichischen Tyrannen verkauft habe«. Auch notierte er die Worte des italienischen Musikers Martini, »der mich beim Eintreten nach der Gräfin fragte, obwohl der Titel abgeschafft ist. Dieser Mensch war bei den Aristokraten, besonders bei der Prinzessin de Rohan-Rochefort, die im Faubourg Saint-Germain wohnt, gern gesehen«. Weiter berichtete er:

»Der Musiker Hermann, der Harfenspieler von Marie-Antoinette, ist vom gleichen Schlag. Auch er schmeichelt den Genannten, indem er sie mit ihren Adelsprädikaten anredet, obwohl das Gesetz sie abgeschafft hat. Ein anderer Adliger, der Abbé Faudas, machte nach der Niederlage unserer Truppen vor Freude einen Luftsprung. Einmal sprach er über den Aufstand in der Vendée und über den Verlust von 10 000 unserer Leute, dabei konnte er sich vor Vergnügen nicht halten. Der Bürger Etienne de Mallet aus der Rue Ventadour, seit dem 25. März in Haft, sagte einmal, die größte Veränderung, die die Revolution gebracht habe, sei, daß man statt wie früher Millionen für das Wohlwollen eines Ministers zu zahlen, die neuen Herren schon mit 12 Francs bestechen könne. Als er, nachdem er bis 23 Uhr oder später bei Madame de Pompignan gewesen war, die Pförtnerloge passierte, suchte er seine Bürgerkarte, die er wie üblich nicht in seinem Portemonnaie, sondern zwischen irgendwelchen Zetteln verborgen hatte, und scherzte: ›Wo ist sie denn, diese berühmte Karte, ja wo ist sie denn?‹

Ich glaube, daß der Bürger Mallet auch in der Emigration gewesen ist. Denn einmal fragte er, ob die von allen Freunden bewunderten Brunnen noch in Brüssel zu sehen seien. Ich hörte ihn auch über Madame Choiseul, die Mätresse des Prinzen Charles von Lothringen, Gouverneur der Niederlande, reden. Alle seine Reden lassen meines Erachtens darauf schließen, daß er Emigrant war.«

Der junge Mallet wurde wegen dieses Vergehens am 5. April 1793 verhaftet.[10] Laut Gérentets, ihrem Hausmeister, unternahm Madame de Pompignan umgehend Schritte, um die Freilassung des Geliebten zu erwirken. Am 7. April begann das Verhör. Montané, der Vorsitzende des Revolutionstribunals, Schwager von Guillaume de Bonnecarrère, dem früheren Direktor des Kabinetts Dumouriez, mit den Pompignans aus Toulouser Zeiten bekannt, hatte zweifellos dafür gesorgt, daß der Richter dem Angeklagten mit Milde begegnete. De Mallet gestand, im April 1792 eine Vergnügungsreise nach Tournay, Brüssel, Lüttich und Aachen unternommen zu haben. Mehr Schwierigkeiten bereitete es ihm, seine Abwesenheit aus Paris in der Zeit vom

27. August bis zum 3. Dezember 1792 zu erklären. Er gab vor, in Bad Forges-les-Eaux gewesen zu sein und anschließend seine Tante, Madame de Lestrade, besucht zu haben, und legte mehrere Beglaubigungsschreiben vor. Wie nicht anders zu erwarten, erging am 11. April der Freispruch.

Dennoch hatte die Verhaftung ihm einen Schrecken eingejagt. Denn Mallet, ehemals Hauptmann der Kavallerie, arbeitete aktiv im Untergrund, wobei er vor allem Bargeld außer Landes schaffte und dafür Falschgeld einführte.[11] Er beteiligte sich an fast jeder Unternehmung, die dem Vaterland Schaden zufügte. Kurz nach dem 10. August 1792 war er bei einer Razzia, die dem Falschmünzer Pampin, genannt Méricourt, in Suresnes galt, der Polizei in die Fänge geraten und mit ihm seine Freunde, die Grafen de Fleury und de Kératry, Jean-Suzanne de Sentuary, Cressac de Lubriac und sein Vetter Charles-Robert de Pressac. Fast alle waren am Vorabend der Septembermorde schon einmal aus der Haft entflohen, einige danach ins Ausland gegangen.

Beim Verhör ließ er seine Verbindungen spielen, vor allem die zu seiner Freundin, Madame de Pompignan. Natürlich unterließ er es auch nicht, darauf zu verweisen, daß er bei ihr die Bekanntschaft von Osselin, Mitglied des Konvents und des Sicherheitsausschusses, gemacht habe, sowie von Guillaume de Bonnecarrère, dem Schwager des Präsidenten Montané, der das Verhör leitete. Auch bei einer späteren Verhaftung im Mai 1793 entging er einer Bestrafung. Das Revolutionstribunal sprach ihn am 4. Juli frei.[12]

Während Madame de Pompignan die Autoritäten hofierte, demonstrierte Madame de Beaufort ihre Beziehung zu Julien de Toulouse vor aller Augen und hofierte die mächtigen Männer in seinem Fahrwasser. Die Frauen, die sich an Charme und Eleganz überboten, vor allem adlige Damen, interessierte nur eins, »das Herz der Abgeordneten zu gewinnen«, um für Eltern und Freunde, sei es die Streichung aus der Liste der Verdächtigen, sei es eine Freilassung zu erwirken.

Madame de Pompignan und Madame de Beaufort veranstalteten gelegentlich Abendessen in kleinem Kreis und stellten dabei auch die Verbindung zwischen dem Abbé d'Espagnac, der seine ganze Kraft in den Dienst der Konterrevolution stellte, und einigen Konventsmitgliedern her. Vor allem hielt Julien de Toulouse seine schützende Hand über den Abbé, der ihn zu seinem Testamentsvollstrecker ernannt hatte.[13]

So revolutionär die Freunde Dantons auch im Konvent auftraten, so waren sie doch von der Zukunft der Demokratie nicht im mindesten überzeugt. Ihre wahre Gesinnung verbargen sie hinter übertriebenem Patriotismus. Osselin beispielsweise machte auf sich aufmerksam, indem er besonders scharfe Gesetze gegen die Emigranten forderte, und Julien zögerte nicht, den Antrag zu stellen, das Revolutionstribunal möge seine Urteile ohne die Möglichkeit einer Berufung fällen. Diese »Karikaturen von Terroristen« untergruben in Wahrheit die Revolution durch ihre eigennützigen Kompromisse mit der Oberschicht des Adels.

Im Juni 1793 sah man Julien de Toulouse mit Madame de Beaufort in der Eremitage Charonne bei Mademoiselle de Grandmaison, der Mätresse des Baron Batz.[14] Auch andere Abgeordnete folgten den Einladungen des berühmten Verschwörers, der es sich in den Kopf gesetzt hatte, Marie-Antoinette aus dem Gefängnis Temple zu befreien.[15]

Schon im März, am Vorabend des Verrats von Dumouriez, befürchteten viele, die sich der Trikolore verschrieben hatten, das Ende der Revolution, den Staatsstreich. Aber die Rechnung von Dumouriez und seinen Pariser Helfershelfern, unter ihnen in erster Linie Santerre, Kommandant der Nationalgarde, Kriegsminister Beurnonville und Danton, ging nicht auf. Im Sommer 1793, während der Aufstände in Toulon und in der Vendée, schloß der Wohlfahrtsausschuß Danton aus, und Marie-Antoinette kam ins Gefängnis Conciergerie. Madame de Beaufort, die ihren lieben Julien pflegte, erkundete die Lage und bemühte sich mit allen Mitteln um Fürsprache für ihre verdächtigten Bekannten. Doch es nützte nichts. Im September tauschte man Julien und seine Mitstreiter im Sicherheitsausschuß gegen ehrgeizige und skrupellose Männer des Großen Terrors aus. Jeder Rechenschaft enthoben, sicherten sie die Macht. Juliens Leumund hatte inzwischen derart gelitten, daß der neue Sicherheitsausschuß nicht zögerte, sich ihn genauer vorzunehmen und seine Papiere zu beschlagnahmen. Mit der Operation waren David und Panis betraut, begleitet von einigen angesehenen Jakobinern. Im Haus der Madame de Pompignan traf man ihn allerdings nicht an. Bei der Durchsicht seiner konfiszierten Papiere fand man auch ein ihm »zu treuen Händen« übergebenes Paket mit Wertsachen, darunter eine Lebensversicherung über 100 000 Livres sowie 6 000 bis 7 000 Livres in Assignaten zu Beträgen von 400 Livres das Stück. Um den Besitz dieses Reichtums zu rechtfertigen, erklärte Julien, das Paket von Madame de Beaufort erhalten zu haben, und legte dazu einige Tage später eine Bescheinigung der Gräfin vor, in der sie bezeugte: »Ich erkläre, daß ich das Depot von Bürger Julien de Toulouse zurückerhalten habe. Ich hatte es ihm während der Zeit meiner Scheidung und meines Aufenthalts in Paris anvertraut. Diese Bescheinigung befreit ihn von späteren Forderungen. Paris, 3. Oktober 1793.«[16]

Neben Wertpapieren fand man Juliens äußerst verdächtige Korrespondenz mit den von ihm geschützten Adligen. Den ersten Anschuldigungen vermochte er durchaus noch zu widerstehen; seinen Halt verlor er jedoch, als Chabot, der sich durch ihn bedroht fühlte, ihn mit Unterstützung Basires als willfähriges Werkzeug der royalistischen Verschwörer und Mittelsmann von Baron de Batz und Delaunay d'Angers denunzierte. Julien mußte daraufhin das Haus von Madame de Pompignan verlassen. Für eine Weile tauchte er bei seinem Sekretär Vasilière unter, dann versteckte er sich im Tal von Montmorency und entkam auf diese Weise der Justiz. Schwer kompromittiert zog Madame de Beaufort sich zuerst nach Passy zurück und später nach Versailles in das Haus eines Freundes, des Marquis de Cubières, des Bruders vom Generalsekretär der Kommune. Dort blieb sie, bis der Sicherheitsausschuß sie ausfindig machte und einen Haftbefehl gegen sie erließ.[17]

Madame de Pompignan mußte ihren Salon schließen. In ständiger Angst vor der drohenden Verhaftung empfing sie Freunde nur noch in ihren privaten Räumen. Tatsächlich erging am 2. November 1793 der Haftbefehl[18], jedoch kam sie schon nach wenigen Tagen wieder auf freien Fuß. Der Ausschuß befand, »daß keine Beweise gegen die Bürgerin Le Franc de Pompignan vorliegen, daß ihre Verbindungen zu de Mallet, zu Madame Beaufort und die vermuteten, von ihr geleugneten Beziehungen zu Julien de Toulouse jedoch strengste Überwachung erfordern und ihr nicht die volle Freiheit zugestanden werden kann. Mit Rücksicht auf ihren angegriffenen Nervenzustand, durchaus in Übereinstimmung mit der Rechtslage sowie den nationalen Interessen beschließen wir, daß die Bürgerin Le Franc de Pompignan nach Hause zurückkehren kann, allerdings unter ständiger Aufsicht eines Wächters bleiben muß, den der Revolutionsausschuß der Sektion du Mont-Blanc zu stellen hat.« Am 8. Mai 1794 beschloß der Ausschuß dann aber anderslautend, sie in dem zum Gefängnis umgewandelten Hotel Du Dreneuc zu inhaftieren.[19] Doch entging sie, ebenso wie Madame de Beaufort, die im ehemaligen Kloster von Port Royal einsaß, dem Tod.

Wenige Monate nachdem sie freigekommen war, am 29. März 1795, verkaufte sie ihr Stadthaus in der Rue de Saint-Georges, in dem die Erinnerungen an die inzwischen hingerichteten Bekannten aus alten Tagen, an Osseline, Etienne de Mallet und Marie-Anne de Cassis, lebendig waren. Das Anwesen übernahmen Henry Maximilian Grand aus Lausanne und dessen Frau.[20]

Die schamlose Räuberin

Das kleine Haus von Madame Boucher d'Auvergne, einer Dame von zweideutigem Ruf, die sich vom Glücksspiel abgewandt hatte, diente vielen als Stätte zwangloser Begegnung. Während der Revolution unterhielt die frühere Mademoiselle Saron einen politischen Salon, in dem die Freunde ihres Ehemanns Jean-Louis Boucher d'Auvergne, ehemals Kammerjunker im Dienst der Königin und Anwalt am Gericht, verkehrten.

Marie-Claudine, Tochter von Antoine Rapoux und Louise Boulau, 1738 geboren, trat in ihrer Jugend in Bordeaux als Tänzerin auf, bis sie den Kaufmann Ignace Vincent heiratete, der jedoch schon bald nach der Hochzeit starb.[1] Mittellos zog die junge Frau 1759 nach Paris, wo ein unbekannter Förderer sie unter dem Namen Mademoiselle Saron an der Königlichen Musikakademie unterbrachte. Dort setzte sie ihre Laufbahn als Tänzerin fort und machte rasch, schön und energisch, wie sie war, im galanten Paris von sich reden.

Einem Polizeibericht aus dem Jahr 1760 zufolge bezog sie in der Rue Croix-des-Petits-Champs, auf der Höhe Rue Coquillère, eine Wohnung. Dort heißt es:

»Seit anderthalb Jahren ist die ehemalige Tänzerin aus Bordeaux nunmehr an der Pariser Oper unter Vertrag. Anfangs hatte sie ein Verhältnis mit dem Stallmeister des Grafen de Saint-Germain, gegenwärtig bezieht sie von Monsieur Pelhion [sic] junior, Stallmeister und Schatzmeister der Königlichen Gebäude, monatlich

25 Louisdors und diverse Geschenke. Am 15. Dezember überreichte dieser Herr ihr ein Paar Ohrringe im Wert von ungefähr 4 000 Livres, doch in ihrer Dankbarkeit schloß die Demoiselle gleich am nächsten Morgen für vier Louisdors einen Liebeshandel mit einem anderen ab.«[2]

Schon am 6. Dezember hatte Anne-Joseph Peilhon ihr einen notariell beglaubigten Schenkungsbrief vermacht. Über dieses Verhältnis mit ihm gab die Polizei zu Protokoll: »Herr Peilhon besaß an der Barrière-Blanche ein ›kleines Haus‹, in dem er sich mit den Ballettmädchen Saron, Siam und Lacour vergnügte. Der Champagner floß in Strömen, und nach einem Feuerwerk im Garten ging die Ausschweifung oft bis in den frühen Morgen weiter.«[3] Den Polizeiakten aus der Zeit der Revolution zufolge empfing Mademoiselle Saron ihre Gäste öfter im Schlafzimmer als im Salon. Von einer ihrer Eroberungen, einem Spanier, heißt es: »Er zwingt sie, Messen lesen zu lassen, damit sie nicht so schnell schwanger werde.«[4]

Eine zweite Schenkung erhielt sie von dem Dragoneroffizier Jacques-Louis d'Hermerel d'Agy, und nach ihm überschrieb einer ihrer glühenden Verehrer, der galante Postverwalter Baron Rigoley d'Orsay, ihr eine Leibrente von 2 000 Livres.[5]

Im Jahr 1779 spielte Claudine Saron die Hauptrolle in einem Schauspiel, das ganz Paris amüsierte und seiner Heldin viel Beifall eintrug. Ein in die Damen der Oper vernarrter Notar lieh ihr auf Brief und Siegel 1 800 Livres und bestand – überzeugt davon, sein Kredit berechtigte ihn dazu – auf einem Rendezvous. Wenige Tage später, als der Notar, wie ihr schien, sein Interesse bereits verloren hatte, erhielt Mademoiselle Saron überraschend den Besuch der Polizei, die ihr den Schuldschein vorlegte und im Namen des Notars die geliehenen 1 800 Livres umgehend zurückverlangte. Verständlicherweise sah sie die Sache anders, doch erklärte sie vergeblich, ihre Schuld abgetragen zu haben. Der Kommissar bestand auf der Forderung und verließ sie mit dem Bescheid, das Geld zu zahlen. Kaum in sein Büro zurückgekehrt, erreichte ihn und zeitgleich auch die Presse ein Brief der jungen Frau, in dem sie den knauserigen Notar verspottete:

»Ich würde Ihrem geschätzten Anliegen gern entgegenkommen, aber ich vermag es nicht, und mein rechtskundiger Adonis weiß auch, warum. Was und wieviel ich auch besitze, wirklich mein eigen kann ich nur meine Gefühle nennen. Der König behält einen Teil meiner Renten als Steuer ein, aber Seine Majestät erhebt keinen Anspruch auf meine Zuneigung. Ich habe das unbestreitbare Recht, frei über meine Gunst zu verfügen, sie zu verschenken oder zu verkaufen. Zu Recht hält man Menschen, die ihr Hab und Gut an den Erstbesten verschleudern, für verrückt. Ich bin es nicht.

Nachdem Sie die Person kennenlernten, werden Sie mir zustimmen, wenn ich sage, ihm gegenüber nicht im Überschwang der Gefühle gehandelt zu haben, und Freigiebigkeit sollte doch nicht ohne Vergnügen sein. Ich verkaufte also, was ich nicht umsonst hergeben wollte. Der Handel war korrekt, kein Richter in Paris würde seine Rechtmäßigkeit in Abrede stellen. Ich kenne die Geschäftsbedingungen und weiß, daß Sache, Preis und gegenseitiges Einverständnis stimmen müssen. Ich habe erstere geliefert, erhielt das zweite und, was das dritte angeht, so sollte das Bild als Beleg ausreichen, das der Käufer mir überreichte. Ich bin bereit, es zurückzugeben, doch wenn er glaubt, mich mit dem Porträt für das entschädigt zu haben, was er als Person mir vorenthielt, möchte ich betonen, daß ich Abbild und Wirklichkeit noch nie verwechselte. Hätte ich großzügig sein wollen, würde ich eine bessere Wahl getroffen haben. So gestehe ich also freimütig, wenngleich ein solches Bekenntnis unter anderen Umständen demütigend wäre, daß mir allein am Geschäft lag. Lieber lasse ich mich der Begehrlichkeit zeihen als des schlechten Geschmacks.

Werter Herr, ich überlasse mich Ihrem Urteil und der Weisheit des Gerichts, das ich achte und auf dessen Sinn für Gerechtigkeit ich baue. Die Forderung dieses kleinen Notars ist der reinste

Hohn, eine elende Arglist. Ich hoffe, seine Amtsbrüder werden ihn zur Räson rufen.«[6]

Ihrem Brief legte die gewitzte Mademoiselle ein weiteres Schreiben bei, in dem sie um eine Gegenleistung für die Rückgabe des Bildes bat, die 1800 Livres gab sie nie zurück.

Im Jahr 1767 hatte Mademoiselle Saron wegen ständiger Streitigkeiten mit Mademoiselle Ledoux und »weil sie wie alle ihre Freundinnen einen eigenwilligen Lebenswandel an den Tag legte«, die Oper verlassen müssen. Da ihre Einkünfte nicht ausreichten, war sie der Empfehlung ihrer Freundin Jeanne Tallefer gefolgt, der nominellen Tochter eines Lakaien aus dem Haus des Präsidenten d'Aligre. Der hatte das Recht auf die erste Nacht wahrgenommen und die junge Jeanne nach seinem Geschmack geformt. Später verschaffte er ihr eine Anstellung an der Königlichen Musikakademie, wo sie unter dem Namen Mademoiselle Lacour auftrat, bis er über die Vermittlung des Polizeipräfekten Sartines ihr als einer der ersten Frauen eine Konzession für das Glücksspiel erwirkte. Als die erhofften Gewinne jedoch ausblieben, spottete ein Zeitgenosse über sie: »Das Glück hat diese beglaubigte Sultanin in ihrem Beruf nicht gefunden. Ehrlicher und weniger geldgierig als ihresgleichen scharte sie täglich viel unnützes Volks um sich, blanke Spieler, die aßen, tranken und stocksteif mit offenem Mund um die Spieltische herumstanden ...«[7]

Unter dem Vorwand, sich auf diese Weise »ein freies Feld für Spione und Spitzel« zu schaffen und das Gewerbe besser kontrollieren zu können, vergaben Sartines und sein Nachfolger Lenoir großzügig solche Genehmigungen. In einer während der Revolution erschienenen Broschüre mit dem Titel *Dénonciation faite au public sur les dangers du jeu (Öffentliche Warnung vor den Gefahren des Glücksspiels)* ist beispielsweise zu lesen, daß Gesuche für das vom venezianischen Botschafter Zéno eingeführte Biribi aus den verschiedensten Gesellschaftsschichten kamen:

»Um den unschätzbaren Vorteil des Biribi zu verdeutlichen, erinnern Kenner und Eingeweihte – und sie werden mich nicht Lügen strafen – an die Zeit des Ancien Régime, als die Minister immer dann, wenn sie einer verarmten Gräfin, dem in Ungnade gefallenen Diener eines hohen Herrn, einer verblühten, doch liebenswürdigen Dirne auf die Beine helfen wollten, durch den damaligen Polizeiinspektor Willemain eine Lizenz für das Biribi erteilen ließen. Daß das Spiel der reine Betrug ist, drückt am deutlichsten eine Umschreibung der Italiener aus, die es bei uns einschleppten. Sie nannten Biribi das ›Grab der Griechen‹, das Grab, das die Falschspieler den Ahnungslosen schaufeln.«

Um eine solche Konzession zu erlangen, war man zu allem bereit. Madame Molé-Raymond, die natürliche Tochter des Herzogs de Villeroy und Geliebte des Grafen de Tilly, bot dem Polizeiinspektor Janière zwei Orangen- und zwei Granatapfelbäume an. Von Monsieur Dupuy erhielt er »einen schönen Degen aus Silber und Öl aus der Provence; Monsieur Charles schenkte ihm ein spanisches Gewehr, Monsieur Mille Burgunderwein und Fäßchen mit Oliven und Sardellen, Monsieur Duval eine mit Diamanten besetzte Uhr. Madame Savary ließ ihm Likör aus Nancy, Spitzenmanschetten und einen Papagei zukommen.« – »Warum schickt sie ihm nicht auch Schinken aus Bayonne, getrüffelte Pute und Wein von den Kanarischen Inseln?« empörte sich ein Zeitgenosse, »und was hätte es sie gekostet, ihn zufrieden, wenn auch nicht glücklich, heimzuschicken?« Wie Claudine Saron zu ihrer Lizenz kam, ist nicht bekannt. Man weiß nur, daß sie ihr im Jahr 1770 erteilt wurde[8], und in den *Mémoires secrets* von Bachaumont steht, daß sie sich bald den Beinamen »schamlose Räuberin« erwarb.[9]

1781 beauftragte das Parlament den Polizeipräfekten Lenoir mit einer Aufstellung »der öffentlichen wie privaten

Spielsalons, mit Angabe der Namen der Veranstalter und Eigentümer«. Die Nachricht erregte großes Aufsehen, und die Namen derjenigen, die anstandslos eine Lizenz für das seit 1629 durch Erlaß Ludwigs XIII. verbotene Gewerbe erhalten hatten, waren in aller Munde.

Lenoir spielte seine Macht aus und nannte in seinem Bericht den italienischen, den schwedischen, den preußischen und den Gesandten von Hessen-Kassel namentlich. Der Protest ließ nicht auf sich warten, und sogleich verwies man auf das schlechte Beispiel des Hofs und auf die hohen Summen, die in der Umgebung der Königin und des Grafen d'Artois verspielt wurden. Übereifrig – und weil er meinte, das Glücksspiel führe »zu entsetzlicher Gleichmacherei, Verwischung der Standesunterschiede und Vermischung der Klassen« – drängte Lenoir das Parlament, gegen den Übelstand streng einzuschreiten. Aufgrund dieses Untersuchungsberichts »untersagte« das Parlament »unterschiedslos jedermann, an Spielen mit ungleichen Gewinnchancen teilzunehmen oder sie abzuhalten, drohte, die Bankhalter auszupeitschen und an den Pranger zu stellen und verordnete Geldstrafen für Hauseigentümer, die Räume für Spielsalons vermieteten. An die Stadtverwaltung erging die Weisung, Anfragen nach neuen Konzessionen direkt und umgehend an den Hof weiterzuleiten, weil nur dieser darüber entscheide.« Ausnahmegenehmigungen gab es also nach wie vor, doch befand von nun an allein der Hof darüber.[10]

Mademoiselle Saron und alle Frauen, die von den mehr oder weniger zufälligen Einkünften aus galanten Diensten zur sicheren Quelle des Glücksspiels übergangen waren, gerieten um so mehr außer sich, als alle Welt mit dem Finger auf sie zeigte, nachdem eine Schmähschrift über *Les tripots, leurs héroïnes bonnes à connaître pour les éviter (Die Spielhöllen und ihre Heldinnen, die man kennen sollte, um sie zu meiden)* Namen und Adressen der Betroffenen publik gemacht hatte. Von Jeanne Tallefer, dem Schützling des Präsidenten d'Aligre, hieß es, sie habe »zwei Kinder von diesem Herrn«. Die Namen etlicher galanter Frauen tauchten auf, so von Mademoiselle Dufresne und Mademoiselle La Forêt, über die zu lesen war: »Die Eroberung der Antilleninsel Grenada hat Großbritannien weniger Soldaten gekostet, als sich in ihren Armen vergiftet haben.«[11] Von allen Genannten umgingen, nachdem sie sich vorübergehend still verhalten hatten, nur Mesdames Bonnelle, Dissaillant und Lacour das Verbot und führten ihre Salons diskret und äußerst einträglich bis zur Revolution weiter.

Mademoiselle Saron war trotz ihrer 43 Jahre noch schön und charmant genug, um eine rechtmäßige Ehe eingehen zu können. Kurz nach dem Parlamentsbeschluß über die Spielsalons, am 9. November 1782, erklärte sich Boucher d'Auvergne, einer ihrer früheren Liebhaber, bereit, sie zu heiraten. So stieg die geborene Claudine Rapoux und spätere Tänzerin Saron in die höheren Kreise auf, freilich nicht ohne ihr Zutun, denn sie soll sehr hübsch und die Besitzerin eines ansehnlichen Vermögens gewesen sein.

In der Rue Saint-Lazare, im eleganten Viertel der Porcherons mit den prächtigen Stadtpalais der Familien Laborde und Thélusson, besaß sie ein kleines Anwesen und neoklassizistischen Schmuck wie die wohlhabendsten Mätressen, die Mesdemoiselles Dervieux, Guimard, Carreau und Buard. Nach eigenen Angaben verfügte sie über 126 000 Livres Bargeld, bewegliches Vermögen im Wert von 22 000 Livres und Wertpapiere, die ihr ein jährliches Einkommen von 11 800 Livres garantierten. Ihren Schmuck, darunter zwei einreihige Armbänder mit 23 kleineren und zwei großen herzförmigen Brillanten, schätzte sie auf 11 890 Livres. Von der zweispännigen englischen Kutsche bis zum Tafelgeschirr entsprach die Ausstattung ihres Haushalts der einer reichen Frau. Ihren Salon zierten sechs mit Brokat bezogene Sessel, zwei mit geschwungener Rückenlehne, zwei Sofas und eine Ottomane, mit dem gleichen gelben Taft bespannt, aus dem die vier Fenstervorhänge gefertigt waren. Eine schön furnierte Kommode mit weißer Marmorplatte, ein hoher Spiegel über dem Kamin, ein zweiter zwischen den Fenstern, ein Paar vergoldete, zweiarmige Leuchter, drei Alabastervasen auf vergoldeten Füßen und ein großer, doppelt gewirkter Teppich von d'Aubusson vervollkommneten die Einrichtung. Im Eßzimmer gab es neun mit Utrechter Samt bezogene Stühle, im privaten Spielsalon »einen Tisch für das Brelan, einen quadratischen Spiel- und einen runden Mahagonitisch«.[12]

Mademoiselle Sarons gesellschaftliche Karriere dank der Heirat mit einem geadelten Höfling im Dienst der Königin hatte nichts Ungewöhnliches. Vielen Liebesdienerinnen aus der Welt der Oper und des Theaters gelang aufgrund ihrer Schönheit, ihrer oft aufrichtigen Liebe und einer meist beachtlichen Mitgift ein derart glanzvoller, angesichts ihrer bürgerlichen Herkunft unverhoffter Aufstieg durch die Ehe. Ihre aus Berechnung oder Neigung erwählten Ehemänner hatten gekaufte Ämter inne, übten einträgliche Berufe aus – waren beispielsweise Bankiers –, und mancher trug sogar einen Adelstitel.

Obwohl Mademoiselle Saron, die nun Madame Boucher d'Auvergne hieß, so hoch hinauf gelangt war, brach sie nicht mit der mondänen und libertinen Welt, sondern blieb ihren Gewohnheiten treu und nahm weiterhin, womit sie schon zur Zeit Ludwigs XV. begonnen hatte, an dem in ganz Europa bekannten, mit unbeschreiblichem Aufwand vorbereiteten gesellschaftlichen Ereignis, der »Promenade von Longchamp«, teil.

Seit der Regentschaft von Philipp d'Orléans Anfang des 18. Jahrhunderts pilgerten die Opernschauspielerinnen in der Karwoche in die Abtei Longchamp, um dort gemeinsam mit den Ordensschwestern »Aus der Tiefe rufe ich zu Dir« anzustimmen.[13] Die fromme Sitte verweltlichte im Lauf der Zeit, und die Wallfahrt verwandelte sich im vorrevolutionären Paris in ein glanzvolles Ritual, bei dem die Damen von Welt und Halbwelt in farbenprächtigen, reich verzierten Karossen miteinander wetteiferten. Schauspielerinnen wie Zuschauerinnen trachteten danach, die Darbietung des Vorjahres an Pomp und Prunk zu übertreffen. Einige Auftritte blieben in wacher Erinnerung, so 1768 die durch »asiatisches Gepränge« blendende Erscheinung der Tänzerin Guimard, Mätresse mehrerer Prinzen von Geblüt, oder 1774 der Triumphzug einer von sechs mit Federbüschen geschmückten Pferden gezogenen Kutsche, mit der Mademoiselle Duthé, eine nicht minder bekannte Lebedame, glänzte, überboten allein von Mademoiselle Cléophile, der Mätresse des Grafen d'Aranda, die in einer wie ein Schmuckstück ziselierten Kalesche vorfuhr; auf den Stirnriemen der Pferde glitzerten Brillanten und auf den Zügeln Edelsteine.[14]

1780 zog sich trotz schneidender Kälte der Festzug vom Platz Louis XV. bis zur Porte Maillot zwischen zwei Reihen spalierstehender Wachsoldaten schier endlos hin. Besonderes Aufsehen erregte die Herzogin de Valentinois, in ihren Sitten ebenso freizügig wie ihre Mutter, die Herzogin de Mazarin, mit einer Karosse aus Porzellan, voran acht Grauschimmel, die Gurte und Riemen aus karmesinroter, mit Silberfäden bestickter Seide.[15] Und doch übertrumpfte Mademoiselle Beaupré sie noch mit einer eigenen Porzellankutsche, gezogen von vier falbfarbenen Pferden mit Decken aus dunkelblauem, in Goldstickereien glänzendem Samt, auf denen die Konterfeis der Göttin Diana und des Hirten Endymion prankten.

Bei der Parade des Jahres 1786 ließ sich Mademoiselle Adeline von der Comédie Italienne in wohleinstudierter Pose ermattet hingegossen in einem Traum von Straß und Federn feiern; bezahlt hatte der Finanzier Palteau de Veymerange. Im Jahr darauf bewegte sich die »Promenade« vom Schloß de la Muette zur Abtei Longchamp. Wie stets überboten die Frauen einander in ihrem Einfallsreichtum und ihrem Bestreben aufzufallen. Am meisten Phantasie und Witz entfaltete diesmal die für ihre Freizügigkeit in ganz Paris bekannte schöne Geliebte des Finanziers Beaujon, Madame de Bonneuil – er wohnte in dem herrlichen Hotel d'Evreux, dem heutigen Elysée-Palast. Nachdem sie Mademoiselle Renard bei Charles de Sartines ausgestochen hatte, führte sie ihren persönlichen Triumph vor aller Augen mit einem eigens für die »Promenade« entworfenen Wappen vor: Es zeigte zwei Füchse und ein Phantasieschild, auf dem ein gekröntes Auge über einem Füllhorn schwebte.[16] Sébastien Mercier schrieb, den Prunk scheinbar mißbilligend, über die Lustfahrt:

»Das Leben einer Pariserin besteht hauptsächlich darin, gesehen zu werden, und so tritt sie edelsteingeschmückt auf. Die Karossen rollen langsam oder schneller durch die trockenen oder morastigen Alleen des Bois de Boulogne. Die Mätresse prunkt mit ihrem Reichtum, indem sie ihre Pferde zum Beispiel mit Markassiten übersät. Die Prinzen bieten die neuesten Erfindungen der berühmtesten Sattler auf, und manchmal lenken sie selbst die Rosse. Reiter, Fußgänger, ein jeder begafft die Damen. Das Volk betrinkt sich, die Kirchen sind verwaist. Dies sind die Zähren, die man um Christis Leidensweg vergießt.«

1788 defilierte Sophie Arnould in einem Kleid, das die Schneiderin der Königin gefertigt hatte, lächelnd an den Zuschauern vorbei. Man sah die reizende Soubrette Carline und ihre Schwester, die herrliche Quincy, die Geliebte des Marquis de Genlis; die große, 1812 in London niedergestochene Sängerin Saint-Huberty; die nicht weniger berühmte Tragödin Raucourt mit ihrer derzeitigen Geliebten, und zwischen den Weltkindern und Künstlerinnen die Damen des Hofs, viele unter ihnen Freundinnen des Herzogs d'Orléans, eine jede bemüht, die andere durch ihre verführerische Eleganz zu überstrahlen. Auch ein junger Mann, »schön wie Amor, mit einer Stimme, so süß wie der Gesang des Orpheus«, weckte Bewunderung. Bei seinem Anblick begeisterte sich ein Zuschauer: »Das Herz schwillt einem über«, und fügte hinzu: »Ein sechzigjähriger Mann lächelt ihm gefallsüchtig zu, während der junge Orpheus in den eigenen Glanz, in seine kostbare Kleidung und all die Reichtümer, die er seinen zärtlich ausgeteilten Liebkosungen verdankt, versunken zu sein scheint.«[17]

Von Jahr zu Jahr feierte die »Promenade von Longchamp« größere Triumphe. Während die Tugendwächter der Epoche von Sittenverfall und Unzucht sprachen, strebten die Teilnehmer danach, die Freuden der Libertinage öffentlich vorzuführen, sich – Frauen wie Männer – vor aller Welt darzustellen und zu zeigen, was die freie, den traditionellen, sozialen und familiären Rahmen sprengende Liebe vermochte. Durchaus haftete der Lustfahrt auch etwas Ruchloses an.

Nach den Karnevalsfeiern lenkte die »Promenade von Longchamp« 1789 mit ihrem Pomp noch einmal die Aufmerksamkeit auf sich. Nicht mehr Versailles, sondern Paris gab den Ton an. Niemals zuvor war die Mode so luxuriös und originell: das Haar wallte in Korkenzieherlocken herab, und die sich mit hochgesetztem Gürtel eng an die Figur anschmiegenden Kleider ließen die Körper fast nackt erscheinen. Zwischenfälle kündigten indes die bevorstehende Umwälzung an. Elisabeth Vigée-Lebrun berichtete in ihren Memoiren, daß an der Barrière de l'Etoile Vorbeifahrende beschimpft und einige von ihnen getötet wurden. Es war die letzte »Promenade von Longchamp«. In der Zeit der Schreckensherrschaft erinnerte nur noch eine Karikatur mit dem Titel *Modes de Longchamp* an die vergangene Pracht. Sie zeigte elegante Herren und herausgeputzte Damen, die ihren Kopf mit aristokratischer Miene unter dem Arm trugen.

Madame Boucher d'Auvergne pflegte nach wie vor Umgang mit ihren früheren Freundinnen von der Oper und nahm an den großen Bällen der Wauxhalls in der Rue de Bondy und in der Rue de Chartres-Saint-Honoré oder im Colisée auf den Champs-Elysées teil.[18] Am häufigsten aber verkehrte sie, vom Glücksspiel angezogen, zu Beginn der Revolution in den Spielsalons des Palais Royal bei ihrer alten Freundin Lacour in der Rue Villedo oder in der Rue Pigalle und in der entzückenden Wohnung von Adeline Ruggiéri, deren großzügiger Gönner noch immer Palteau de Veymerange war, der die Geschicke des ultra-monarchistischen Klub de Valois fest in der Hand hielt.

Nach 1789 versuchten die »schamlose« Ex-Mademoiselle Saron und ihr Ehemann, einen Strich unter die Vergangenheit zu ziehen und sich in die neue, revolutionäre Bourgeoisie einzugliedern. Boucher d'Auvergne, 1790 einer der neun Wahlmänner der Sektion Grange-Batelière, übernahm ein Richteramt im 4. Kriminalgericht. Hohe Funktionäre der Pariser Kommune und Minister verkehrten fortan ebenso in seinem Haus wie die feinen Damen der libertinen Gesellschaft, die Vicomtesse de Linières etwa, ihre Schwester Madame d'Adelmoche und Mademoiselle Adeline. Auch zwei Abgeordnete sah man oft dort, Jean-François Delacrois, der in derselben Straße wohnte, sowie Fabre d'Eglantine; vermutlich brachten sie auch ihren Freund Danton mit.

Im August 1793 empfingen Monsieur und Madame Boucher d'Auvergne den Divisionskommandeur im Kriegsministerium Armand-Hubert Leclerc, ehemals Archivar des Bischofs von Beauvais. Vom Wein berauscht, redete Leclerc offen über das politische Personal; er nannte Barère einen schlechten, wenn nicht korrupten Bürger, und warf ihm vor, sich im Verein mit Cambon vom Finanzausschuß am Beutegut der Republik bereichern zu wollen.[19] Beide hätten ihre hohen Stellungen dazu mißbraucht, öffentliche Gelder abzuzweigen und Nationalgüter billig zu erstehen. Man weiß, daß Barère unter dem Namen von Mitgliedern seiner Familie und anderer Personen Ländereien im Departement

Basses-Pyrénées ersteigerte, Landgüter der Familie de Gramont an sich brachte und in Paris unter der Adresse seines Sekretärs Baugrundstücke auf der ehemaligen Insel Louvetier, wo heute die Präfektur von Paris steht, erwarb.[20] Zweimal kam Leclerc auf Barère zu sprechen, dann nahm er sich Thuriot vor, einen anderen Demagogen und Halsabschneider, den die Jakobiner gerade ausgeschlossen hatten. Indes wurden die Äußerungen Leclercs den Mitgliedern des Konvents hinterbracht. Sechs Monate später leitete man eine Untersuchung gegen Boucher d'Auvergne ein. Man klagte ihn an, er habe im Auftrag von Kriegsminister Bouchotte Pferde minderer Qualität sich teuer bezahlen lassen.

Am 7. Februar 1794 verhaftete man ihn und seine Frau aufgrund einer neuen Anzeige, die beide des Royalismus verdächtigte. Er wurde angeklagt, sich im Stab seines Bataillons der Sektion Faubourg-Montmartre am 10. August 1792 während des Sturms auf die Tuilerien absichtlich zurückhaltend geäußert zu haben. Boucher d'Auvergne hatte mehr Glück als die Hauptleute des Bataillons Filles-Saint-Thomas, die des gleichen Vergehens angeklagt unter dem Fallbeil endeten. Er konnte sich rechtfertigen, und so wurden die Eheleute ebenso wie ihre mit ihnen verhaftete Freundin Mademoiselle Adeline freigelassen. Trotzdem fühlten sie sich bedroht und gingen deshalb auf das Kollaborationsgesuch des Allgemeinen Sicherheitsausschusses ein, der den Prozeß gegen Hébert und seine Freunde vorbereitete. So geschah es, daß die »schamlose Saron«, Madame Boucher d'Auvergne, gegen Monsieur Leclerc, ihren Gast vom vergangenen August, aussagte und dazu beitrug, ihn aufs Schafott zu bringen.[21]

Bis zum 9. Thermidor (27.7.1794) hielt sich das Paar still. Die Bürgerin Boucher, deren Zeit als Lebedame lange zurücklag, führte ein zurückgezogenes Leben, bis sie sich scheiden ließ. In dritter Ehe heiratete sie den um 35 Jahre jüngeren Pierre-Joseph Le Corsonnais und begann ein neues Dasein. Am 16. Mai 1813 starb sie in Auteuil.

Die furchtlose Aristokratin

Elisabeth-Marie-Pierrette Dubois de Courval war eine attraktive Frau, vornehm, diskret, elegant und gebildet. In ihrem Haus in der Rue de Valois-au-Roule, der heutigen Rue de Monceau, nicht weit vom gleichnamigen Park gelegen, empfing sie während der Revolutionszeit nicht nur die Abgeordneten des Konvents, sondern auch die schönsten libertinen Frauen von Paris.

Sie war die Tochter des Pariser Parlamentspräsidenten Dubois de Courval und seiner Ehefrau Elisabeth Chambon. Über ihre Kindheit weiß man nichts, wenngleich ihre Liebe zur Literatur und den schönen Künsten eine gute Erziehung verraten. Gelegentlich nannte man sie hochachtungsvoll »Marquise« de Fleury – eine Geste, mehr war das nicht, denn ihr Ehemann Omer-Louis François de Fleury stammte aus einer Familie hoher Beamter und gehörte somit nicht zum Hofadel.

1768, im Jahr der Hochzeit, war er stellvertretender Generalstaatsanwalt und unterhielt ein leidenschaftliches Liebesverhältnis mit der Baronin d'Estat. Drei ihrer fünf Kinder schrieb man nicht dem dicken Baron d'Estat, einem Hauptmann der Schweizergarde des Grafen de Provence, sondern Fleury zu. Die Liaison begann 1762, und sie nahm im Lauf der Zeit ein derartiges Ausmaß an, daß die Familie d'Estat schließlich das Recht erhielt, die anstößige Baronin ins Kloster der Barmherzigen Schwestern in der Rue du Faubourg Saint-Marceau zu verbannen. In den Papieren von Elisabeth Joly de Fleury fand man Briefe der Madame d'Estat, aus denen die Vaterschaft des Liebhabers klar hervorgeht. Am 17. Juni 1766 schrieb sie ihm:

»Meine Gefühle für Dich sind rein. Ich bete Dich an, und nur die Hoffnung, Dich in einigen Monaten wieder umarmen zu können, hält mich aufrecht. Nichts auf der Welt wird mich daran hindern. Unseren Kleinen geht es gut. Du wirst mich und die kleine Agathe küssen. Ich werde sie nie verlassen. Sie ist das Unterpfand unserer Liebe, und obwohl die anderen mir gleich teuer sind, ziehe ich sie ein wenig vor. Ich weiß, sie liegt auch Deinem Herzen am nächsten. Armer Freund, mein Herz blutet. Ich liebe Dich! Ich liebe Dich! Meine armen Kinder, adieu, ich vergehe vor Leid, und ich bete Dich an.«

Kurz vor der Geburt von Agathe hatte sie den Liebhaber um finanzielle Unterstützung für sich und die Kinder gebeten, denn sie zweifelte, ob es ihr noch einmal gelänge, Monsieur d'Estat, der im April gestorben war, als Vater des Kindes auszugeben. Als das Kind im Januar des folgenden Jahres zur Welt kam, erhielt es zunächst den Namen Agathe-Louise-Marie de la Ferté, denn ein Abbé hatte die Familie La Ferté gewonnen, ihren Namen herzugeben. Joly de Fleury schenkte seiner Geliebten zwei vollständig eingerichtete Häuser und erhielt von ihr im Gegenzug folgende Erklärung:

»Ich erkläre hiermit, daß die gesamte Ausstattung, das Mobiliar, das mit meinem Wappen versehene Geschirr, Goldschmuck, Diamanten, Tisch- und Bettwäsche Herrn Omer-Louis Joly de Fleury gehören. Ich verpflichte mich, ihm die Gegenstände jederzeit zurückzugeben. Sollte er sie mir bis zu meinem Tod überlassen, gehen sie danach in seinen Besitz über. Meine Gläubiger und meine Kinder haben keinen Anspruch darauf ...

27. Juni 1767 Unterschrift: Voidet, verwitwete d'Estat«[1]

Die kleine Agathe wurde aber allem Anschein zum Trotz bald offiziell als Tochter des verstorbenen Baron d'Estat anerkannt.

Um dem Gerede ein Ende zu setzen, gab Joly de Fleury seiner Familie schließlich nach und heiratete am 3. April 1768 nicht die Witwe des Barons d'Estat, sondern die Tochter des Präsidenten Dubois de Courval. Jede andere hätte den Antrag abgewiesen, aber Mademoiselle de Courval kam er sehr gelegen. Sie fühlte sich zu Frauen hingezogen, verbarg das nicht und fand die Vorstellung, ihr Ehemann werde mit Madame d'Estat beschäftigt sein, äußerst angenehm. Ihre einzige Sorge betraf ihr Vermögen, sie beantragte die Gütertrennung und tat gut daran, denn wenn Joly de Fleury nun auch die Beziehung zu Madame d'Estat abbrach, so führte er sein ausschweifendes Leben doch fort, ließ keinen Maskenball und kein Glücksspiel aus und verschuldete sich über die Maßen. Komisch daran war nur, daß die Verschärfung der Spielgesetze im Jahr 1771 auf sein Betreiben erfolgte. Kanzler Maupeou, der seine Hand über ihn hielt und seine Schulden beglich, sagte damals, Fleury habe die Galeerenstrafe tausendmal mehr verdient als diejenigen, die er dazu verurteile. Als Ludwig XVI. im November 1774 Maupeou entließ, verlor Fleury sein Amt als stellvertretender Generalstaatsanwalt, und während seine Spuren im Dunkel des Exils versanken und sein Leben 1784 vorzeitig endete, stieg der Stern seiner Ehefrau um so heller auf.[2]

Elisabeth de Joly de Fleury war reich, sie hatte jährliche Einkünfte von 15 000 Livres, und nach dem Tod des Vaters im Jahr 1789 wuchs ihr Vermögen erheblich an. Allerdings lebte sie verschwenderisch, so daß auch die Schulden wuchsen. Die Verantwortung schob sie ihrem früheren Mann zu: »Er hat meine Mitgift vergeudet, und ich bekam kein Witwengeld. Einen Teil meiner Schulden konnte ich vom Erbe meines Vaters tilgen. Ich mußte Renten zahlen, zu denen ich testamentarisch verpflichtet war, andere, zu denen mich Freundschaft verpflichtete und wieder andere, mit denen ich unglücklichen Menschen und mittellosen Kindern half. Ich erhielt niemals Zuwendungen oder Pensionen vom Hof.«[3]

Ihr offenes Auftreten als lesbische Frau hatte zur Folge, daß manche Aristokraten sie mieden, Intellektuelle und Künstler hingegen ihre Bekanntschaft suchten. Sie schätzten ihren Verstand, ihre Originalität und ihren Mut. Der namhafteste unter ihren Gästen war der homosexuelle Marquis de Villette, ein Freund Voltaires. Die Anhänger des freien Worts und der freien Liebe trafen sich bei ihr, und weil sie selbst dafür einstand, nahmen Morand und andere Klatschbasen ihre erotischen Vorlieben zum Anlaß, öffentlich über sie herzuziehen. Zudem hängte man ihr den schlechten Ruf ihres Ehemanns an, bis die beunruhigte Familie, der *Correspondance secrète de Louis XVI* vom 10. Januar 1778 zufolge, die Behörden bat einzugreifen. Die *Correspondance* berichtete: »Madame Joly de Fleury, Ehefrau des früheren stellvertretenden Generalstaatsanwalts im Parlament Maupeou, wurde auf Wunsch ihres Vaters, des Präsidenten Monsieur von Courval, in ein Kloster geschickt. Der Ehemann hält sich nach wie vor fern von Paris auf.«[4]

Die Nachricht bewegte die Gemüter um so mehr, als die *Nouvelles à la main* ins Detail gingen:

»Madame Joly de Fleury befindet sich zur Zeit im Kloster von Port-Royal. Wahnsinnig vor Liebe nach der Baronin de Broca, die der Parfumhändler Tombarelli ihr zuführte, hatte sie diese mit Geschenken überhäuft. Nun schart sie die hübschesten, leichtfertigsten und willfährigsten Zofen um sich.«[5]

Neue Pamphlete erschienen, und der Spott über die erotischen Vorlieben von Joly de Fleury wollte nicht enden: »Die Schilderung der unschuldigen Spiele, die diese Marquise mit den von ihr zugerichteten Mädchen treibt, würde Bände füllen. Ihre unzertrennliche Begleiterin ist gegenwärtig die Demoiselle Latour, eine große, hübsche, wohlproportionierte junge Frau. Man sieht sie oft in Männerkleidern reiten, Glücksspiel und Bällen nachjagen, von einer Ausschweifung in die andere taumeln.«[6]

Cécile Latour, die Tochter von Jean-Joseph de Latour, Leibwächter im Königlichen Schloß von Choisy, und seiner Ehefrau Marguerite Rossy, wurde um 1786 tatsächlich die Favoritin von Madame Joly de Fleury. Damit das junge Mädchen sich frei bewegen konnte, schrieb die Freundin ihr 1788 eine notariell beglaubigte Leibrente von jährlich 1200 Livres aus. Leibrenten zwischen Liebespaaren beider Geschlechter waren damals die übliche Form, um außerehelichen Verhältnissen eine solide wirtschaftliche Grundlage zu verschaffen. Anders als im Fall von Mademoiselle Raucourt und Madame de Mailly ging es Madame Joly de Fleury nicht darum, die Geliebte zu bestechen. Überhaupt spielte Bestechung selten eine Rolle; unter Männern war es üblich, daß der vermögende Partner seinen Freund zum Beispiel als Kammerdiener einstellte, ihn vielleicht auch entlohnte, ihm auf jeden Fall aber eine Rente ausschrieb. Als Madame Joly de Fleury eine neue Gefährtin ins Haus brachte, blieb Cécile Verne de Latour ihre Vertraute und führte ihr den Haushalt.[7]

Unter dem Titel *L'Espion anglais (Der englische Spion)* erschien 1789 eine anonyme Schrift mit einem Porträt von Madame Joly de Fleury. Man vermutete, Théveneau de Morand sei der Autor, denn der Hohn war unübersehbar: »Eine Frau von 30 oder 32 Jahren, auffällig in ihrem Äußeren, dunkle Hautfarbe, schöne Augen, pechschwarze Augenbrauen, großer Busen, im ganzen haftet ihr etwas Männliches an.«[8] Ganz anders schilderte ein Polizeibericht sie als »eine kleine, zierliche Person, mit braunen Haaren, braunen Augenbrauen, unauffälliger Nase, kleinem Mund, rundem Kinn, kurzer Stirn und ovalem Gesicht«.[9]

1782 hatte sie eines der von Bélanger gebauten Häuser in der Rue de Valois gepachtet. Man betrat das Anwesen durch ein Tor und befand sich auf einem großen Hof mit Blick auf verschiedene kleinere Gebäude, in denen Küche, Waschhaus, Keller, Orangerie, Kutschenhaus, Pferdestall und die Zimmer für den Kutscher und Portier untergebracht waren. Am Ende des Hofs erhob sich das elegante, im neoklassizistischen Stil aus weißem Stein erbaute Haupthaus. Zwei Marmorstufen führten zu einer schönen Holztür mit acht großen Glasfenstern. Ein Mosaik aus weißen Thias-Steinen und schwarzen Fliesen schmückte den Boden der Diele, über die man zum Vorzimmer und zum Eßzimmer gelangte. Eine Treppe aus Holz und Stein führte zum ersten Stock, der mehrere Zimmer und eine reich bestückte Bibliothek beherbergte. 1799 wurde sie in alle Winde zerstreut. Im Erdgeschoß lagen das Schlafzimmer der Hausherrin, von dem aus man über den Flur den großen Salon sowie den Garten erreichen konnte. In allen Räumen gab es weiße Marmorkamine, an den getäfelten Wänden hingen hohe Spiegel, Stuck- und Schnitzarbeiten mit Blatt- und Blumenmotiven zierten die Türsimse und Dekken. Eine breite Freitreppe führte über eine erste Terrasse auf 22 Steinstufen in den Garten hinab. Eine Allee mit Hainbuchen und 62 Linden, die am Ende in ein Hufeisen auslief, durchquerte ihn und lud zum Lustwandeln ein.

Baumgruppen, Hecken, Büsche, Rasenflächen und Rondelle wechselten kunstvoll einander ab, Buchsbaum und blühende Blumen schmückten die Beete. »Zwei von Fliederbüschen eingerahmte Ulmenwäldchen«, heißt es, »spendeten Tonstatuen auf ihren Sockeln Schatten. Dahinter lag der Nutzgarten mit Gemüse und Kräutern, zwanzig hochstämmigen und fünfzehn zurückgestutzten Obstbäumen und Spalieren zu beiden Seiten, an denen sich Pfirsichbäumchen und Geisblatt hochrankten. Vor einem Laubengang an der hinteren Gartenmauer standen Vasen und Tonfiguren.«[10]

Anders schildert der Verfasser des *Gazetier cuirassé* das Ambiente, und obwohl er sich auf eine angeblich wahre Begebenheit beruft, straft er sich selbst Lügen. Er entwirft eine Szene, in der Madame de Fleury, von ihm »Marquise de Furiel« genannt, ein junges Mädchen zum Tête-à-tête einlädt:

»Die Nymphe betritt das kleine Haus von Madame de Furiel, und einen Moment lang glaubt sie, sich in einem Landhaus zu befinden. Aber der erste Eindruck täuscht, denn hinter der rustikalen Kulisse verbirgt sich ein herrlicher oval angelegter Garten, in dem hohe Pappeln den Nachbarn die Sicht verstellen. In der Mitte des Gartens liegt ein wiederum ovaler Pavillon mit Statuen der Venus und anderer Najaden, aus deren Brüsten Wasser sprudelt. Im Inneren des Hauses fällt der Blick der staunenden Sappho sofort auf ein Billardzimmer und das Bad. Sie wird sorgfältig gebadet, mit Duftölen gesalbt, epiliert und den Händen einer geübten Masseuse anvertraut. ›Dann kleidete man mich in das Gewand der Tribaden, ein von der Taille bis zu den Füßen vorn und hinten offenes, von Kordeln zusammengehaltenes Chemisenhemd. Auch die Dessous und der Rock waren so praktisch geschnitten wie das Hemd. Als es soweit war, führte man mich durch einen Flur in ihr Boudoir, wo sie, auf einem breiten Sofa lässig hingestreckt, ruhte.‹«

Nach der Liebe, heißt es weiter, habe Madame de Fleury ihr gesagt, »sie fühle sich wie im Tempel der Vesta, der Patronin aller sogenannten lesbischen Frauen«. Die Vergnügungen liefen stets nach demselben Ritual ab. Die »Mütter« trugen feuerfarbene Überwürfe mit blauen Gürteln, die »Novizen« weiße Überwürfe mit rosafarbenen Gürteln, darunter Tunika, Hemd oder Rock.

Die Herzogin de Villeroy, Schwester des Herzogs d'Aumont-Villequier, des ersten Kammerjunkers Ludwigs XV., war eine Freundin von Madame de Fleury. Sie liebte extravagante Auftritte. Kagenek berichtete am 26. Dezember 1781 über folgenden Skandal:

»Eine Herzogin, deren Namen zu nennen die Sache verbietet, ließ eine junge Modewarenverkäuferin so ziemlich vor aller Augen entführen. Das junge Mädchen hatte seinen Freundinnen zuvor schon erzählt, daß die Herzogin sie jedesmal, wenn sie die fertigen Kleider abliefere, bedränge und sie nicht wisse warum. Der Liebhaber der Schönen, der sie bald heiraten wollte, erfuhr erst am nächsten Tag von der Entführung. Er rief sich die vertraulichen Äußerungen der arglosen Geliebten in Erinnerung und sah klarer, als ihm lieb war. Im ersten Zorn schrieb er der Herzogin einen geharnischten Brief, der in ihrem Haus helles Gelächter hervorrief, obwohl der junge Mann gedroht hatte, ihr den Schädel einzuschlagen. Abschriften des Briefs kamen in Umlauf und sorgten für Aufsehen. Man nimmt jedoch an, daß die Herzogin die Briefaffäre erfand, um der Verunglimpfung ihrer Frauenzirkel etwas entgegenzusetzen. Diese neuen Gesellschaften gefallen sich darin, die Anwesenheit beider Geschlechter so widernatürlich zu finden, wie es nur in diesem Jahrhundert möglich ist, in dem unsere aristokratischen Philosophinnen so wenig vom Mann halten.«[11]

Um das Jahr 1777 machte Madame Joly de Fleury die Bekanntschaft von Mademoiselle Raucourt. Die berühmte Tragödin lebte weit über ihre Verhältnisse und häufte so lange Schulden auf Schulden, bis die Gläubiger gegen sie prozessierten. Madame de Fleury wartete den Ausgang nicht ab, sondern schickte sogleich ihren Anwalt in die Rue de Chantre am Marché-Neuf zum Tanzlehrer und Verleiher Verbeck mit dem Auftrag, sich den Schmuck, den Mademoiselle Raucourt verpfändet hatte, gegen Barzahlung aushändigen zu lassen. Erst nach einer Haftandrohung übergab der Wucherer »ein paar mit kleinen Brillanten besetzte Perlenohrringe und ein Paar Brillantenohrringe«. Am 11. Mai 1779 zahlte Madame Joly de Fleury dafür 4000 Livres. Ob sie Mademoiselle Raucourt den Schmuck ein zweites Mal schenkte, ist nicht bekannt.[12]

Seltsamerweise war nicht diejenige, von der man es vermuten würde, die liberalste der beiden Frauen, im Gegenteil. Trotz ihrer bürgerlichen Herkunft gab sich Mademoiselle Raucourt aristokratisch, während die adlige Madame Joly de Fleury sich den neuen Ideen der Aufklärung und des Humanismus gegenüber offen zeigte. Sie las und bewunderte Voltaire und hatte ihn im Haus des Marquis und der Marquise de Villette wohl auch kennengelernt. Gleichzeitig verkehrte sie häufig bei ihrem Schwager Michel Le Peletier de Saint-Fargeau, der später von einem königstreuen Royalisten ermordet wurde, weil er im Konvent für den Tod Ludwigs XVI. gestimmt hatte.

In den dunklen Stunden der Schreckensherrschaft versäumte Madame Joly de Fleury nie, auf ihre patriotische Gesinnung hinzuweisen: »Von Anfang an begrüßte ich die Ausrufung der Republik und bewies meine Liebe zu ihr durch Taten. Ich habe die Verteidiger des Vaterlands bei mir aufgenommen und sie verpflegt, ich habe sie in ihren Stellungen mit Proviant versehen, ich habe die Soldaten der Republik mit Matratzen, Socken, Hemden versorgt...«

Verängstigt durch die Gewalt der ersten Volksaufstände, übertrug sie ihrer Freundin Cécile Verne de Latour die Verantwortung für die Geschäfte und verbrachte den Winter 1789/90 in Nizza. Nach ihrer Rückkehr im Frühjahr dachte sie daran, Tafelsilber und Schmuck in Belgien in Sicherheit zu bringen – das gab jedenfalls die Zofe, ihre erste und hauptsächlichste Denunziantin, später zu Protokoll.

Während die Gesetzgebende Versammlung sich anschickte, das Gesetz über die Emigration zu verabschieden, soll Madame de Fleury zunächst nach London, dann über Ostende nach Lüttich gereist sein. Nach ihrer Rückkehr im Februar 1792 blieb sie in der Stadt, doch erstand sie in den folgenden Monaten vorsichtshalber eine Bescheinigung darüber, daß sie sich von November 1791 bis Februar 1792 auf dem Familiensitz Champigny-sur-Marne aufgehalten habe.

Während viele sich mit dem Gedanken vertraut machten, endgültig zu emigrieren, schien Madame de Fleury sich in

Paris wohlzufühlen. Hohe Politiker, namentlich Abgeordnete der Montagne, gingen bei ihr ein und aus. In einem Bericht ihrer Sektion hieß es: »Nach unseren Informationen verkehrt sie nur mit Personen, die dem Vaterland Schaden zufügten, mit den Abgeordneten Danton, Fabre d'Eglantine, Chabot, Philippeaux, ihrem Finanzberater, dem Notar und zwei Frauen.«[13]

Andere Zeugen, darunter ihr Kutscher, bestätigten, daß der Abgeordnete des Departements Sarthe, Pierre-Nicolas Philippeaux, und dessen Frau Marguerite-Françoise Carlier sowie Fabre d'Eglantine, der Autor des Volkslieds »Il pleut, il pleut, bergère«, sie regelmäßig besuchten. Fabre d'Eglantine wurde am selben Tag wie Philippeaux, Danton, Delacroix, Chabot, Basire und Delaunay als Verräter des Konvents zum Tode verurteilt – allerdings wegen Diebstahls.

Die Persönlichkeit von Madame Joly de Fleury, ihre adlige Herkunft und ihre gesellschaftliche Unvoreingenommenheit zogen die verschiedensten Geister an, Revolutionäre ebenso wie Royalisten. Man stritt über die politischen Anschauungen, einigte sich aber darauf, daß nichts mehr gelte als das freie Wort und die freie Liebe. In dieser Hinsicht übertrumpfte ihr Salon alle anderen. Bei Madame de Saint-Amarand sprach man über das Theater, bei Fanny de Beauharnais über die Literatur, bei Mesdames Roland und Condorcet hatten die Revolutionäre das Sagen, bei Mesdames d'Eprémesnil und Gramont die Reaktionäre.

An manchen Tagen empfing Madame de Fleury nur Frauen und diskutierte mit ihnen über die Liebe. Keines dieser Gespräche ist überliefert, aber man kann davon ausgehen, daß sie sich mit der Meinung des Baron von Clootz, eines Redakteurs der *Chronique de Paris*, deckten. Clootz griff das Vorurteil, die Homosexualität sei widernatürlich, heftig an, weshalb man ihn nicht zu Unrecht einen »Vorkämpfer des Menschengeschlechts« nannte.

Nach ihrer Rückkehr aus der Emigration verliebte sich Madame de Fleury in die junge einundzwanzigjährige Isabelle Pigrai, die 1786 den Pachtdirektor Sylvain Rataud de Mursin geheiratet hatte und sich im März 1793 von ihm scheiden ließ. Das Schicksal wollte, daß Isabelle unglücklicherweise gelähmt war; dies rührte Madame de Fleury so sehr, daß sie die junge Frau aufforderte, in der Rue de Valois zu wohnen. Obwohl die Liebe zu Cécile Verne de Latour freundschaftlichen Gefühlen gewichen war, munkelte man im Viertel über das ungewöhnliche Trio. Madame de Fleury verabscheute Geheimnistuerei, ihren Siegelring wie ihre Kutsche schmückte ein Wappen, auf dem drei nackte, einander umfassende Frauen anmutig im Kreis tanzten. Ein eifriger Polizeikommissar nahm während der Verhaftung der Damen einen Wachsabdruck des Siegels, fügte ihn den Prozeßakten bei und überlieferte auf diese Weise das Siegel der Nachwelt.[14]

Wahrscheinlich versuchte Madame de Fleury die Haltung der Montagnards im Prozeß gegen Ludwig XVI. zu beeinflussen. Zwar stimmte Fabre d'Eglantine für das Todesurteil, aber das Zögern Philippeaux' und sein Plädoyer für eine Bewährungsfrist kamen wohl durch sie zustande. Unter ihren Papieren fand man die Bestätigung, daß sie Fabre oft allein zu sich bat, um ihm einzelne Fälle ans Herz zu legen. Sie drängte ihn zum Beispiel, sich für Madame Bergeret zu verwenden, eine Engländerin, die seit Inkrafttreten des Gesetzes über die Ausländer verhaftet zu werden drohte. Ob er von ihr Bestechungsgeld annahm, ist nicht bekannt, doch deutet einiges darauf hin. Dem Bataillonskommandanten Louis-Sanson Gonnel ließ sie über ihren Finanzberater 38 000 Livres als Vorschuß auf eine vereinbarte Summe von 55 120 Livres zukommen – wer weiß, ob sich hinter dem Namen Gonnel nicht ein Abgeordneter verbarg, denn fest steht, daß dieser Gonnel die Rolle des Mittelsmanns zwischen der Familie Bergeret, Madame Joly de

Fleury und Fabre spielte.[15] Am 11. Mai 1792 hinterlegte sie bei ihrem Notar eine Schuldverschreibung über 24 000 Livres, eine weitere am 1. April 1793; außerdem ist verbürgt, daß sie sich verpflichtete, dem Dramatiker Caron de Beaumarchais am 1. Mai 1794 und am 1. Mai 1797 je 20 000 Livres zu zahlen.

Andere Papiere geben Auskunft über ihre Privatkontakte. Ein gewisser Lambert bedankt sich dafür, daß sie ihn im Gefängnis besuchte, und es ist durchaus realistisch anzunehmen, daß sie beim Sicherheitsausschuß auf seine Freilassung einzuwirken versuchte. Jedenfalls versäumte sie es nie, auf ihre Verwandtschaft mit Le Peletier de Saint-Fargeau, dem »Märtyrer der Freiheit«, hinzuweisen, dessen Büste in jedem Büro der Revolutionsausschüsse stand.

Eine Zeitlang hieß es, ihr Salon sei »jakobinisch«, weil die Abgeordneten der Montagnards bei ihr verkehrten. Der Rücktritt Dantons aus dem Wohlfahrtsausschuß, die Abschiebung Chabots aus dem Sicherheitsausschuß und das Gesetz der Verdächtigen kündigten Gefahr an. Der Hausmeister denunzierte die Frauen, wobei er sich auf Angaben der Zofe berief. Die Anzeige wurde nur wenige Stunden nach der Verhaftung von Madame de Mursin unterzeichnet. Sie war angeklagt, in einer Mietskarosse, deren Adelswappen man noch nicht entfernt hatte, ausgefahren zu sein; sie konnte sich aber rechtfertigen und wurde freigelassen. Ungeachtet dessen bestanden der Sektionsausschuß wie auch einige Angehörige nachdrücklich auf der Vorladung der beiden Damen. Als der Name Joly de Fleury dann noch während der Ermittlungen gegen Danton auftauchte, erließ der Sicherheitsausschuß am 19. März 1794 den Haftbefehl. Am 28. März 1794, um acht Uhr morgens, durchsuchte die Polizei das Haus in der Rue de Valois. Madame de Fleury hatte alle Verdacht erregenden Dokumente vorsorglich durchgesehen und aussortiert, den einen oder anderen Brief an Fabre d'Eglantine aber aufbewahrt in der Hoffnung, er könne ihr nutzen. Sie ahnte nicht, wie schlecht es um Danton und seine Freunde bestellt war. Die Polizei konfiszierte »verschiedene Papiere dubiosen Inhalts« und versah das Paket mit ihrem sowie dem Siegel der Dame des Hauses: der Darstellung der drei nackten, einander umschlungen haltenden Frauen.

Cécile Verne de Latour erhielt Haftverschonung, doch legte man ihr nahe, das Haus zu verlassen; Madame de Fleury und ihre Freundin hingegen nahm man fest und sperrte sie ins Gefängnis Saint-Lazare, ein ehemaliges Kloster,[16] worüber der Dichter Roucher schrieb:

»Die Fenster sind nicht vergittert, die Türen nicht verriegelt. Wir können die ganze Nacht auf dem Flur verbringen, am Tag dürfen wir uns im ganzen Haus ergehen, und bald soll uns auch der große Hof, an dem zur Zeit noch gebaut wird, zugänglich sein.«

Das Leben im Gefängnis schien erträglich, und nur selten bestellte Fouquier-Tinville Häftlinge zum Verhör. Doch bald wurde der menschenfreundliche Pförtner durch einen gewissen Semé ersetzt, der die Vorschriften verschärfte.

»Seit dem 20. Prairial (8. Juni 1794) ist es uns verboten, in unseren Zimmern Licht zu machen. Wir müssen im Dunklen essen und uns schlafen legen. Allerdings halten sich nicht alle Häftlinge an die Anordnung.«

Von außen drangen beunruhigende Nachrichten zu den Inhaftierten, so daß viele eine Wiederholung der Septembermorde von 1792 befürchteten. Tatsächlich beabsichtigten der Sicherheitsausschuß und einige Mitglieder des Wohlfahrtsausschusses, die Gefangenen umzubringen, sobald sie das Vorhaben juristisch verbrämen konnten. Also erfanden sie Verschwörungen in den Gefängnissen und arbeiteten mit falschen Zeugenaussagen und gefälschten

Fakten. »Einige Tage, nachdem man im Luxembourg-Gefängnis eine sogenannte Verschwörung aufgedeckt hatte, wurden über hundert Personen aufs Schafott geschickt. Zwei Tage später erhielt der Polizeiinspektor Faro den Auftrag, Spitzelberichte aus dem Gefängnis Saint-Lazare einzuholen, damit die Insassen wegen Fluchtversuch und geplanter Ermordung der Konventsmitglieder angeklagt werden konnten. Jeder Gefängnisspitzel – sie wurden »moutons«, Schafe, genannt – führte seine eigene Liste der »Schuldigen«. Drei der aktivsten – der frühere Anwalt Pépin-Desgrouettes, der österreichische Geheimagent Charles Jaubert und der italienische Maler Manini – gerieten über die Auflistung in Streit, weil Manini die Namen von Aimée de Coigny und ihrem späteren Verlobten Montrond gestrichen hatte. Sie einigten sich schließlich auf eine gemeinsame Liste und ihr Auftreten vor dem Sicherheitsausschuß und dem Revolutionstribunal.

Am 23. Juli 1794 erhielten Elisabeth Joly de Fleury und Isabelle Pigrais, geschiedene de Mursin, die Nachricht, daß ihre Namen auf der Todesliste standen. Joly de Fleury verbrannte die überflüssigen Papiere und übergab einer Zellennachbarin ein paar Wertsachen. Einen Tag später öffneten sich die Tore des Gefängnisses, und ein Bote des Gerichts rief die Namen der Angeklagten auf. Man überstellte die beiden Frauen und andere Häftlinge in die Conciergerie. Am nächsten Morgen um 11 Uhr standen sechsunddreißig Frauen und Männer vor dem Tribunal, angeklagt als Feinde des Volkes. Wie üblich sprach man sie unmittelbar danach schuldig wegen Beteiligung an den Verbrechen von Capet und dessen Familie, Befürwortung der Massaker auf dem Champ-de-Mars, Verbreitung von Schriften gegen die Freiheit und für die Tyrannei, Zusammenarbeit mit den Feinden des Staates, betrügerischen Umgangs mit den Assignaten. Der letzte Punkt der Anklage betraf die angebliche Verschwörung im Gefängnis, den Fluchtversuch und den Plan, die Volksvertreter zu ermorden, um auf diesem Weg die revolutionäre Regierung zu beseitigen und die Monarchie wieder zu errichten.

Der Dichter Jean-Antoine Roucher wurde zum Haupt der Verschwörer erklärt; auch die schwache achtzigjährige Äbtissin des Klosters Montmartre und die gelähmte Isabelle de Mursin klagte man des Fluchtversuchs an, weil sie »versucht haben sollten, von einem Fenster über ein Brett von zehn Zoll Länge, in vierzig Fuß Höhe in einen Garten zu gelangen und dort über die Mauer zu klettern«.

Am Ende der Sitzung erging das Todesurteil, das unverzüglich vollstreckt werden sollte. Vielleicht war das Gerücht einer Änderung der Politik bis zu ihnen gedrungen – der 9. Thermidor (27. 7. 1794) stand bevor –, vielleicht hingen sie so sehr an ihrem Leben, jedenfalls behaupteten Elisabeth Joly de Fleury, ihre Freundin und die frühere Baronin Hinnisdal de Fumal in der Hoffnung, einen Aufschub des Urteils zu erreichen, sie seien schwanger. Da Frauen und Männer in der ersten Zeit der Haft nicht getrennt untergebracht waren, verlangte man von ihnen, die Namen der Liebhaber zu Protokoll zu geben. Madame de Fleury gab François Thibault an, einen Offizier der Französischen Garden, Isabelle de Mursin den Richter Charles Gravier de Vergennes, Madame von Hinnisdal den Grafen de Mesnil-Durand – alle drei waren tot. Die herbeibeorderten Ärzte sagten unter Eid aus, es gäbe keine Anzeichen einer Schwangerschaft, so daß das Tribunal zu dem Ergebnis kam, die drei Frauen hätten, »um sich dem Urteil zu entziehen, die Schwangerschaft vorgetäuscht«, und beschloß, »das bereits gefällte Todesurteil innerhalb der nächsten vierundzwanzig Stunden am Tor von Vincennes zu vollstrecken«.[17]

Am nächsten Tag, um drei Uhr nachmittags, verließen sechs Karren die Mauern der Conciergerie. Die Verurteilten endeten unter dem Fallbeil.

Die gelehrige Geliebte

Madame Adelaïde Robineau de Beaunoir, die uneheliche Tochter des königlichen Schatzmeisters der kleinen Schatulle, Auguste-Louis Bertin, und Halbschwester des Journalisten und Schriftstellers Auguste-Louis Bertini d'Antigny,[1] wurde am 29. März 1756 in Versailles geboren. Ihre Mutter Marie Hus de Forges war eine berühmte Schauspielerin und Mätresse, und ihre Liaison mit Bertin taucht in zahlreichen Polizeiberichten auf, die Ludwig XV. bekanntlich mit Vergnügen zu lesen pflegte.

»Die Demoiselle Hus, deren Gatte zu werden ein jeder, deren Gatte zu sein, niemand begehrt, wurde in der letzten Nacht von Herrn Bertin, den sie nicht erwartete, mit dem Direktor der Wasserwerke von Passy überrascht. Der Direktor war nur mit einem Hemd bekleidet, hielt aber wacker den Degen in der Hand. Der friedfertige Schatzmeister zog sich in die Bibliothek zurück und vertiefte sich in die Lektüre der *L'Art de rendre les femmes fidèles (Die Kunst, die Frauen zur Treue zu erziehen)*, woraus er entnahm, daß es nicht damit getan ist, Netze auszulegen, man muß auch verstehen, Käfige zu bauen.«[2]

Die Tochter von Mademoiselle Hus, die Bertin erst am Vorabend seines Todes, dem 13. November 1792, anerkannte und zur Miterbin seines Vermögens machte,[3] wuchs bei ihrer Mutter auf. 1780 heiratete sie den 34jährigen Alexandre-Louis-Bertrand Robineau, Sohn eines Notars, den der König geadelt und zu seinem Sekretär berufen hatte. Damals hatte der junge Mann schon ein ereignisreiches Leben hinter sich. Statt das Pariser Notariat seines Vaters zu übernehmen, wählte er ein Kirchenamt, um sich ungestört seiner Leidenschaft, dem Theater, widmen zu können. Er schrieb unter Pseudonymen und Anagrammen eine Reihe von Stücken, von denen *L'Amour quêteur (Flehende Liebe)* 1777 mit großem Erfolg am Theater von Nicolet aufgeführt wurde. Der Erzbischof von Paris nahm Anstoß und forderte Robineau auf, sich von dem Stück zu distanzieren oder sein geistliches Amt niederzulegen. Er entschloß sich, ohne zu zögern, und ging für eine Weile nach Bordeaux, um das dortige Theater zu leiten. Als er nach Paris zurückkam, veröffentlichte er, zum Teil unter dem Namen »Madame de Beaunoir«, weitere Komödien, aber der Erfolg des Anfangs stellte sich nicht wieder ein. Man zweifelte sogar daran, daß die mit »Madame de Beaunoir« gezeichneten Stücke wirklich von ihm seien. *Fanfan et Colas* jedenfalls, ein Lustspiel, das die Comédie Italienne in ihr Répertoire aufnahm, dürfte der Feder der Ehefrau viel verdankt haben. Zu dieser Zeit stand ihre Mutter allerdings mehr im Rampenlicht als sie selbst oder ihr Ehemann, denn am Tag, als Mademoiselle Hus ihre Bühnenkarriere beendete, brachte sie 800 Kleider und 4000 Paar Schuhe zur Versteigerung.[4]

Die Wege der beiden Robineaus trennten sich bald. Er hatte sich in Brüssel tief in die Auseinandersetzungen zwischen Österreich und den Niederlanden verstrickt, entging knapp einer Verhaftung, kam nach Paris zurück und ließ sich auf Wunsch seiner Frau scheiden.[5] Die Erziehung ihres heranwachsenden Sohnes trauten sie dem Abbé Jean de Manville in Versailles an. Robineau emigrierte. Antoine-Vincent Arnault, ein anderer Dramatiker, spottete, mit der Emigration habe Robineau seinen »mit dem bürgerlichsten aller Talente mühsam aufrechterhaltenen Adel endgültig unter Beweis stellen wollen«. Während das Emigrantendasein ihn von Hamburg nach St. Petersburg führte, schlug sich seine Frau mit materiellen Sorgen herum, bis zu dem

Tag, als sie bei einem Besuch ihres Sohnes in Versailles den Neffen des Abbé, den Chevalier Charles-Henry-Geoffroy de Jean de Manville, kennenlernte. Beide wurden unzertrennlich.

Madame Robineau wußte wohl, daß der Chevalier de Jean einen schlechten Ruf hatte, doch war er ein stattlicher Mann, von ungewöhnlich hoher Statur, mit dunklen, mandelförmigen Augen, einer edel gebogenen Nase, vollen Lippen, einem runden Kinn mit Grübchen und einer kleinen Narbe zwischen den Augenbrauen, die seinen Charme noch erhöhte. Er galt als Herzensbrecher, »ein Sade im Kleinen«, sagten seine Feinde, der Laster und Grausamkeit kannte, die den Grundzug seines Charakters zu bilden schienen.[6]

Daß er ein übles Subjekt war, bestätigten auch die Gerichtsarchive. »In seiner Jugend gab sich de Jean den Freuden der Libertinage hin. Er verbrachte seine Zeit in Spielhöllen, machte Schulden, hatte nie Geld, galt als professioneller Schläger, Hochstapler und Betrüger, wenn sich ihm die Gelegenheit bot. Man steckte ihn in die Bastille und verbannte ihn nach Sainte-Marguerite, nachdem er sich 1782 in Saint-Cloud als Erbschleicher betätigt hatte. Als sein Onkel, Monsieur Chalut de Vérins, im Sterben lag, hatte de Jean sich in einem Nebenzimmer so zurechtgemacht und verkleidet ins Bett gelegt, als wäre er der Sterbende, und dem herbeigeeilten Notar ein Testament diktiert, das ihn zum Alleinerben bestimmte.«[7]

Auf Saint-Marguerite traf er den Marquis Charles-Louis-Auguste de Tilly-Blaru, ein ihm ebenbürtiges Subjekt. Tilly-Blaru hatte einen Mann ermordet, um ungehindert dessen Frau verführen zu können. Er wurde gefaßt, kam aber mit dem Leben davon, weil die Justiz des Ancien Régime es vermied, Adlige zum Tode zu verurteilen, aber keinen Augenblick zögerte, wenn es darum ging, sechzehnjährige Dienstmädchen wegen eines geringfügigen Diebstahls aufs

Schafott zu schicken. Die beiden Spitzbuben waren wie füreinander geschaffen, und obwohl ihre Verbindung zwischenzeitlich abriß, fand man während der Zeit des Konsulats ihre Namen in ein und demselben Polizeibericht über ein Komplott gegen Napoleon wieder. Sie wurden beide verhaftet.[8]

Nach seiner Freilassung aus der Bastille bezog de Jean im Palais Royal Quartier, schlug sich zur Schar der Spieler und Schranzen um den Herzog d'Orléans und führte seine neue Geliebte, Madame de Beaunoir, eine große, schlanke Brünette, vor. Sie liebte es, berichtet Arnault, sich als Gräfin auszugeben, was man ihr gern verzieh, denn sie war schlagfertig und witzig.[9]

Der Chevalier de Jean fand heraus, daß er im Glücksspielgewerbe gefahrloser zu Geld kommen könne, wurde Bankhalter wie Travanet, Livry, Genlis und kassierte Prozente auf die beachtlichen Verluste waghalsiger Spieler. Sein übler Ruf wurde dadurch nicht besser, im Gegenteil, ein Pamphlet über die Spielsalons und ihr Publikum warnte ausdrücklich vor ihm. Den Herzog selbst zitierte die Streitschrift allerdings indirekt, indem sie im Titel auf den Namen Philippe-Egalité anspielte, den der Herzog sich während der Revolution gegeben hatte. Der Titel lautete: *Bailleurs de fonds, de biribi, de trente-et-un, de parfaite égalité et autres jeux non moins fripons, dévoilés sans aucune réserve (Teilhaber am Biribi, Trente-et-un, an absoluter Gleichheit und anderen Gaunereien, hier rücksichtslos aufgedeckt).* Über de Jean hieß es:

»Ehemaliger Händler, Betrüger, bekannt dafür, daß er in der Rolle seines todkranken Onkels dem Notar ein Testament zu seinen Gunsten diktierte... Unglücklicherweise kam er deswegen für mehrere Jahre hinter Gitter. Er ist dreist und unverschämt. Als er vor ungefähr zwei Monaten bei einer Partie Trente-et-un die Bank hielt, kam es zu einer Auseinandersetzung mit Monsieur de La

Forest, der viel Geld verloren hatte und obendrein von dem herrschsüchtigen, aber doch auch dummen de Jean beleidigt wurde. Am nächsten Morgen lieferten sich die beiden ein Duell, bei dem Monsieur de La Forest schneller zog und Monsieur de Jean eine Kugel durch den Kragen jagte, so daß er wie eine Lorgnette aussah.«[10]

Bald darauf kam der hitzige Chevalier auf die Idee, seine Mätresse könne wie andere Damen der feinen Gesellschaft auch die Rolle der Animateurin beim Glücksspiel übernehmen und dabei wie diese ein Prozent des Umsatzes für sich einstecken. Im Frühjahr 1791 eröffneten die beiden in der Rue Traversière-Saint-Honoré einen eigenen Salon, zu dem sie nur ausgewählte Gäste zuließen, Leute, die im Besitz einer Kutsche oder anderer Anzeichen von Wohlstand waren. Um sicher zu sein, engagierten sie zwei Türsteher, denen es oblag zu prüfen, »ob ein Gewohnheitsspieler, ein Falschspieler oder ein Neuling Einlaß begehre und ob das Portemonnaie gut gefüllt sei«.[11]

Seit den drastischen Polizeimaßnahmen gegen das Überhandnehmen der Spielstätten gingen gegen deren Betreiber zahlreiche Anzeigen ein, weshalb die Behörden entschieden, nur handschriftlichen und namentlich gezeichneten Beschwerden nachzugehen. Am 31. August 1792 beschwerte sich die Bürgerin Perrine Crosnier, sie habe bei der Dame Robineau, wohin sie sich zu ihrem Unglück habe mitnehmen lassen, in fünf Wochen die ungebührliche Summe von 1 200 Livres am Spieltisch verloren.[12] Doch obwohl sie alles daran setzte, ein Verbot zu erwirken, geschah Madame Robineau nichts, denn ein Freund ihres Mannes, Nicolas Froidure, seit neuestem leitender Polizeibeamter bei der Pariser Kommune, hielt seine schützende Hand über sie. Von diesen guten Kontakten zehrte Madame Robineau bis März 1793. Da sie ihre monarchistischen Ansichten hintanstellte, war es ihr gelungen, auch Konventsmitglieder wie

Cambacérès und Billaud-Varennes an ihren Spieltisch und in ihren Bann zu ziehen, und sie tat ein übriges. Einige ihrer Gönner lud sie gelegentlich in ihr Landhaus ein, wo sie im großen Stil auftischen ließ. Auch die Kommissare der Sektionen Poissonnière und Butte-des-Moulins müssen zu ihren Gästen gehört haben, denn nur so läßt sich erklären, daß die Polizeikontrollen im Salon in der Rue Traversière immer ergebnislos verliefen.

Als die Polizei am 7. März dennoch unangemeldet vor der Tür stand und das Etablissement durchsuchte, beschwerten sich de Jean und Madame umgehend bei François Chabot vom Allgemeinen Sicherheitsausschuß, was Chabot seinerseits veranlaßte, sich beim Innenminister Garat zu beschweren:

»Mein lieber Magistrat, die Bürgerin Robineau ist unter dem Vorwand, Glücksspiele zu veranstalten, in einem Augenblick belangt worden, als sie gerade mit Freundinnen musizierte. Ich habe bis jetzt immer geglaubt, daß man in dieser Abteilung der Polizei zwischen royalistischen und sonstigen Gesinnungstätern und friedlichen, ehrbaren Patrioten, wie diese Bürgerin es ist, sehr wohl zu unterscheiden wisse. Es scheint, als wäre sie das Opfer einer Denunziation geworden und daß die Polizei in ihrem Eifer die Lage nicht überblickte. Ich wage zu hoffen, daß Sie aus Freundschaft für mich der Bürgerin mehr Gerechtigkeit widerfahren lassen und sie in Zukunft von solchen Unannehmlichkeiten verschonen wollen. Ich glaube übrigens, sie würde Ihnen gefallen, denn diese Frau ist geistreich und witzig. Müßte ich nicht in die Departements Aveyron und Tarne reisen, hätte ich es übernommen, ihr offizieller Verteidiger zu sein, denn ihr Fall ist so klar, wie ihr Herz rein ist.

François Chabot«[13]

De Jean wiederum kamen seine Verbindungen zu Danton und General Dumouriez zugute, und schließlich beförderte der Kriegsminister Beurnonville ihn sogar zum Hauptmann der Husaren in der Legion der Ardennen. Am 3. April trat er den Posten an.[14] Seine Aufgabe bestand darin, die Verwaltung des Departements Jemmapes zu kontrollieren. Diese Regierungsvertreter bereicherten sich, oft gegen den Einspruch ihrer Untergebenen, an den konfiszierten Gütern, nahmen Möbel, Bettzeug, Tafelgeschirr, kurz alles, was nicht niet- und nagelfest war, an sich. De Jean fiel auf, und man beschuldigte ihn, sich am »Nationaleigentum« vergriffen zu haben. Außerdem warfen seine Soldaten ihm vor, »mit den Intrigen des Kommandeurs der Nordarmee, General Custine[15], zu liebäugeln, der entgegen seiner Befugnis der Republikfeindlichkeit angeklagte Personen auf freien Fuß setzt«. Im Juni mußte de Jean den Dienst quittieren, um, wie es offiziell hieß, seine Verwundungen auszuheilen, was ihn nicht hinderte, bald wieder am Spieltisch zu sitzen.

Im Lauf des Sommers 1793, als ihnen einer nach dem anderen ihre Gönner abhanden kamen, blies der Wind de Jean und Madame de Beaunoir schärfer ins Gesicht. Als erster geriet Chabot, der Segen aller Bankhalter im Palais Royal, in die Schußlinie. Desmoulins und Hébert brachten seinen Namen in Verbindung mit der Affäre um die Ostindische Kompanie, andere Blätter schnüffelten in seinem Privatleben und nahmen sich seine Bekannten, vor allem die Brüder Frey, vor. Man schrieb, die Freys hätten Chabots Heirat mit ihrer Schwester in die Wege geleitet, um ihn an der Leine zu haben und ihn sich außerdem dadurch verpflichtet, daß sie ihm die Chance boten, das durch Unterschlagungen und Bestechungen zusammengebrachte Geld dank einer übermäßig hoch dotierten, fiktiven Aussteuer reinzuwaschen.

Im Lauf des Winters 1793/94, nachdem inzwischen auch der offizielle Bericht von Amar über Veruntreuungen bei der Auflösung der Ostindischen Kompanie vorlag, kamen Chabot, Fabre d'Eglantine und Danton vor Gericht. In den

Unterlagen des öffentlichen Anklägers Fouquier-Tinville fand sich folgende Notiz: »Seit sieben oder acht Monaten weiß alle Welt, daß Chabot mit dem verkommensten Menschen in Verbindung steht, einem gewissen Chevalier de Jean, der zusammen mit der Frau Robineau drei oder vier Mal in der Woche den Exkapuzinermönch Chabot betrunken machte und seit Beginn der Revolution zu den fanatischsten Royalisten gehört.«[16] Man munkelte auch, de Jean habe bei der Heirat der Schwester der Brüder Frey ebenfalls seine Finger im Spiel gehabt. Die Brüder Frey saßen mittlerweile selbst auf der Anklagebank, denn man hielt sie mit gutem Grund für die einflußreichsten Geheimagenten Österreichs. Madame Robineau und ihr Freund zogen sich angesichts dieser Entwicklung vorläufig zurück und vermieteten ihren Spielsalon.

Am 6. April 1794 wurde das Gesetz über den Nachweis der Aufenthaltsberechtigung verabschiedet, das eine Reihe von Adligen, die bis dahin in Paris untergetaucht waren, zwang, innerhalb einer Woche die Stadt zu verlassen. Die Begüterten begaben sich in ihre Landhäuser nach Passy, Suresnes, Croissy oder ins Tal Montmorency. Auch Madame Robineau sah sich genötigt, in ihr Haus in Neuilly umzusiedeln, doch hoffte sie, eine Ausnahmeregelung zu erwirken, und bat deshalb den Direktor des Theaters in der Rue Feydeau, eine Lesung ihres Stücks *L'Homme libre (Der freie Mensch)* ins Programm zu nehmen. Er tat es und bescheinigte ihr, sie werde in Paris gebraucht. Mit diesem Papier wandte sie sich an den korsischen Abgeordneten Jean-Marie Arrighi, auf daß er beim Wohlfahrtsausschuß ein Wort für sie einlegte. Am 7. Juni schickte Arrighi einen Brief an den Volksvertreter Barère, mit der Bemerkung: »Nach Erledigung der öffentlichen Aufgaben zu lesen:«

»Hiermit übersende ich Dir eine Notiz, die Bürgerin Beaunoir, Autorin der Stücke *Fanfan et Colas* und *L'Homme libre*, betreffend.

Wegen notwendiger Änderung an den Stücken möchte sie bei den Proben dabeisein und bittet deshalb um die Aufhebung ihres Aufenthaltsverbotes. Wir würden sie uns auf diese Weise verpflichten und, gesetzt den Fall, wir kommen ihrer Bitte heute noch nach, sie auch auffordern können, am morgigen Fest des ›Höchsten Wesens‹ teilzunehmen. Sie wohnt in Neuilly.
PS: Ich lege ein Schreiben des Theaterdirektors bei, in dem er die Autorin anfordert.«

Dank Barère erhielt sie die begehrte Genehmigung, aber das Glück währte nicht lange. Beim Sicherheitsausschuß ging ein sie belastender Bericht ein, worauf man sie am 25. Juni inhaftierte, wenig später als den Chevalier de Jean. Beide leugneten, ihre Freunde in der Kommune bestochen zu haben, gaben jedoch zu, daß bei ihnen Brett- und Gesellschaftsspiele, manchmal auch Trente-et-un gespielt wurde, niemals aber, beteuerten sie, habe es die ganz riskanten Glücksspiele Biribi oder Trente-et-quarante gegeben. Auf die Frage, warum sie schwarz gekleidet sei, antwortete sie, weil ihr Vater vor einem Jahr gestorben sei, aus keinem anderen Grund.[17]

Ihr Sohn verteidigte sie mutig, behauptete, sie habe in der Rue Traversière-Saint-Honoré ausschließlich ehrenwerte Leute und echte Patrioten empfangen, und nannte als Beweis Abgeordnete aus dem Umkreis von Danton und Delacroix. Wer immer dahinter steckte, oder ob der Zufall es wollte, de Jean und seine Mätresse kamen nicht aufs Schafott. Der Chevalier de Jean wurde dank der Fürsprache von Cusset bald nach dem 9. Thermidor (27. 7. 1794) aus dem Gefängnis entlassen, Madame Robineau trotz wiederholter Eingaben und der eifrigen Bemühungen ihres Sohnes erst am 28. Dezember.[18]

Sofort übernahm sie die Leitung des Spielsalons im ehemaligen Polnischen Klub in den Arkaden des Palais Royal, der arg heruntergekommen war, nachdem sein Hauptaktionär, der Vicomte de Castellane, aus dem Gefängnis ausgebrochen und in die Schweiz geflohen war. Ende des Jahres erstrahlte der Polnische Klub wieder im alten Glanz, wie ein Polizeibericht vom 9. Dezember 1795 bestätigte:

»Gold- und Silberstücke rollen in allen Häusern nur so über die Tische, aber nirgendwo in solchem Übermaß wie im Klub der Arkaden, nahe dem Theater der Republik, bei Herrn Monier, dem Nachfolger von Madame de Saint-Amarand und Aucane, bei Fondgravier d'Ulysse im Hotel de Londres, Rue de Richelieu, und bei der Bürgerin Robineau im Polnischen Klub. Ein gewisser Doligny, regelmäßiger Besucher des Klubs in den Arkaden, läßt dort jedesmal 50 Livres in Gold auf dem Spieltisch. Einmal wurde sogar die Bank gesprengt, aber man stockte sie mit zwei Millionen, halb Gold, halb Papiergeld, wieder auf.«

Ein anderer Bericht ließ durchblicken, die Geschäfte der Madame Robineau gingen glänzend: »Nur Aristokraten und die reichsten aller reichen Bürger sind zugelassen. Die Säulen des Geschäfts sind der Chevalier de Jean und ein sich Baron de Fortisson titulierender Mann. Riesige Summen in Gold sind im Spiel.«[19] Man vermutete auch, der Innenminister halte schützend seine Hand über das Unternehmen.

Doch Adelaïde Robineau beschloß, sich aus dem Gewerbe zurückzuziehen, Paris den Rücken zu kehren und sich auf Martinique niederzulassen. Ihren alten Gefährten verbannte man nach der dunklen Affäre mit Tilly-Blaru aus Paris und stellte ihn in Semur-en-Auxois unter Polizeiaufsicht.

Die natürliche Tochter von Bertin de Blagny blieb zehn Jahre auf Martinique, sie arbeitete als Lehrerin, und wenn sie durch irgend etwas auffiel, dann allenfalls durch ihre dezidierte Königstreue. Möglicherweise bewog dies den Kommissar Seiner Majestät Ludwig XVIII. auf den Antillen, den Grafen de Loppinot, Anfang August 1814 für die verdiente Royalistin eine Stellung als Vorleserin am Hof zu erbitten.[20] Nachdem sie in Paris angekommen war, gab sie den hochfliegenden Plan auf und begnügte sich damit, beim Wohlfahrtsfonds der staatlichen Spielverwaltung Anspruch auf eine Pension anzumelden. Dem Grafen Decazes schrieb sie: »Wenn die Verdienste meines Vaters und mein eigenes langwährendes Unglück Sie geneigt machen könnten, mir diese Gunst zu gewähren, würde ich all mein Elend vergessen und auf ewig dankbar sein.«[21] Man entsprach schließlich ihrer Bitte, doch mußte sie sich mit einem mageren Kostgeld von 400 Livres begnügen, einem Hungerlohn, verglichen mit den riesigen Summen ihrer Glanzzeit.

Sie lebte noch lange und starb am 15. Februar 1840 im Quartier Montmartre.

Die erfolgreiche Erpresserin

Caroline Mayeul de Maningan wurde 1762 in Avignon als Tochter des Kavallerieoffiziers Philippe-François Mayeul de Maningan und der Marie-Madeleine de Jourdan de Fouard geboren.[1] Sie war, einem zeitgenössischen Berichterstatter zufolge, »berühmt in ganz Paris«. Ihr hübsches Gesicht fiel dem Kardinal de Rohan auf, und er machte sie zu seiner Mätresse. Er hielt sie fürstlich aus und gestattete ihr gern, die gesellschaftliche Stellung, die sie ihm verdankte, in klingende Münze umzusetzen.

Geschäfte dieser Art galten im galanten Milieu zum guten Ton, und Mademoiselle de Maningan war nicht einmal die talentierteste in dem Gewerbe. Man nennt hier eher Mademoiselle Duthé-Rosalie Gérard, deren Namen in aller Munde war, weil sie Vestier nackt Modell gestanden und es verstanden hatte, nicht nur den Herzog de Chartres, sondern auch seine beiden Vettern Artois und Provence zu betören. Da jedermann wußte, daß sie in der Gunst der Prinzen stand, wandte man sich in heiklen Fällen oft an sie. Als die Gläubiger eines Freundes und Schützlings des Justizministers ihren Prozeß verloren, traten sie in sozusagen letzter Instanz an Mademoiselle Gérard mit der Bitte heran, sich gegen die beachtliche Summe von 100 000 Livres ihrer Sache anzunehmen. Sie veranlaßte den Grafen d'Artois einzugreifen, der Druck auf den Justizminister ausübte, worauf der Richter gezwungen war, sein Urteil zu revidieren.

Ebenso berühmt ist der Fall von Marie Morel, einer zierlichen und graziösen, unter dem Namen Guimard bekannten

Tänzerin. Der Herzog de Chartres hatte sie entdeckt, Monseigneur Jarente d'Orgeval, der Verwalter der königlichen Zuwendungen, sie dann zur Geliebten genommen.[2] Ähnlich wie Rohan, der Caroline de Maningan nicht nur gab, sondern auch von ihr nahm, bediente sich seine Eminenz der Tänzerin, um seinen Einfluß beim Klerus zu Geld zu machen. »Meistens empfing sie die frommen Bittsteller in ihrem Liebesnest in der Chaussée d'Antin.« Der Zeitgenosse, der dies Quentin von Champenetz erzählte, setzte hämisch hinzu: »Heute ist sie häßlich wie eine Kröte.« – »Und doch«, erwiderte Champenetz schlagfertig, »hält ein großes Blatt sie warm.«[3] Aufgrund seiner Machenschaften zog sich Jarente im Februar 1779 einen Tadel von Ludwig XVI. zu, kurz bevor eine vergleichbare, für die Monarchie sehr viel unangenehmere Affäre, da die Königin darin verwickelt war, ans Licht kam.

Die ehemalige Opernsängerin Mademoiselle Renard, eigentlich Ursule-Josèphe Antoine, bekannt für ihre »süße« Stimme und ihr feuerrotes Haar, so daß man sie auch den »brennenden Dornenbusch« nannte, war die Favoritin von Alexandre-Marie-Elénor de Montbarrey, Prinz de Saint-Maurice und zeitweilig Kriegsminister. Er machte von sich reden, weil er gegen die Teilnahme Frankreichs am amerikanischen Unabhängigkeitskrieg stimmte. Mademoiselle Renard erhielt von all denen, die mit Hilfe des Kriegsministers die Gunst des Königs erlangen wollten, viel Geld, und selbstverständlich teilte sie es mit ihrem vornehmen Komplizen. Ein hoher Offizier zahlte ihr 50 000 Livres, weil er mit dem Roten-Band-Orden ausgezeichnet werden wollte. Er stand dann auch tatsächlich auf Platz eins der Anwärterliste, aber der König überging ihn, denn inzwischen hatte die Königin für einen ihrer Schützlinge den Vorrang erstritten. Der Offizier verlangte zornentbrannt die Vermittlungsgebühr zurück, worauf Ursule Renard ihm mit strahlendem Lächeln erwiderte, sie habe ihre Vereinbarung eingehalten, für die Entscheidung des Königs könne er sie nicht verantwortlich machen. Der Offizier, außer sich über diese Unredlichkeit, entdeckte dem Premierminister, dem Grafen de Maurepas, den Betrug und brachte so den Kriegsminister zu Fall. Am 17. Dezember 1780 mußte de Montbarrey seinen Abschied nehmen. Mademoiselle Renard empfahl man dringend, das Land zu verlassen, doch wenige Monate später bat sie die feine Gesellschaft schon wieder zu einem Empfang in ihrem Stadthaus. Das schwarze Kleid, von dem sich ihre roten Locken aufs schönste abhoben, trage sie, erklärte sie allen, aus Trauer um ihren Liebhaber, den entlassenen Kriegsminister. Ihr Herz war nun wieder frei, und es war Charles de Sartines, der es 1783 in Besitz nahm.

Ein weiteres Beispiel liefert die Geschichte der Herzogin de Brancas, geborene Catherine Van Nyvenheim, eine bildschöne Holländerin. Kaum verheiratet mit dem alten Brancas, erwählte sie den einflußreichen Baron de Breteuil zum Geliebten. Chamfort schrieb über sie:

»Die Herzogin von Brancas setzte sich beim Minister von Breteuil für den Abbé C. ein und verschaffte ihm eine Stellung, die einen fähigen Mann verlangte. Als ihr zu Ohren kam, man bedaure allgemein, daß das Amt nicht an M.L.-B., einen verdienstvolleren Mann gegangen war, antwortete sie: ›Nun, mir ist es nur recht, wenn mein Schützling, ohne es verdient zu haben, vorgezogen wird, denn auf diese Weise wird man das Ausmaß meines Einflusses nur um so richtiger einzuschätzen wissen.‹«[4]

Aber nun zurück zu Caroline Mayeul de Maningan, die sich die Gunst des Kardinals de Rohan mit Madame Gillet de Courville teilte, der in die Halsbandaffäre der Königin verwickelten Ehefrau eines Staatsanwalts. Die Untreue des Kardinals, mehr noch sein angeschlagener Ruf, veranlaßten Mademoiselle de Maningan, nach neuen Eroberungen Ausschau zu halten. Sie begann eine Liebschaft mit dem Ratsherrn von Abbans, de Jouffroy, und kam durch ihn zu einer Rente von 600 Livres.[5] Ein anderer Verehrer, Joseph-Alexis Leconte de Nonant, Graf de Raray, drückte 1789 seine Dankbarkeit in Gold- und Silbermünzen im Wert von 30 000 Livres aus – eine, an den üblichen 10 000 oder 15 000 Mätressengeldern gemessen, außergewöhnlich große Summe.[6] Diese beträchtlichen Einkünfte erhöhten sich noch um die Rente, die ihr Kardinal de Rohan weiterhin zahlte. Maningan war also reich, aber wie alle Aristokratinnen legte sie ihren Stolz darin, Schulden zu machen. Erst nach zwei Jahren und nachdem er vor Gericht geklagt hatte, erstattete sie beispielsweise dem Tuchhändler Loyson die ausstehenden 2609 Livres.[7]

Seit 1787 bewohnte sie ein kleines Stadtpalais mit Vorhof und Garten in der Rue Chantereine, heute Rue de la Victoire, von dem man wegen späterer Umbauten nur noch weiß, daß es zwei Stockwerke mit jeweils zwölf Fenstern hatte. Ihre Gäste empfing sie in einem weiträumigen, königsblauen Salon.[8] Über ihr Aussehen und ihr Auftreten heißt es im *Almanach des adresses des demoiselles de Paris (Almanach der Adressen der Demoiselles von Paris)* von 1790: »Eine stattliche und verführerische Figur, ein unschuldsvoller Blick, sie ist fürwahr eine schöne Frau, allerdings nicht sehr gescheit, doch äußerst geldgierig.« Geldgierig war sie zweifellos, dumm aber wohl nicht, denn ihre Gefängnisbriefe beweisen, daß sie sich sehr wohl elegant und gewählt auszudrükken verstand. Ihr Haus wurde schon bald zum Treffpunkt der Freunde des Königs und sie selbst 1794 wegen konterrevolutionärer Umtriebe verhaftet. Bei ihr verkehrte eine recht bunt gemischte Gesellschaft, junge Adlige, aus der königlichen Armee ausgeschiedene Offiziere, ehemalige Pagen, Mitglieder der im April 1792 aufgelösten Leibgarde Ludwigs XVI. und ein Großteil der Unterwelt. Der Polizei lagen Berichte vor, nach denen »Mademoiselle Maningan, die Geliebte des Kardinals de Rohan, die von ihm monatlich

100 Goldmünzen erhält und mit einem ehemaligen Gardeoffizier namens Rouvenac zusammenlebt, die gesamte Korrespondenz des Kardinals und seiner Anhänger empfängt und weiterleitet. Sie wohnt Rue Chantereine Nr. 10. Ihre Adresse steht wie die anderer monarchistischer Klubs und Häuser auf der Liste ›aristokratische Klubs und Gesellschaften‹.«[9]

Der neue Liebhaber Jacques L'Huillier de Rouvenac war bei der Polizei von Soltho-Douglas schlecht angesehen. Er stand nicht nur im Ruf eines Berufsspielers, sondern auch in dem eines Erpressers und Zuhälters. Im Frühjahr 1792 schloß er sich der Emigrantenarmee an, tat sich dort durch seinen Mut hervor und starb im Scharmützel von Quiberon den Heldentod. In den Jahren davor hatte Rouvenac zu einer Gruppierung gehört, die unter dem Namen »lustige Spielgesellen« im Palais Royal ihr Unwesen trieb und aktenkundig geworden war: »Diese Ansammlung von Schurken zählt ungefähr zweihundert Mitglieder, darunter eine Reihe führender Köpfe. Ihre Beschäftigung besteht darin, Spielhöllen und Bordelle abzukassieren. Sie stehen mit Dieben im Benehmen, und sobald jemand Glück im Spiel hat, sind sie da und erpressen ihn.«

Die Gruppe besaß ihre eigene »Polizei«, deren Mitglieder jeden Montag eine Summe von einundzwanzig Livres erhielten. Den Rest der Beute teilten die dreißig Bandenhäuptlinge unter sich auf, ließen aber in ihrer Kasse immer eine bestimmte Summe für anfallende Kosten. Auf der Liste der Anführer findet man mehrere Freunde der Mademoiselle Maningan, einige von ihnen aus dem Beamten- und Schwertadel.

»Namen und Wohnsitze der wichtigsten Anführer:

- Seguin, Staatsanwalt, wohnhaft in der Rue du Ponceau. Er lebt zusammen mit der Frau von Coffinet, einem berüchtigten Dieb und Mörder.

Die Offiziere:

- Rouvenac, ehemaliger Unteroffizier der Französischen Garde.
- Lamorlière, Sohn eines bretonischen Generals, geschickter Taschendieb, mehrfache Gefängnisaufenthalte, zu Auspeitschung, Pranger und Galeerenstrafe verurteilt, aber aufgrund neuer Gesetze freigelassen.
- Comte de Saint-Geniez, allseits bekannter Dieb, zu Beginn der Revolution wegen Brandstiftung und Plünderung von Schlössern ebenfalls zu Auspeitschung, Pranger und Galeerenstrafe verurteilt. Sie wohnen alle drei bei Mademoiselle Maningan in der Rue Chantereine Nr. 10. Einer von ihnen, Rouvenac, ist ihr Geliebter.
- Saint-Fond, Träger des Saint-Louis-Ordens, Anwärter auf eine Stellung bei Hof, berüchtigter Dieb, der sich als Verkäufer von Schinken und bretonischen Buttertöpfen Einlaß in die Häuser verschafft. Er logiert in der Rue Royale bei der Kupplerin Hervieux (einer Verwandten der Mademoiselle Dervieux).
- Lavilette, ehemaliger Leibgardist des Königs, professioneller Zuhälter, findiger Betrüger, lebt und wohnt bei der hübschen Madame Lantilly (alias Lemaire d'Antigny) in der Rue Notre-Dame-des-Victoires Nr. 24.
- Le Maire d'Héricourt, ehemaliger Stallmeister beim Grafen d'Artois, Bruder des Kastellans von Chambord. Vor fünf Jahren hat er den Dienst beim Prinzen quittiert, und seitdem widmet er sich ausschließlich der Kuppelei. (Über die Ehefrau oder die Schwester von Le Maire d'Héricourt heißt es in den frühen Skandalchroniken der Revolution, sie habe eine Liebschaft mit Mademoiselle de Maningan gehabt.)
- Salus, Höfling, vorgeblich Offizier, gewitzter Betrüger.
- Mauny, geschickter Kartenschwindler und Falschspieler.
- Bassé und Chaulat, ehemalige Metzger, wohnhaft im Palais Royal Nr. 15.
- Temple, Biribi-Spieler im Saal Bouche-de-Fer des Theaters du Cirque, wohnhaft bei der Apothekerin der Straße, Comtesse d'Artois.
- Malmazet de Saint-Andéol, bekannter Schurke, Palais Royal Nr. 88.

- Der Graf Bechon d'Arquin, berüchtigter Falschspieler, wohnhaft Boulevard du Pont-aux-Choux Nr. 8.
- Richer de Sérizy, Falschgeldvertreiber im Spielsalon des Hotel de Londres, Rue de Richelieu.
- Désabeyé, geübter Falschspieler, wohnhaft mit seinem Freund Descarrières, einem anderen Schwindler, im Palais Royal Nr. 129, hat dort einen Spieltisch für Trente-et-un.
- Jaquet, berühmter Betrüger, unterhält einen Spieltisch mit Robert.«

Die meisten »lustigen Spielgesellen« waren also Ganoven mit Adelsprädikat. Sie bildeten das Verbrechermilieu der Epoche, und Demoiselle Maningan herrschte als hohe Priesterin über sie. Um ihrerseits hinter den Freunden nicht zurückzubleiben, eröffnete sie im Palais Royal einen eigenen, wenn auch kurzlebigen Spielsalon.

Allerdings waren nicht alle ihre Freunde Berufsverbrecher. Manche von ihnen nutzten das »Milieu«, um ihre geheimen, politischen Aktivitäten zu tarnen und sie aus den Gewinnen von Glücksspiel und wohl auch Prostitution zu finanzieren. Der interessanteste unter ihnen war Charles René Graindorge d'Orgeval, Vicomte de Mesnil-Derand, der sich 1792 mutig erbot, Ludwig XVI. zu verteidigen. Er gehörte zum alten normannischen Adel, war zunächst Verwalter beim Tabakdepot von Le Havre, dann Brigadekapitän,[10] und beteiligte sich an fast allen royalistischen Verschwörungen der ersten Revolutionsjahre. Er spielte mit seinem Freund, dem Baron Charbonnier de Sainte-Croix, die Rolle des Scharfmachers unter den »Rittern vom Dolch«, und seinem Draufgängertum ist es zuzuschreiben, daß die Karikatur des Königstreuen, der unter weitem schwarzen Umhang die spitze Waffe zückt, der Wirklichkeit nahekommt. Ende Februar 1791 unternahmen einige Aristokraten heimlich den Versuch, Ludwig XVI. aus den Tulerien zu entführen, während gleichzeitig als Ablenkungsmanöver ein Aufruhr in Vincennes die Nationalgarde am anderen Ende von Paris festhielt. Das Unternehmen hatte vor allem symbolischen Wert, die Presse schlachtete es weidlich aus und bestärkte die öffentliche Meinung im Glauben, Ludwig XVI. werde gegen seinen Willen in den Tuilerien festgehalten. Der Wunsch des Königs, am 18. April das Osterfest in Saint-Cloud zu begehen, und der Einspruch der Nationalversammlung trugen weiter dazu bei, in ihm einen Gefangenen zu sehen, was die Ereignisse von Varennes im Juni dann eindrucksvoll bestätigten.

Die Bekanntschaft mit Mesnil-Durand, der zu den Redaktionsmitgliedern der ultra-royalistischen Satirezeitschrift *Actes des Apôtres (Apostelgeschichte)*[11] gehörte, sollte einige Stammgäste von Mademoiselle de Maningan wenig später in die gefährliche Nähe der Guillotine bringen. Am 13. August 1791 erhielt der Untersuchungsausschuß der Verfassunggebenden Versammlung einen Bericht über die betrügerische Ausfuhr von Wertgegenständen und die Einfuhr der ersten falschen, im Ausland hergestellten Assignaten. Die Hauptverantwortlichen des noch in den Anfängen steckenden Falschgeldringes waren Mesnil-Durand, Champagne de Montereau, Denelle de Marcille, der Dragoneroffizier Amelin und Saint-Edme. Unterdessen hatte man Mesnil-Durand wegen Beihilfe zur Flucht Ludwigs XVI. nach Varennes verhaftet und etwa einen Monat im Gefängnis der Abbaye festgehalten. Kaum freigelassen, stürzte er sich in die Spielsalons des Palais Royal[12] und spannte Mademoiselle de Maningan, seinen Vetter Mesnil-Simon, seine Mätresse Mademoiselle Bourgoin und Mademoiselle Bélisard ein, um dort soviel Falschgeld wie möglich unter die Leute zu bringen.

Mademoiselle de Maningan vergaß dabei alle Vorsicht, und von 1792 an tauchte ihr Name in verschiedenen Berichten über den Handel mit Falschgeld auf. Einige dieser Schieber starben während der Schreckensherrschaft auf dem Schafott. Ein Polizeibericht über Elisabeth Bastien von Bélisard erklärt ziemlich genau, wie der Handel ablief.

Die junge Opernelevin Elisabeth Bastien de Bélisard war die Tochter eines gewissen Joachim Bastien, eines aus Mons stammenden naturalisierten Bürgers. Zu Anfang der Revolution war sie dem jungen Barthélémy Vignaud de Saint-Maurice aufgefallen, und die beiden bezogen in der Rue du Faubourg Montmartre eine gemeinsame Wohnung.[13] Er hatte sich vom Notargehilfen zum Staatsanwalt beim Pariser Gericht hochgearbeitet und war schließlich zum Kommissar der Sektion des Montblanc ernannt worden. Allerdings geriet Vignaud in Mißkredit, als durchsickerte, daß er zusammen mit seinen Freunden Leconte und Fielval verdächtigen Royalisten, wie etwa dem von der Polizei in ganz Frankreich gesuchten Herzog de Châtelet, falsche Wohnsitzpapiere beschafft hatte. Da sein Name und der seiner Geliebten außerdem mit den Falschgeldgeschäften in Verbindung gebracht wurde, zogen sie in bedenklicher Weise die Aufmerksamkeit auf sich und damit auch auf Mademoiselle de Maningan. Ein Polizeispitzel berichtete:

»Frau Bélisard, Freundin von Vignaud, brachte die falschen Assignaten, die Vignaud von Debray, Gomé de Séville, Caradec de Kerloury, Mesnil-Simon usw. erhielt, in Umlauf. Sie tauschte sie in hohen Summen in Metallgeld ein. So kaufte sie beispielsweise bei einem Kunsttischler für 400 Livres Möbel und ließ sich auf 1000 Livres Falschgeld 600 gültige Livres herausgeben. Bei einem Fayencehändler in der Vielle-rue-du-Temple kaufte sie für 300 Livres Porzellangeschirr und Vasen und erhielt 700 Livres auf ihre falschen Assignaten von 1000 Livres. Weder ihm noch den vermutlich rund vierhundert anderen Händlern, die sie aufsuchte, fiel der Betrug auf. Mit Falschgeld erwarb sie die teuersten Kleider, Möbel von erlesener Schönheit, Schmuck, Edelsteine und Diamanten in reicher Auswahl. Sie hat sogar die Tollkühnheit, auch heute noch eine prächtige Kutsche zu fahren. Sie wohnt, glaube ich, Rue du Faubourg Montmartre oder de la Poissonnière und hat derzeit noch 400 Livres gefälschte Assignaten in ihrem Besitz. Meistens ließ sie sich bei ihren Käufen von einem gewissen Mesnil-Durand begleiten. Er saß für eine Weile als Royalist im Gefängnis Saint-Lazare, ist in Wahrheit aber der wichtigste Falschgeldschieber in ganz Paris. Sie tat sich gelegentlich auch mit einer Frau namens Maningan zusammen, die mit ihrem Freund Rouvenac, einem ehemaligen, inzwischen emigrierten Offizier der Französischen Garde, das Falschgeld verbreitete. Sie ist heute noch im Geschäft, alle Falschgeldhändler kennen sie und gehen bei ihr ein und aus. Es scheint mir unumgänglich, Frau Bélisard zu verhaften, ebenso wie die Maningan, deren Wohnsitz hinter dem Boulevard des Italiens nicht schwer zu finden sein sollte.«[14]

Der gut unterrichtete Polizeispitzel, ein zur Gegenseite übergelaufener ehemaliger königlicher Leibwächter, fügte seinem Bericht noch hinzu, der Graf de Kératry, ein Freund von Mesnil-Durand, besuche die Maningan jeden Tag und übergebe ihr manchmal Falschgeld im Wert von 300 000 bis 400 000 Livres. Man kann daran in etwa den Umfang dieses Handels ermessen und verstehen, weshalb die Sicherheitsausschüsse die Sache so ernst nahmen. Jean-François de Kératry, so wenig bekannt wie Mesnil-Durand, spielte gemeinsam mit seinem Landsmann, dem Bretonen Caradec de Kerloury, und dem Grafen de Mesnil-Simon eine herausragende Rolle bei der Finanzierung der Konterrevolution durch den Vertrieb von Falschgeld. Alle drei und mit ihnen eine große Anzahl Komplizen starben unter dem Fallbeil, nur der Kaufmann Claude-André Champagne de Montereau, ein wichtiger Drahtzieher im Pariser Fälscherring, entging der Hinrichtung.

Das Falschgeld wurde größtenteils im Ausland, vor allem in England, zum Teil aber auch in der Provinz – in Lisieux, Champigny-sur-Marne und Meaux – und vor den Toren von Paris, in Romainville und Passy, gedruckt. Die falschen Assignaten aus dem Ausland kamen bis 1792 über die belgische Grenze, später, während des Kriegs mit England, über die Schweiz nach Paris und vornehmlich in das Viertel des Palais Royal. Die ersten Zwischenhändler tauschten die Assignaten im Wert von 100 Livres gegen 30 Livres in Gold- oder Silbermünzen, von denen sie große Mengen ins Ausland brachten. Als dann die ausländischen Banken die Ausfuhr von Metallgeld einstellen mußten und im Frühjahr 1793 auch die Hinterlegung von Edelmetallen aufs genaueste überprüft wurde, übernahmen offizielle Exporteure, die als Geschäftsleute den drastischen Exportbestimmungen nicht unterlagen, die verbotene Ausfuhr. Einige von ihnen bekam man dennoch zu fassen, sie wurden unverzüglich hingerichtet.

Hauptziel des ganzen Handels war, das Vertrauen in die Assignaten zu zerstören, und dieselben Royalisten, die das Falschgeld vertrieben, warnten in zahlreichen öffentlichen Anschlägen die Bevölkerung vor dem Kauf von Assignaten, mit dem Hinweis, sie könnten gefälscht sein. Eines dieser Plakate fand man später in den Papieren Marie-Antoinettes. Sicher ist jedenfalls, daß die wilden Wechselspekulationen die Entwertung der Assignaten bis in die Zeit des Direktoriums erheblich beschleunigten.

Auch der Spieltisch für Trente-et-un, den Caroline de Maningan eine Zeitlang gemeinsam mit einem gewissen Lixon in der Rue des Bons-Enfants unterhielt, diente wohl nur als Tarnung für die Wechselgeschäfte mit falschen Papiernoten: »Der Lütticher Lixon«, heißt es in einem Polizeiprotokoll, »ein berüchtigter Dieb und Betrüger, hält in mehreren Spielsalons die Bank und nutzt sie als Umschlagplatz für jede Art von Falschgeld.«

Um sich vor den Betrügereien zu schützen, erließ die Regierung eine Reihe von strengen Gesetzen gegen Falschmünzer, Spekulanten und Schieber. Schon ab 1791 stand auf das Geschäft mit den falschen Assignaten die Todesstrafe. Da die politische Absicht nur schwer nachweisbar war, erklärte man die ordentlichen Kriminalgerichte für zuständig. Unterstanden die Angeklagten jedoch dem Gesetz für politisch Verdächtige, kamen sie vor das außerordentliche Kriminalgericht.[15]

Eine Anzeige des Polizeispitzels Armand beim Allgemeinen Sicherheitsausschuß brachte Mademoiselle Maningan und ihre Freundin Mademoiselle Bélisard im April 1794 ins Gefängnis. Caroline de Maningan entkam dem Revolutionstribunal und Fouquier-Thinville, doch der Präsident des Pariser Landgerichts Lebois rief sie als Zeugin in einem großen Prozeß gegen die Falschmünzer auf. Am 17. August 1793 durchsuchte der Überwachungsausschuß der Sektion Mont-Blanc noch einmal ihre Wohnung und sicherte mit Siegeln vor allem die dritte und vierte Etage, in denen sich ihr persönliches Eigentum befand,[16] und wieder kam sie mit dem Schrecken davon, ihr Name erschien nicht einmal in der Anklageschrift von Lebois. Noch im Gefängnis erfuhr sie, daß die Richter Elisabeth Bastien de Bélisard und vier andere ihrer Freundinnen zum Tode verurteilt hatten. Eine von ihnen, Marie Paul, wurde sofort guillotiniert. Die anderen behaupteten, sie seien schwanger,[17] und versuchten, das Mitleid des Konvents und des Rechtsausschusses zu wecken. In einem wohlaufgesetzten Brief versicherten die jungen Frauen auf Treu und Glauben, niemals am Assignatenhandel beteiligt gewesen zu sein:

»Bürger, vier Frauen, von denen die älteste dreißig Jahre ist, wurden vom Kriminalgericht des Departements Paris der Mitwisserschaft in einer Affäre falscher Assignaten für schuldig befunden und zum Tode verurteilt. In der Erklärung der Geschworenen hieß es, es sei erwiesen, daß diese Bürgerinnen die Assignaten nicht verbreitet, wohl aber von ihrem Handel gewußt hätten. Aufgrund dieses Befundes verurteilte man die Unglücklichen dazu, das Schicksal der Hauptschuldigen zu teilen. Das Urteil war gesprochen, die Ausführung sollte folgen. Doch flüchteten die Todeskandidatinnen sich in eine fromme Lüge, deren zweifacher Zweck es war, ihr Leben der drohenden Gefahr zu entziehen und das

Gewissen der Geschworenen vor vergeblicher Reue zu bewahren; sie behaupteten also, schwanger zu sein und verblieben daher in der Haft, wo sie nun in qualvoller Erwartung eines frühen Todes dem unheilbringenden Augenblick entgegenzittern, in dem das Blutgerüst seine Opfer fordert.

Aber der Rechtsausschuß wird sie dieser schrecklichen Situation eilends entreißen, denn er wird ohne Zweifel den Widerspruch zwischen den beiden Urteilssprüchen der Geschworenen erkennen. Und die von Mißgunst eingegebenen falschen Anschuldigungen der Zeugen, von denen die Geschworenen sich haben irreführen lassen, werden den Ausschuß nicht täuschen. Wenn man außerdem bedenkt, daß eine der Angeklagten die Geschworenen durch unbedachte und aufrührerische Reden zu größerer Härte veranlaßte, so wird der Ausschuß, da ja keine der Bittstellerinnen der Verbreitung von Falschgeld, geschweige denn seiner Herstellung, angeklagt ist, zur Einsicht kommen, daß es ungerecht und grausam wäre zu vermuten, sie hätten von der Straftat gewußt.

So lehrt doch auch die Erfahrung, daß ein Verbrecher nur Komplizen zu seinen Vertrauten macht. Die Unglücklichen, die sich heute mit dieser Eingabe an Sie wenden, waren nach dem Spruch der Geschworenen aber keine Helfershelfer der Schuldigen. Der Ausschuß wird daher zum notwendigen Schluß kommen, daß sie nicht deren Vertraute haben sein können. Er wird deshalb die Vollstreckung des harten Urteils aussetzen, und den Schuldigen, der Recht und Gesetz mißachtete, nicht mit der gleichen Strenge bestrafen, wie die unglückliche und unvorsichtige Frau, die sich, da es Zufall und Umstände so wollten, mit ihm verbunden hat im Glauben, seine Existenzgrundlage sei ehrenwerter Herkunft.

Paris, 29. Fructidor des Jahres II (16. 8. 94)
Unterzeichnet Bélisard, Bourgoin, Bridan, Berthelemot.«[18]

Ein Bericht von Legendre führte schließlich zur Aufhebung des Urteils, und die Freundinnen von Mademoiselle de Maningan wurden in den folgenden Monaten aus dem Gefängnis entlassen. Sie selbst entging, wohl dank Barras, mit knapper Not einem Prozeß, worauf sie am 16. September 1794 mit dem Hinweis auf ihre Unschuld die Freilassung forderte: »Die Amtssiegel sind entfernt, und man hat nichts gefunden, was nicht meine Unschuld und die Niedertracht meiner Verleumder bewiese. Ich habe mir einzig und allein vorzuwerfen, daß ich zuweilen zuließ, daß man bei mir Karten spielte. Dadurch sah ich mich gezwungen, mir unbekannte Personen zu empfangen, deren Gesellschaft ich jedoch nie gesucht habe.«

Am 19. November, nachdem das Kriminalgericht entschieden hatte, es gäbe keinen Grund zur Anklage, wurde sie dann auf freien Fuß gesetzt und gehörte fortan zum kleinen Hofstaat um Barras. In ihren zahlreichen Ersuchen, mit denen sie ihn während der Zeit des Direktoriums überhäufte, redete sie ihn stets »Mein lieber Vetter« an.[19] Sie berief sich häufig auf die Mitglieder des Direktoriums, bot sich als einflußreiche Vermittlerin an, eröffnete eine Art Beratungsbüro und verkaufte ihre tatsächlichen oder vorgetäuschten guten Beziehungen zu den Ministerien teuer.

Im März 1799 stellte der Geschäftsmann Ganet aus Bordeaux Strafanzeige gegen sie, und der Friedensrichter A. J. Martin veranlaßte ihre Verhaftung. Ganet war nach Paris gekommen, um ausstehende Schulden einzufordern. Man verwies ihn an Kommissar Leroux, einen hohen Beamten im Kriegsministerium, der aber Ganet an seinen Freund Guérin verwies, der ihn wiederum an einen Schwindler, La Roche de Liechtenstein, weiterempfahl. La Roche versprach nun seinerseits, das Anliegen der Mademoiselle de Maningan, einer überaus hilfsbereiten Cousine von Barras, anzuvertrauen. Man kam überein, daß sie als Belohnung für ihre Dienste fünf Prozent der einzutreibenden Summe erhalten solle.

Bald darauf ließ die Dame Ganet in ihr kleines Stadtpalais bitten. Sie hörte ihn höflich an und sicherte ihm ihre Unterstützung zu. Ganet berichtete später, sie habe ihn mit der ungezwungenen Gewandtheit einer Dame aus besten Kreisen empfangen und ihm mitgeteilt, schon am nächsten Tag gebe sie ein Abendessen für den Kriegsminister Shérer, zu dem auch der Bürger Leroux geladen sei. Von Zeit zu Zeit flocht sie geschickt den einen oder anderen großen Namen in das Gespräch ein, entließ Ganet schließlich gnädig, davon überzeugt, den unbedarften Besucher aus der Provinz nachhaltig beeindruckt zu haben. Zwei Tage später ließ sie ihn wissen, Leroux habe versprochen, die Sache in den nächsten zwanzig Tagen zu erledigen. Sie sahen sich wieder, sie bezauberte ihn aufs neue durch ihre bestrickende Liebenswürdigkeit und lässige Eleganz. Ihrer Beute sicher, lud Mademoiselle de Maningan Ganet an ihren Spieltisch. »Dort gab man ihm zu verstehen, daß er durch Spielverluste die eigene Sache fördern könne. Es sei nun einmal üblich in Paris, auf diese aufopferungsvolle Weise die Minister und das Direktorium günstig zu stimmen.«

Der Geschäftsmann verlor also, Madame de Maningan tröstete ihn und ließ sich die 50 Ecus Spielschulden auszahlen. Darauf versicherte sie ihrem Schützling erneut, man werde sich im Ministerium um seine Angelegenheit kümmern. Die Summe, die der Staat ihm schulde, werde er über kurz oder lang gewiß zurückerlangen. In den folgenden Tagen lud sie Ganet wieder ein, umschmeichelte ihn und zog ihn an den Spieltisch. Jetzt wurde es ernst, und am Ende belief sich die Spielschuld auf 4 500 Livres. Ganet weigerte sich zu zahlen. Mademoiselle de Maningan redete auf ihn ein, und als ihr die Argumente ausgingen, bestand sie plötzlich darauf, er habe ihr umgehend drei Schuldscheine in Höhe von jeweils 1 500 Livres auszustellen: »Nur ein ehrloser Mann versucht, die Schwäche einer Frau auszunutzen. Sie zahlen oder ich richte Sie zugrunde!«

»Bürgerin, wie können Sie in diesem Ton mit mir sprechen!«

»Ich habe mich«, erwiderte sie, »für Sie eingesetzt. Jetzt aber brauche ich Geld, oder ich zerstöre ihr Ansehen als Mensch und Geschäftsmann! Entscheiden Sie sich! Geben Sie nach, oder ihr Schicksal ist besiegelt! Ich sage Ihnen offen, daß ich Freunde habe, die mich zu rächen wissen. Im Ancien Régime«, fügte sie drohend hinzu, »hätte ich Ihnen eine Kugel in den Kopf geschossen.«

Ganet erbleichte und antwortete: »In welche Hände bin ich geraten! Eher ließe ich mich erschlagen, als daß ich meine Kinder an den Bettelstab brächte, und Sie mit meinen Gütern mästete. Greifen Sie ruhig zur Waffe, ich werde mich bis zuletzt verteidigen.«

Wutentbrannt verschloß Maningan die Tür und schickten den Diener um Hilfe. Einige Minuten später ließ man Ganet wissen, drei Bürger seien auf dem Weg, ihr Beistand zu leisten. Er unterzeichnete die Schuldscheine und entfloh. Kurz darauf legte er Einspruch ein und erstattete Anzeige.

Caroline de Maningan gab natürlich eine ganz andere Version der Geschichte, behauptete, Ganet sei zudringlich geworden und habe ihr das Geld geradezu aufgedrängt. Sie leugnete energisch, ihn bedroht oder gar tätlich angegriffen zu haben und erklärte:

> »Ich habe mit Ganet niemals um Geld, sondern nur Trictrac und Patience gespielt. In meinem Haus finden keine Glücksspiele statt, und nichts ist leichter, als dies zu überprüfen. Als der Bürger Ganet mir drohte, mich wegen Betrugs anzuzeigen, erstattete ich ihm die Papiernoten, die er mir im Feuer der Leidenschaft schenkte, nicht zurück. Ich blieb gelassen, weil ich mir nichts vorzuwerfen hatte und eine solche Klage noch nie gegen mich erhoben wurde.«[20]

Sie hatte Glück, ihre einflußreichen Gönner sorgten wieder einmal für einen Freispruch. Allerdings enthielt das Urteil die Anweisung an den Kommissar des Direktoriums, »diese lasterhafte Frau aufs strengste zu überwachen«.

Nach diesem Eklat verwischen sich die Spuren der ehemaligen Mätresse des Kardinals de Rohan. Sie starb am 30. April 1840 in ihrem herrschaftlichen Appartement in der Rue Vendôme Nr. 13.

Die verarmte Spionin

Die Familie von Etta-Lubina-Johanna d'Aëlders gehörte zu den reichen Protestanten der Stadt. Ihr Vater, Baron Jacob d'Aëlders van Nieuwenhuys, besaß eine Manufaktur für Papiertapeten. Als die Tochter 1743 geboren wurde, gehörten Stadt und Provinz Groningen zur Republik der Vereinigten Niederlande, deren Generalstatthalter seit langem das Haus Oranien-Nassau stellte.

Nach dem Tod ihres Mannes nahm die Mutter die Geschicke der Familie in die Hand, gab die Tapetenherstellung auf, eröffnete ein Leihbüro und achtete auf die sorgfältige Erziehung ihrer Tochter. Mademoiselle Aëlders war sehr belesen, beherrschte mehrere Sprachen – so übersetzte sie zum Beispiel Condorcet – und liebte das freie Leben. Sie sah gut aus und entsprach mit ihrem blonden Haar, den blauen Augen und ihrer stattlichen Figur dem Idealbild der Holländerin, wie es am Hof von Versailles auch die Schwestern van Nyvenheim, Madame de Brancas und Madame de Champcenetz verkörperten.[1]

Nachdem der Student Christian Ferdinand Lodewijk Palm, Sohn eines Prokurators, ihr schöne Augen gemacht hatte, ließ sie sich von ihm entführen und heiratete ihn 1762 in Groningen, doch schon wenige Monate später begab er sich in die ostindischen Kolonien. Sie wartete weder seine Abreise noch den Totenschein ab, sondern stürzte sich in ein neues Leben und neue Liebschaften. Nach ihrer Liaison mit dem Direktor der Groninger Post, Herrn Assuerus-Johann Veldtmann – er hätte ihr Vater sein können – begann sie ein Verhältnis mit Jean Munnicks, der sein Vaterland als Gesandter in Messina und Tripolis vertrat, bevor er sich den Briten als Spion andiente. Er weihte die junge Madame Palm – sie nannte sich wieder Etta d'Aëlders – in die Gebräuche der Geheimdiplomatie ein.

In Breda begegnete sie dem eleganten Kavallerieoffizier Grovestins, ließ sich von ihm am Hof bei Prinzessin Anne, der Tochter des Statthalters Wilhelms V. von Oranien, einführen, gewann deren Zuneigung und erhielt schon bald von der Regierung die Berufung als »offizielle Korrespondentin« an der Pariser Botschaft, ein ehrenvolles Amt, verbunden mit dem Auftrag, den Interessen des Vaterlands zu nützen.

1773 ließ sich Etta unter dem Namen Baronin d'Aëlders in Paris nieder, vergaß Amt und Auftrag und setzte ihren Ehrgeiz darin, den Ruf einer freien galanten Frau zu erwerben. Da sie sich nicht oder nur ungenügend aushalten ließ, war sie schließlich doch genötigt, ihr Amt auszufüllen und Informationen einzuholen, um sie der niederländischen Regierung verkaufen zu können. Aber die Regierung zahlte schlecht, und so diente sie sich, zunächst erfolglos, dem französischen Premierminister Maurepas als Doppelagentin an. 1778, kurz bevor Frankreich in den amerikanischen Unabhängigkeitskrieg eintrat, kam Maurepas auf ihr Angebot zurück, weil er interessiert war zu erfahren, ob die Niederländer ihren Beistandspakt mit den Briten einhalten oder brechen würden. Er schickte Etta d'Aëlders mit dem offiziellen Auftrag in ihr Heimatland zurück, die Prinzessin von Oranien auszuhorchen. Auf Empfehlung ihres ehemaligen Geliebten, des Spions Munnicks, teilte sie dem Premierminister mit, die Niederlande seien vertragstreu, was der Wirklichkeit nicht ganz entsprach, denn manch einer wünschte sich, das Land aus der doppelten Einflußsphäre der Briten und Preußen befreit zu sehen.

Im Mai 1781 kehrte sie nach Paris zurück und bezog eine schöne Wohnung in der Rue Favart. Zu ihren Gästen gehörte nicht zufällig Desmarets de Maillebois. Man hatte Maillebois, Marschall von Frankreich und Generaldirektor im Kriegsministerium von Choudieu, 1785 angetragen, eine dreißigtausend Mann starke Armee aufzustellen, um den von sozialen Unruhen erschütterten Niederlanden zu Hilfe zu kommen, denn die durch dramatisch ansteigende Arbeitslosigkeit bei gleichzeitig wachsenden Gewinnen der Geldanleger und Bankiers entstandene und von den Patrioten unterstützte revolutionäre Bewegung gefährdete ernsthaft die Regierung der Oranier.

Auch der ehemalige Bürgermeister von Arnheim, Gérard Bantse, nach Paris entsandt, um den Botschafter Berkenroode zu unterstützen, besuchte sie, und 1787, nachdem die Oranier wieder fest im Sattel saßen, kam Appolonius-Jan-Cornelis Lampsins im Auftrag des Statthalters Wilhelms V., um die Aktivitäten der nach Paris geflüchteten holländischen Patrioten zu neutralisieren und Propaganda für die Oranier zu betreiben. In den *Lettres de Paris* hielt ein deutscher Diplomat namens Oelsner fest, wie Madame d'Aëlders ihre beiden Rollen, die der galanten Frau und die der Spionin, meisterte:

»Sie stand auf seiten des Statthalters und diente der Prinzessin von Oranien als Kundschafterin, Unterhändlerin oder wie immer man ihre Tätigkeit umschreiben möchte. So ernst wie die übereifrige Théroigne de Méricourt scheint sie ihre Mission nicht zu nehmen, denn obwohl sie, wie diese, die Patrioten um sich schart, bevorzugt sie unverhohlen unter den prinzipientreuen Männern die schmucken.«

Am 1. April 1788 erschien die von Mirabeau verfaßte Streitschrift *Aux Bataves sur le Stathoudérat (An die Bataven, die Statthalterei betreffend)* über das Recht aller Völker auf Freiheit. Die Baronin d'Aëlders trat daraufhin zum erstenmal als Publizistin in Erscheinung und widerlegte die Ausführungen Mirabeaus in einem Artikel mit der Überschrift *Réflexions*, womit sie ihrer Regierung angenehm auffiel und nunmehr offiziell zur Mitarbeiterin des Geheimdienstes der Republik der Vereinigten Niederlande avancierte. Von da an beschränkte sie sich nicht mehr auf die Weitergabe von Informationen, sondern begann tatkräftig, den Aufruhr in Frankreich zu schüren in der Erwartung, die Nation damit zu schwächen und ihr Land vor Unruhen zu bewahren. Zu diesem Zweck begab sie sich unter die Reformer und empfing nun die Mitglieder der Verfassunggebenden Versammlung mit offenen Armen.

Nach 1788 korrespondierte sie regelmäßig mit Den Haag, und der Ratspensionär Van de Spiegel, der sie in den Geheimdienst geholt hatte, war mehr als zufrieden mit ihr. Als sie den Wunsch äußerte, ihn zu besuchen, überredete er sie, in Paris zu bleiben, wo er sie dringend brauche. Tatsächlich gab sie sich große Mühe, die Journalisten gegen die nach Paris geflüchteten holländischen Patrioten aufzuhetzen und überschüttete Van de Spiegel buchstäblich mit denunziatorischen Briefen, bis sie vom 18. auf den 19. Juli 1791 für achtundvierzig Stunden als mutmaßliche Spionin festgenommen wurde.[2]

Seit 1790 hatte sie sich in den ersten Frauenklubs ein neues Betätigungsfeld erobert. Da sie eine gute Rednerin war, beeindruckte sie die Zuhörer und benutzte mit ihren engagierten Vorträgen zur Verbesserung der rechtlichen und politischen Lage der Frau die Klubs als Tribüne und Ausweis ihrer fortschrittlichen Gesinnung.[3] Nur Olympe de Gouges hielt sich von der allgemeinen Zustimmung fern und veröffentlichte um dieselbe Zeit ihre *Observations sur les étrangers (Betrachtungen über die Ausländer)*, die politische Weitsicht bezeugen:

»Ich möchte meinen Lesern kundtun, daß ich, wenn ich hier das heilsame Mißtrauen anderer Nationen gegen Fremde lobe und das blinde Vertrauen der Franzosen in die Fremden tadele, weder dem einen noch dem anderen Extrem zuneige. Mein einziges Ziel ist es, meine Mitbürger dazu zu bewegen, ihre Menschenfreundlichkeit mit dem nötigen Vorbehalt zu versehen, damit ausländische Regierungen sie nicht für dumm verkaufen. Daß man Fremde willkommen heißt, sie nicht in stets ungerechtem Vorurteil aus der Gesellschaft ausschließt, daß man allen Bewohnern des Universums mit soviel Achtung und Aufmerksamkeit entgegenkommt, daß Heimweh sie nicht plagt, befürworte ich zutiefst, und ich stimme von ganzem Herzen der Maxime zu: Homo sum et nihil humani a me alienum puto (Ich bin ein Mensch und nichts Menschliches ist mir fremd).«

Andere Zeitgenossen verdächtigten die Ausländer in Paris nicht zu Unrecht der Spionage. So verfaßte Cerisier ein Pamphlet mit dem Titel *Détail exact du complot formé au milieu de Paris par les puissances etrangères, avec les noms des conspirateurs (Genaue Auskunft über das von ausländischen Mächten mitten in Paris geschmiedete Komplott mit den Namen der Verschwörer)*. Der Autor nannte unter anderem: »eine sogenannte Baronin d'Aëlders, Holländerin, Tochter eines Perückenmachers [sic] und Witwe eines Gastwirts [sic], eine Blondine, geadelt, insofern, als sie sich mit sechsunddreißig Baronen und ebensovielen Grafen einließ, mit einem Wort: eine intrigante Dirne, die, nachdem sie gegen reichen Lohn die Sache mit Herrn de Maillebois eingefädelt hatte, sich jetzt zum Klub Bouche de Fer und zur Brudergesellschaft beider Geschlechter Zugang verschaffte, was ihr nur dadurch gelang, daß sie heuchelte, ihrer Vergangenheit als Priesterin und Äbtissin der Venus abgeschworen zu haben.« Die Schmähschrift endete mit den Worten: »Gelegentlich erhält sie Besuch vom preußischen Botschafter. Ihre Verbindungen zum Hof in Den Haag sind bekannt, und bekannt ist auch, daß sie hier im Ausland das Lied der demokratischen Freiheit singt, während sie in ihrer Heimat die antipatriotische Hymne anstimmt.«

Mehrere Zeitungen, so die *Gazette universelle* und die *Chronique de Paris* (Condorcet, Villette, Mercier) griffen die Anschuldigungen Cerisiers auf,[4] und nur Gorsas gab ihr im *Courrier des 83 départements* am 25. Juli 1791 Gelegenheit für einen Widerruf:

»Die *Gazette universelle* hat Madame d'Aëlders in ungebührlicher Weise angegriffen. Der Angriff ist sachlich unberechtigt, und er ist ehrverletzend, selbst wenn er in der Sache recht hätte. Es zeugt wirklich von Schäbigkeit, einen Rachefeldzug gegen Madame d'Aëlders in eben dem Augenblick zu beginnen, da sie ihrer Freiheit beraubt ist. Das Unrecht ist um so größer, als der Artikel in der *Gazette universelle* den Leser so voreingenommen macht, daß selbst wir glaubten, sie sei noch in Haft und habe untenstehenden Brief aus dem Gefängnis Abbaye geschrieben, während sie ihn uns schickte, nachdem sie längst wieder in Freiheit war.«

Der Brief der Baronin d'Aëlders hat folgenden Wortlaut:

»An den Redakteur des *Courrier*, 20. Juli 1791

Ich habe im Cercle Social dargelegt, daß Herr Cerisier, Redakteur bei der *Gazette universelle*, vom früheren Minister Guignard de Saint-Priest eine Pension in Höhe von 1000 Livres erhält, um die Regierung der holländischen Republik zu verleumden. Ich führte aus, daß die Niederlande Wert auf ein harmonisches Verhältnis zu Frankreich legen und daß, solange es andauere, der Statthalter keine neuen Truppen in die belgischen Provinzen entsenden und nichts gegen Frankreich unternehmen werde. Man spendete mir Beifall. Durch meine Ausführungen in schlechtes Licht gerückt, versuchte Herr Cerisier, indem er mich persönlich angriff, sich aus der Affäre zu ziehen, aber die Versammlung mißbilligte sein Verhalten, und er mußte das Rednerpult räumen. Aus diesen Gründen haßt er mich.

Ich schätze mich glücklich, im selben Kreis eine wohltätige Stiftung ins Leben gerufen und durch eine Spende auch gesichert zu haben. Die Stiftung wird Kindern armer Leute die Schulbildung ermöglichen. Die Besitzer des *Bouche de Fer* überließen uns für unsere ersten Sitzungen ihre Räume. Soviel zu meinem Einfluß auf die führenden Vertreter dieses Klubs. Ich habe mir, da ich mich in dieser wichtigen Frage nicht ausreichend unterrichtet fühle, nie erlaubt, mich für oder gegen das Königtum zu entscheiden.

Und was die Äußerungen über meine Herkunft angeht, wieviel Wahrheit liegt doch darin! Ich bin, um meine Interessen zu verteidigen, wirklich nicht auf eine Ahnentafel angewiesen. Die Tochter eines Gastwirts [sic], die, wie er sagt, in ständigem Kontakt zu den Oberhäuptern ihres Vaterlandes steht – wohl denn, das spricht immerhin für ihren Stil, ihre Klugheit und eine gute Erziehung. Manchmal, schreibt Cerisier, sähe ich den preußischen Gesandten – nun denn, auch Herrn Cerisier wird es nicht entgangen sein, daß der Gesandte keine Intriganten kauft. Ich beschränke meine Aktivitäten darauf, mir durch eine tadellose Lebensführung weiterhin die Achtung und Freundschaft integrer Patrioten und geschätzter Frauen zu erhalten. Mein Schreiben und Handeln gelten dem Wohlergehen der Armen und werden ihm immer gelten, und wenn ich die Tränen auch nur eines einzigen Unglücklichen zu trocknen vermag, so ist mir das Entschädigung genug für alle Schmährufe.«[5]

Auch bekannte Republikaner verkehrten in ihrem Haus.[6] So berichtete Choudieu, der sie gut kannte: »Die Baronin d'Aëlders war Holländerin und Geheimagentin der Preußen. Sie zog hübsche junge Leute an, ausschließlich Abgeordnete der Montagnards, sie blieben allerdings aus, als sie hörten, Madame d'Aëlders habe Kontakt zum preußischen Botschafter. In ihrem Haus lernte Chabot die Preußin kennen, die er dann heiratete.«[7]

Madame d'Aëlders hatte inzwischen Gefallen an Claude Bazire, dem besten Freund Chabots und Abgeordneten des Departements Côte d'Or, gefunden. Der siebenundzwanzigjährige Bazire erlag der in der Liebe erfahrenen, zwanzig Jahre älteren Frau, und sie erwiderte zärtlich seine Gefühle. Am 19. Dezember schickte sie ihm, kaum 24 Stunden nach der letzten Begegnung, folgenden Brief:

»Es ist Montagabend, neun Uhr. Ach, mein Freund, und wenn Sie nun einer anderen, liebenswerteren Frau begegnet sind? Ich weiß, gestern abend hielt man Sie bei den Jakobinern fest, dreimal versuchte ich Sie zu erreichen, vergeblich, und so ging jeder allein nach Hause, traurig, ohne Umarmung.

Heute, beim Abendessen, hörte ich von dem unglücklichen Veto. Obwohl ich es erwartet hatte, bestürzte es mich, aber wir sollten die Hoffnung nicht aufgeben, vielleicht wird der Antrag des Bischofs ja angenommen. Lassen Sie es mich wissen, nein, erzählen Sie es mir morgen abend, denn, mag es Ihnen auch leicht fallen, eine Liebenswertere zu finden, so werden Sie doch niemandem begegnen, der geneigter ist, Sie zu lieben, Ihnen Schwester, Freundin, Führerin durch das schreckliche Babylon zu sein. Mein Freund, wie gern will ich Sie um Ihrer selbst willen lieben. Ich schäme mich nicht, die strengen Regeln der Konvention zu durchbrechen, indem ich Ihnen offen gestehe, daß mein Herz schwer ist und mein Gemüt bang, da ich den Gegenstand meiner zärtlichen Empfindungen seit vierundzwanzig Stunden nicht sah.

Könnten Sie, teurer Freund, wie Sie mir versprachen, mir eine Eintrittskarte für die morgige Sitzung besorgen? Wenn ja, schicken Sie sie mir, sonst hole ich Sie morgen früh ab und Sie stellen mich der Versammlung vor. Wir werden schon eine Möglichkeit finden, uns Eintritt zu verschaffen, und werden danach zusammen speisen, sollten Sie mich noch ein wenig liebhaben.

Adieu, liebenswerter Freund, ich sende Ihnen einen schwesterlichen Kuß. Wo bleiben Sie, mein Freund? Wie einsam fühle ich mich.

Um sieben Uhr morgens schloß ich meine Augen, während ich in Gedanken noch bei Ihnen war, teurer Bazire, und Sie waren der erste, zu dem mein Herz sprach, als ich die Lider wieder aufschlug. Man nennt das wohl lieben. Wie dem auch sei, kommen Sie, lassen Sie uns zusammen essen, das Wetter ist zu schlecht, um die Nationalversammlung aufzusuchen, oder Sie haben eine Eintrittskarte und holen mich ab. Adieu, ich umarme Sie, mein armer Kranker.«

Obwohl sie Bazire wohl aufrichtig liebte, nutzte sie ihn auch, um die Nationalversammlung für ihre zukunftsweisenden Anliegen zu interessieren, wie Straffreiheit für weiblichen Ehebruch und vor allem das Recht auf Scheidung, über das man damals viel diskutierte.[8]

Endlich erlaubte man ihr, vor der Gesetzgebenden Versammlung am 7. Januar 1792 ihre Übersetzung der Erklärung *Aux puissances de l'Europe (An die Mächte Europas)* von Condorcet vorzutragen, was ihr stürmischen Beifall eintrug. Durch diesen Erfolg ermutigt, trat sie am 1. April an der Spitze einer Frauendelegation vor die Schranken der Versammlung und unterbreitete eine Petition, in der gefordert wurde, den Frauen »die gleiche öffentliche Bildung wie den Männern und die Volljährigkeit mit 21 Jahren« zu gewähren, daß ferner »vollkommene Gleichberechtigung zwischen den Geschlechtern herrsche und Scheidungen erlaubt sein müßten«.

Der Krieg brach aus, und die Forderungen der Frauen, von den Abgeordneten der Legislative interessierter aufgenommen als vom Konvent, fanden kaum mehr Gehör.[9] Etta d'Aëlders' Hoffnung, als Vorreiterin der Frauenrechte Anerkennung zu finden, zerrann, das Verhältnis mit Bazire aber hatte Bestand, und er unterrichtete sie über alles, was auf den Fluren der Versammlung geflüstert und in der Zeitung nicht gedruckt wurde. So eröffnete er ihr eines Tages im September, welche Tragödie sich im Gefängnis Abbaye abgespielt hatte. Sein später beschlagnahmter Brief ist leider unvollständig überliefert:

»Meine liebe Freundin,
wenn mich etwas darüber hinwegzutrösten vermag, daß ich Sie nicht sehe, dann der Gedanke daran, daß Ihre schönen Augen von den gräßlichen Bildern nicht beschmutzt worden sind, die uns jeden Tag ein herzzerreißendes Schauspiel bieten.

Mirabeau hat gesagt, es gebe nichts Fürchterlicheres als die Details einer Revolution, und nichts Schöneres für die Erneuerung Europas als ihre Folgen. Das mag so sein, aber wieviel Mut braucht es, Staatsmann zu sein und einen kühlen Kopf zu behalten angesichts so schrecklicher Erschütterungen und Zerstörungen. Sie kennen mein Herz, Sie können den Zustand meiner Seele ermessen. Ein empfindsamer Mensch müßte sein Gesicht verbergen, über die Leichen hinweg sich in den Tempel des Gesetzes flüchten und nichts als das große Ganze ins Auge fassen. Ich möchte mich für immer der Tragödie der Massaker entziehen, aber die Versammlung baut darauf, daß meine Jugend und das wenige, was mir an Popularität zugekommen ist, die Wütenden beruhige, sie schickt mich zurück in die Menge und denkt nicht daran, daß die Menschlichkeit, zu deren Vertreter sie sich ernannt hat, in mir erstirbt.

Vernehmen Sie die Erzählung dessen, was ich sah, und glauben Sie mir, ich erspare Ihnen viele Einzelheiten, um ihre Empfindlichkeit nicht zu überfordern und weil es mir zuwider ist, sie nachzuzeichnen.

Gestern abend teilten Mitglieder des Generalstabs der Pariser Kommune der Nationalversammlung mit, daß das Volk die Gefängnisse erstürme und die Inhaftierten erwürge. Sofort wurden fünf Kollegen und ich ernannt, um Frieden zu stiften. Wir machen uns auf den Weg. Einige Freunde schildern mir unterwegs den aktuellen Stand des Geschehens, das sich vor dem Gefängnis Abbaye Saint-Germain abspielt. Ich beschleunige meine Schritte, zittere ob der Langsamkeit meiner Begleiter. Wir kommen an. Das Gefängnistor geht auf eine lange, enge Straße, die Rue Sainte-Marguerite. Die Häuser sind sehr hoch. Es ist hier früher Nacht als anderswo. Jetzt herrschte tiefe Finsternis, und um die Grabesfinsternis zu bannen, hatte man in die Fenster ein paar Fackeln und Kerzen gestellt...«[10]

Hier endet der Brief Bazires, die Folge seiner Enthüllung bleibt ebenso unbekannt wie seine Eindrücke, als sich ihm die alptraumhafte Vision der von Säbelhieben durchbohrten und geköpften Leichen darbot.

Madame d'Aëlders erwog ernsthaft, Frankreich zu verlassen, doch vorher bot sie dem Außenminister Lebrun noch ihre Dienste an. Auf einen Brief vom 5. November, in dem sie den Wunsch äußerte, Geld (zumindest zehn Florin) für die Reisekosten zu erhalten, antwortete er am 26. November:

»Ich kann mir nicht versagen, Ihnen mitzuteilen, daß ich sie weder beauftragt noch angeregt habe, nach Holland zu reisen, um uns nützlich zu sein. Doch werden Sie sich sicher erinnern, daß Sie uns vorschlugen, da Sie aus Privatgründen dorthin fahren würden, uns alle interessanten Erkenntnisse zu geben, die Sie über die Republik und ihre Regierung sammeln könnten. Sie ließen mich wissen, daß Sie mit einer höhergestellten Person in Den Haag in Verbindung stehen; ich glaubte Ihnen daher, Sie seien imstande, uns gute Hinweise über verschiedene Dinge beschaffen zu können. Davon ausgehend haben wir uns, der Finanzminister Clavière und ich, Madame, entschieden, Ihnen monatlich 100 Ecus zukommen zu lassen, damit wir von Ihnen zweimal wöchentlich eine Information über das, was Sie an Besonderem in Erfahrung bringen können und was unsere Aufmerksamkeit verdient, erhalten.

Ich wünsche, daß Sie die höhergestellte Person, die Sie kennen, der friedlichen Absichten der Republik Frankreich allen neutralen Mächten gegenüber versichern. Sie werden weiterhin beteuern, Madame, daß wir niemals gegen eine andere Macht vorgehen werden, außer wir sind von deren erkennbar feindlicher Gesinnung oder einem geplanten Angriff überzeugt. Ich werde Ihnen mit dem nächsten Boten einen Wechsel über 300 Livres schikken.«[11]

Vor ihrer Abreise übergab sie Clavière, der sie empfohlen hatte, in seiner Eigenschaft als Direktor einer Lebensversicherungsgesellschaft einen Teil ihres Vermögens, und zwar die stattliche Summe von 18 000 Livres. Außerdem vertraute sie ihm eine Schatulle mit Silber an. Clavière hätte sich gern noch stärker für die Spionin verwandt, aber Lebrun ließ ihn am 25. November wissen, daß es gelte, neue Hinweise über diese Person zu berücksichtigen:

»Weit davon entfernt, die Summe für Madame Palm d'Aëlders zu erhöhen, bin ich vielmehr geneigt, sie ganz zu streichen. Diese Frau steht nicht unbegründet im Ruf einer Intrigantin. Mir vertraute Personen haben mich mehrmals gewarnt, auf der Hut zu sein, und mehrere Mitglieder des Konvents haben mir zu verstehen gegeben, die Verdächtigungen seien nicht von der Hand zu weisen.

Es scheint so, als gehöre sie zur Partei des Statthalters, wohingegen allein die Patrioten unsere Hilfe beanspruchen können. Als ich mich entschloß, ihr Geld zu geben, hoffte ich, daß ihr Einfluß auf die Prinzessin dazu beitragen könne, Rußland aus dem Bündnis mit Österreich zu lösen. Inzwischen hat sich dieses Ansinnen ebenso erübrigt wie die Arbeit der Agentin.

Im übrigen bekam ich bisher keine Informationen von ihr. Sollte ich dennoch brauchbare Kenntnisse erhalten, werde ich meinen Verpflichtungen nachkommen und sie genauso behandeln wie die französischen Kundschafter. Es scheint so, als rühme sich diese Dame, sie besitze einen offiziellen Auftrag unserer Regierung. Das war von Anfang an unsere Abmachung, und Sie sehen, wie sie sich daran gehalten hat.«

Madame d'Aëlders begann, sich um das Clavière anvertraute Geld zu sorgen und bat ihn, es bei Bankier Greffulhe in der Rue Bergère zu hinterlegen, weil sie dringend einige Wechsel brauche. »Es ist unzumutbar«, schrieb sie, »daß ich von weniger als 10 Florin am Tag leben soll.« Im Dezember ließ sie Lebrun mehrmals Nachrichten zukommen, die angesichts der Tatsache, daß Frankreich kurz vor dem Krieg mit den Niederlanden stand und die Nachrichten von einer Spionin des verfeindeten Landes kamen, kaum verläßlich gewesen sein können. Lebrun schien die Tatsache jedoch zu ignorieren. Das Revolutionstribunal verurteilte ihn wegen Hochverrats, wobei die Anwerbung von Madame d'Aëlders im Prozeß nicht einmal Erwähnung fand. Hingegen bestärkten die bei der Baronin gefundenen Papiere den Verdacht gegen Bazire und trugen zu seiner Verurteilung bei.

Madame d'Aëlders geriet in immer größere finanzielle Schwierigkeiten, weil der Kriegszustand die Rückkehr nach Paris unmöglich machte, und sie versuchte, mit dem Nachfolger Lebruns, Chemin-Deforges, Kontakt aufzunehmen. Aber am 5. Oktober erhielt sie die Auskunft, »ihm ab sofort keine Berichte mehr zu schicken«.

Die holländische Regierung versah sie zwar noch mit einer Zuwendung »für die Dienste, die sie während ihres Aufenthalts in Frankreich geleistet hatte«, aber die Macht des Prinzen von Oranien schwand, und die Aussichten auf eine sichere Zukunft verschlechterten sich. Trotz der Unterstützung der Briten konnten die Niederländer dem Ansturm der französischen Truppen und der von Daendels befehligten Freiwilligenarmee nicht widerstehen. Der Prinz von Oranien mußte 1795 mit seiner Familie nach England fliehen, und die Baronin stand ohne jeden Schutz da. Infolgedessen hegte Madame d'Aëlders die Befürchtung, daß sie von den Patrioten wegen ihrer Denunziationen zur Rechenschaft gezogen werde, was sich auch bald bewahrheiten sollte. Am 18. Mai 1795 erklärte der stellvertretende Staatsanwalt Cornélius Maanern vor dem Überwachungsausschuß, die angebliche Baronin d'Aëlders sei eine üble Intrigantin, sie gefährde die Sicherheit der Republik, in Frankreich wäre sie längst hingerichtet worden. Der Ausschuß beschloß ihre Verhaftung, nicht ohne zuvor, da sie sich als französische Staatsangehörige ausgab, Erkundigungen in Paris eingeholt zu haben. Schließlich durchsuchte man ihre Wohnung, und als die Beweise ausreichten, verhaftete man sie.

Die Generalamnestie von 1798 gab ihr die Freiheit zurück. Eine Freundin in Den Haag nahm sie auf. Am 28. März 1799 starb sie; die feierliche Beerdigung, die sie sich gewünscht hatte, fand nicht statt.

Die Frauen und das Glück

Jede der hier porträtierten Frauen führte ihr eigenes unverwechselbares Leben, und doch gleichen sich die Bilder, denn alle lösten sich aus den Konventionen, denen zufolge eine Frau nur in der Obhut ihres Vaters, Ehemanns, Bruders oder Geliebten ihr Leben zu meistern imstande sei. Sie bestimmten über sich selbst, lebten unabhängig oder suchten nach neuen Wegen in die Unabhängigkeit. Keine von ihnen paßte sich vorgefundenen Mustern an, sie alle schufen sich in Freud und Leid ihre eigene Welt.

Ihr Liebesleben verlief nicht unglücklich, und, soweit man es von außen beurteilen kann, gaben sie sich der Galanterie ohne Schuldgefühl hin. So konfliktreich und gelegentlich stürmisch ihr Leben auch verlief, daß es falsch oder sündig sei, empfanden sie im Gegensatz zu den Heldinnen der zeitgenössischen Romanliteratur nie. In der Literatur begeht eine verheiratete Frau, die sich verliebt, einen Fehltritt, schweigt und verheimlicht ihre Sehnsüchte und ihr Verlangen. Die galanten, sexuell freizügigen Frauen verstellten sich nicht, sondern offenbarten ihre Leidenschaften ohne Gewissensbisse. Über die wenigen, denen die biographischen Lexika ein paar Zeilen widmen, heißt es, sie hätten ihr Leben bereut und dafür Buße getan. So schreibt etwa Hoefer in seinem Wörterbuch, Olympe de Gouges, die so mutig gegen das Todesurteil für Ludwig XVI. auftrat, habe ihre »Fehler« gesühnt.

Diese Frauen haben auch nie das Gefühl gehabt, am Rand oder gar außerhalb der Gesellschaft zu leben, sondern bildeten eine eigene kleine Gesellschaft, eng verbunden mit den Literatur- und Künstlerkreisen von Paris in ihrer Zeit, gemieden nur von autoritätshörigen, intoleranten und unaufgeklärten Zeitgenossen.

Weder ähnelten sie den von ihren Schaukeln herab den Betrachter anlächelnden Schönheiten des Malers Boucher, noch den Ausgeburten eines Rétif de la Bretonne, Andréa de Nerciat oder de Sade, deren Heldinnen, angebliche Herrinnen ihres Schicksals, nach Entführung und Vergewaltigung meistens im Kloster Buße tun. Die »Kleinen Meisterwerke der libertinen Literatur«, wie man Ende des vorigen Jahrhunderts sagte, haben das Bild der wirklich freizügig lebenden Frau entstellt und die Realität durch pure Erfindung ersetzt.

In Wahrheit beflügelte das Liebesleben dieser Frauen ihre persönliche Entwicklung, ermöglichte die Freiheit der Sitten ihnen ein besseres Leben, erlaubte ihnen die Absage an jede Geheimnistuerei, heimlich quälende in erfolgreiche Liebesabenteuer zu verwandeln. Man sieht es an Mademoiselle Dervieux, die zehn Jahre nach ihrer ersten Begegnung Bélanger heiratete, an Mesdames Joly de Fleury und de Mursin, die den Weg auf die Guillotine gemeinsam gingen. Auch die glücklich liebende, gefeierte Tragödin Mademoiselle Raucourt steht für ein erfülltes libertines Leben. Und vielleicht bewog gerade ihre alle Tabus der Liebe und des Berufs überschreitende Daseinsfreude den Erzbischof von Paris dazu, die Aufbahrung ihres Leichnams in der Kirche Saint-Roch zu untersagen. Sonst eher folgsam, faßten die kleinen Leute an diesem Tag Mut, brachen die Kirchentüren auf und trugen den Sarg bis auf die Stufen des Altars.

Selbstverständlich verstanden sich die libertinen Frauen darauf, ihre Eroberungen strategisch zu planen; da sie geistreich und oft außergewöhnlich klug waren, beherrschten sie ihre Gefühle, traten vornehm und kokett auf, und ganz gewiß beherrschten sie die Kunst der Intrige. Im Gegensatz zu den meisten Frauen ihrer Zeit bekannten sie sich zu ihrem Lustverlangen, doch anders als ihre männlichen Gegenspieler genossen sie ihre vielen Liebeleien nicht als Siege, sondern sahen in der Vielzahl ihrer Beziehungen das sicherste Mittel, der Liebe ihres Lebens zu begegnen. Im Liebesvollzug erprobten sie ihre Liebhaber, und wenn sie schließlich den besten herausgefunden hatten, gewährten sie ihm ihre Freundschaft und Gunst. So war es bei Veymerange und Mademoiselle Adeline, bei Aucane und Madame de Saint-Amarand, bei Castellane und Mademoiselle de Quincy. Andere, wie Madame Thilorier und d'Eprémesnil, Mademoiselle Dervieux und Bélanger, Mademoiselle Saulnier und der Marquis de Livry schlossen erst nach lang andauernder Liaison den Bund der Ehe. Im Gegensatz zu den üblichen Regeln suchten sich diese Frauen ihre Partner selbst aus und ließen wissen, ob sie glücklich waren. Madame de Latour du Pin schrieb über die Freundinnen ihrer Tante, der Prinzessin d'Hénin: »Die Frauen der gehobenen Gesellschaft zeichneten sich durch die Kühnheit aus, mit der sie ihre Liebeshändel offenlegten. Kaum begann die Liebelei, schon war sie in aller Munde, und dauerte sie an, gab es höchste Anerkennung.« Das bezog sich auf die Umgebung von Marie-Antoinette, in Versailles.

Doch maßgebend für die tiefgreifende Umwälzung der Sitten, die unter Ludwig XV. begonnen hatte, waren die libertinen Milieus in Paris. Die Revolution in ihrer terroristischen Phase setzte der »zügellosen Wollust« ein Ende und verwies die freizügig lebenden Frauen zurück an Heim und Herd oder legten ihnen Stillschweigen auf. Der dem mediterranen Geist verpflichtete Code Civil kleidete die Niederlage in ein juristisches Gewand.

Waren die galanten Frauen des ausgehenden Jahrhunderts der Aufklärung glücklich? In den Augen eines Teils der gebildeten Gesellschaft schienen sie überglücklich zu sein. Anhänger der katholischen Moralvorstellungen waren vom Gegenteil überzeugt und trugen auf ihre Weise dazu bei, ein bemitleidenswertes Bild von der ihnen fremden Lebensweise zu verbreiten. Aber nach der aus den Berichten der Zeitzeugen und anderen Dokumenten gewonnenen Kenntnis plagte diese Frauen ganz offensichtlich kein schlechtes Gewissen. Nichts hindert uns im Gegenteil anzunehmen, daß sie für viele andere, die, unfreiwillig an das häusliche Leben gefesselt, pausenlos gebären mußten, das Glück verkörperten.

Anhang

Anmerkungen

Abkürzungen: AN = Archives Nationales; BHVP = Bibliothèque historique de la Ville de Paris; AP = Archives de Paris; APP = Archives de la préfecture de police; AB = Archives du ministre des Affaires étrangères; MC = Minutier central des notaires parisiens; p = Aktenstück.

Konkordanz des republikanischen und gregorianischen Kalenders

Republikanische Zeitrechnung	Gregorianische Zeitrechnung	I 1792	II 1793	III 1794	IV 1795	V 1796
1. Vendémiaire	September	22	22	22	23	22
1. Brumaire	Oktober	22	22	22	23	22
1. Frimaire	November	21	21	21	22	21
1. Nivôse	Dezember	21	21	21	22	21
		1793	1794	1795	1796	1797
1. Pluviôse	Januar	20	20	20	21	20
1. Ventôse	Februar	19	19	19	20	19
1. Germinal	März	21	21	21	21	21
1. Floréal	April	20	20	20	20	20
1. Prairial	Mai	20	20	20	20	20
1. Messidor	Juni	19	19	19	19	19
1. Thermidor	Juli	19	19	19	19	19
1. Fructidor	August	18	18	18	18	18

Ausgehend vom ersten Tag des betreffenden republikanischen Monats kann man mit Hilfe dieser Tafel berechnen, welchem gregorianischen Kalenderdatum ein nach republikanischer Zeitrechnung angegebenes Datum entspricht. Der republikanische Kalender blieb noch bis 1805 (Jahr XIII/XIV) in Verwendung, die obige Tafel beschränkt sich jedoch auf den in diesem Buch behandelten Zeitraum zwischen 1792 und 1797.

Einführung

1 Die meisten Untersuchungen über die libertine Literatur sind aufgeführt im Vorwort von R. R. Trousson, *Romans libertins du XVIIIe siècle*, Collection »Bouquins«, Robert Laffont, 1993. Vgl. auch G. Schneider/R. Pinhas-Delpuech, »De l'affranchi au libertin, les avatars d'un mot«, *Eros philosophe, Discours libertins des Lumières*, Paris, Champion, 1984.

2 Zu den Polizeiberichten vgl. vor allem Pierre Manuel, *La Police de Paris dévoilée*, Paris, Ganery, Jahr II, Bd. II, und Camille Piton, *Paris sous Louis XV.*, 1906; zu den *Nouvelles à la main* vgl. Funck-Brentano, *Figaro et ses devanciers*, Paris, Hachette, 1909 und zur Skandalpresse vgl. Robert Darnton, Edition et sédition, l'univers de la littérature clandestine au XVIIIe siècle, Paris, Gallimard, 1991.

3 Pierre Manuel, a. a. O., Bd. II, S. 114.

4 Zu Théroigne de Méricourt vgl. das bemerkenswerte biographische Nachschlagewerk von Helga Grubitzsch/Roswitha Bockholt, Théroigne de Mèricourt, Centaurus, Pfaffenweiler, 1991.

5 Marie Gouze, genannt Olympe de Gouges, war eine libertine, aber keine ausgehaltene Frau. Sie wurde von einem einzigen Mann, der sie siebzehn Jahre liebte, finanziell unterstützt, von Jacques Biétrix de Rozières, einem hohen Marinebeamten, Besitzer eines Transportunternehmens für Heeresgut und Pensionär des Königs. Sie verkehrte mit der Familie Talma. Vgl. die Biographie von G. Augustin-Thierry über die Familie Talma und O. de Gouges, Les fantômes de l'opinion publique, in *Écrits politiques,* 1792–1793, Verlag Côté Femmes, 1993, S. 157–162.

6 Die mondänen Gepflogenheiten beschränkten sich im Gegensatz zu dem, was in einigen Biographien steht, keineswegs auf die oberen Klassen. Innerhalb desselben Milieus verkehrte man regelmäßig miteinander in den Salons, bei Theaterbesuchen oder bei politischen Veranstaltungen. Madame de Condorcet, Madame Talma und Madame de Gouges wurden von Julie Candeille ebenso empfangen

wie von Fanny de Beauharnais. Sie begegneten sich auch bei den Jahresausstellungen im »Salon annuel de peinture«, im »Musée« und im »Lycée«, bei den Sitzungen des Klubs der Revolution, der Gesellschaft der Freunde der *Wahrheit*, in der Manege des Palais Royal, wo die Condorcets am 12. Juli 1791 den republikanischen Eid leisteten, oder in der Nationalversammlung. Das Konventsmitglied Choudieu versicherte, daß Madame de Condorcet eine wichtigere Rolle bei den Girondisten spielte als Madame Roland. Die Richter des Revolutionstribunals bestätigten das gleiche für Olympe de Gouges, die wegen ihrer zahlreichen Erklärungen in der Presse, ihrer Auftritte vor dem Konvent – vor allem am 9. Juni 1791 – und besonders wegen der geplanten föderalistischen Proklamation zum Tode verurteilt wurde. Zu den Affären von Madame de Condorcet mit La Fayette und später mit Achille du Châtelet, einem hochgebildeten Mann, vgl. *Journal de la Cour* (Nr. 4, 7, 21 usw.). Eine ernsthafte Liaison scheint sie mit dem Vicomte de Pons gehabt zu haben; vgl. die von A. Sayous veröffentlichten *Mémoires et Correspondance de Mallet du Pan*, 1851, S. 109 (Zeugenaussage von Jacquet de la Douay). Nach dem Porträt von Paul de Lavalley (Bull. Sté. Hist. du 8e arrt., 1911) zu urteilen, scheint sie eine hübsche Frau gewesen zu sein, und ihr Salon in der Rue de Lille war vom 1. Juli 1791 an einer der ersten politischen Salons in Paris (AN, MC, Et. XXVII, 25. 5. 1791).

7 Die Adoptivtochter von Marie-Catherine Carotte, Louise-Julie Carreau – wohnhaft Ecke Rue Saint-Anne und du Hasard, durch ihre Fähigkeiten als Animateurin und Edelkupplerin sowie durch Spekulation zu Reichtum gekommen – beteiligte sich am Immobiliengeschäft mit den Grundstücken der Stiftsherren von Sainte-Trinité de la Maison des Mathurins in Paris. Die beiden Frauen erwarben in der Chaussée d'Antin ein Gelände, bebauten es und vermieteten das Anwesen an die Marquise de Joyeuse (AN, MC, Et. LXVIII, 2. 11. 1775). Sie tätigten noch andere Geschäfte, indem sie beispielsweise ihrer Freundin Denise Buard, der Mätresse des Prinzen de Conti und des Marquis de Louvois, ein bebautes Grundstück abkauften. 1781 besaß Julie Carreau drei Häuser mit Garten in der Chaussée d'Antin, die sie bis zur Revolution behielt. Zu den Begleitumständen der Heirat Talmas vgl. die in Jals *Dictionnaire* veröffentlichten Dokumente. Der Vater Talmas war ein reicher, berühmter Zahnarzt in London, 1781 nahm er dort Radix de Sainte-Foix auf, den ein Haftbefehl wegen Veruntreuung zur Flucht gezwungen hatte (AN, MC, Et. Martinon, 6. 4. 1790). Ségur bot Julie Carreau-Talma

das Stadthaus in der Rue Chantereine an, wo sie dann ihren renommierten Salon eröffnete; vgl. die Biographie von G. Augustin-Thierry. Während der Schreckensherrschaft entging Julie Talma dank des Malers David, der Mitglied im Allgemeinen Sicherheitsausschuß war und für den sie Modell gestanden haben soll, der Verhaftung (ehemalige Sammlung M. Henry-Lecomte, *Revue des curiosités révolutionnaires*, 1910, und *Les Arts*, Sept. 1905).

8 Der Ausdruck »Montagnards« (von montagne = Berg) entstand u. a. aus der Sitzordnung im Konvent. »Im Konvent ließen sich die ›Robespierristen‹ und ›Maratisten‹ zunächst auf den höher gelegenen Bänken der linken Seite nieder«, heißt es im *Wörterbuch der Französischen Revolution*, hg. v. François Furet/Mona Ozouf, Frankfurt a. M. 1996, Bd. 1, S. 630 f.

9 A. Douarche, *Les Tribunaux civils de Paris pendant la Révolution*, Bd. II, S. 74, 145, 220, 240, 284, 289, 315 u. a.

10 Um den Anschein der Wohlanständigkeit aufrechtzuerhalten, gab Saint-Julien sein Stadtpalais in der Rue de Valois als Wohnsitz seiner Frau an, obwohl sie in einem kleinen Haus in der Rue de la Victoire neben Mademoiselle Dervieux lebte. Der Schatzmeister der Bretagne, Fontaine, der Prinz de Soubise und der Graf de Maillebois sollen sie ausgehalten haben. (Vgl. J. Hervez, *Les Femmes*, 1906, S. 191 und Capon, *Petites Maisons*, 1902, S. 102f.)

11 Die ersten Freimaurerlogen für Frauen standen nicht zu Unrecht im Ruf, die Libertinage zu begünstigen, was zur Folge hatte, daß man sie 1780 verbieten wollte. Die »Abweichler-Logen« gründeten sich unabhängig vom »Großen Orient«; eine von ihnen, der »Orden der Ritter und Nymphen der Rose«, unterstellte sich dem Herzog d'Orléans als Schutzherren. Cagliostro und sein Freund Duval d'Eprémesnil riefen Anfang 1785 die »Mutter-Loge der hohen ägyptischen Freimaurerei« ins Leben; Madame Cagliostro erhielt den Auftrag, die entsprechende Loge für Frauen zu gründen. Madame d'Eprémesnil, Madame Thilorier, wahrscheinlich auch ihre Schwester Madame de Bonneuil und andere hübsche Frauen gehörten ihr an. Vgl. L. Amiable, *Une loge maçonnique, Les Neuf-Sœurs*, Paris 1897; *Correspondance secrète*, Bd. VIII, S. 66 und Bd. IX, S. 396; A. C. de la Rive, *La Femme et l'enfant dans la franc maçonnerie universelle*, Paris/Lyon 1894.

12 *Liste de toutes les personnes qui composent le premier Musée autorisé par le gouvernement sous la protection de Monsieur et Madame*, für das Jahr 1785. L'Amiable. »Les origines maçonniques du Musée de Paris et du Lycée«, *Révolution française*, Juli–Dez. 1896, S. 484. M. Dejob, *Musée, Lycée et Athénée*, Paris 1889.

13 M. Bisson, »Les poètes de la Caserne«, *Cahiers Roucher*, 1990–1991, Nr. 10. Cubières gründete 1776 die Loge der »Neuf Sœurs«, der Parny, Bertin, Thilorier, d'Eprémesnil, Chamfort u. a. angehörten. Er war mit Fanny de Beauharnais und Olympe de Gouges befreundet. Sein Bruder, der Marquis de Cubières, hatte ein Verhältnis mit Madame de Bonneuil.

14 Anka Muhlstein, *Astolphe de Custine*, Paris 1996.

15 A. Gruber, »Les Wauxhall«, *Bull. de la Sté. de l'Hist. de l'art français*, 1971, S. 12, 125, 14, 3.

16 *L'Almanach des honnêtes femmes, pour l'année 1790*, Druckerei Société Joyeuse, 30 Seiten. Er wird von der Bibliothek der Liebesliteratur ohne Nachweis Sylvain Maréchal zugeschrieben. Der Almanach wurde 1863 in Brüssel wiederaufgelegt. Sein ausgesprochen freizügiger Charakter rückte ihn in die Nähe der *Essais historiques du docteur Willis sur le tempérament des dames françaises, avec le nom de celles qui l'ont le plus vigoureux*, Übersetzung a. d. Englischen, Drukkerei Bupi 1790, und der Sammlung libertiner Pamphlete von Hector Fleishmann, *Les Demoiselles d'amour du Palais royal*, Paris, 1911 (59 Pamphlete reprod. und kommentiert).

17 Die Anklage stützte sich auf die üblen Denunziationen des englischen Doppelagenten Greive, der Madame Du Barry als »ehrlose Dirne« und »moderne Roxelane« bezeichnete: »Der moderne Despotismus war immer der Feind der öffentlichen Moral, die Prostitution eines seiner Mittel, die Macht zu sichern und die Versklavung der Bürger durch die Verlockungen der Libertinage und der Wollust aufrechtzuerhalten; die Schlupfwinkel, in denen sich die Prostitution abspielt, dienen den Konterrevolutionären als Zufluchtsstätte, und ihre widerlichen Vergnügen bezahlen sie mit dem Gold Pitts.« (AN, W 301, Akte 320).

18 AN, F //4713 (Nivôse Jahr II); APP, Aa 18/609 (14. Floréal Jahr II). Razzien gegen Homosexuelle fanden in der Zeit der Gesetzgebenden Versammlung in den Tuilerien statt (AN, W 251, Affäre A. Coindet), während des Ancien Régime und bis in die fünfte Republik.

19 AN, BB 3/66, Akte 50 (Pluviôse Jahr II).

20 P. Caron, *Paris pendant la Terreur*, Bd. V, S. 178 (9. März 1794).

21 Die Hinrichtung von Mademoiselle Leroy ist ein Beispiel für die doktrinäre Haltung der Schreckensherrschaft; die junge, oft arbeitslose Schauspielerin des Théâtre Louvois wurde nachts ohne Papiere aufgegriffen und während der Verschwörung in den Gefängnissen in den Monaten Messidor und Thermidor umgebracht.

22 Am 22. September 1792 (1. Vendémiaire Jahr I der Freiheit) beginnt die neue Zeitrechnung: der gregorianische wird durch den republikanischen Kalender ersetzt; er gilt bis 1806. Im Text haben wir mit wenigen Ausnahmen, so bei den feststehenden Begriffen »Dekret vom 22. Prairial« (10.6.1794) und »9. Thermidor« (27.7.1794), die Datierung nach dem gregorianischen Kalender gewählt; in den Anmerkungen, wo vorgegeben, die republikanischen Daten beibehalten. Welche Daten einander entsprechen, kann der Konkordanz (Seite 207) entnommen werden.

Die schönste Salonpuppe

1 Obwohl sie Saint-Amarand hieß, wurde während der Revolution die Schreibweise Sainte-Amaranthe üblich, dementsprechend erscheint der Name in den zeitgenössischen Erinnerungen und Dokumenten und bis ins 19. Jahrhundert oft als Sainte-Amaranthe.

2 Zu Madame de Saint-Amarand (Sainte-Amaranthe) vgl. E. Labaume, *La Famille Sainte-Amaranthe*, Paris 1820; J. A. Roland, *La Famille Sainte-Amaranthe*, Paris 1864; M. Summer, »La vérité sur madame de Sainte-Amaranthe«, *La Nouvelle Revue*, August 1891; A. Lefebre de Saint-Ogan, »Mesdames de Sainte-Amaranthe«, *La Nouvelle Revue*, Bde. XXX und XXXI.

3 Die zuverlässigsten biographischen Angaben über die Familie enthält das bis vor kurzem unbekannte, nach ihrem Tod vom Notar Gobin am 18. Fructidor Jahr XI erstellte Inventar von Françoise Desmiers d'Archiac (MC, Et. X/892).

4 Bénard, genannt Fleury von der Comédie Française, *Mémoires* hg. v. J. B. P. Lafitte, Paris, 1844, Bd. I, 498–499. Mme de Roland, a. a. O., beurteilte die Memoiren Fleurys kritisch; sie schrieb: »die meisten Fakten sind erfunden, die wenigsten stimmen« (S. 203).

5 *La Chronique arétine, ou Recherche pour servir à l'Histoire des mœrs du XVIIIe siècle*, 1789.

6 Zu Durfort vgl. AN, MC Dupré, 18. Oktober und 3. Dezember 1779. Vgl. auch L'homme, 7. Februar 1776.

7 Der Vicomte Armand-Augustin de Pons, Brigadekommandeur der Königlichen Armeen, galt als Vater von Charlotte-Emilie-Rose, geboren 1773, und von Louis, geboren 1777. Vgl. zu seiner Person das *Journal de la Cour*, Nr. 22, 1 und 2 und Alexandre de Tilly, *Mémoires*, Mercure de France, 1986. Während der Revolution hatte Pons

sich in Madame de Condorcet verliebt (Zeugenaussage von Jacquet de la Douay in: A. Sayons, a. a. O.). De Pons wurde zusammen mit Madame de Saint-Amarand und ihren Kindern hingerichtet.

8 Zum Hotel de Boston, Nummer 7–8 Rue Vivienne, vgl. AP, DQ 10/4/Akte 2850.

9 Fleury, *Mémoires*, a. a. O., S. 499–500.

10 *Chronique arétine*, a. a. O., S. 85.

11 *Bulletin de la Société historique de Paris et de l'Isle-de-France*, 1990.

12 *Correspondance secrète*, Bd. X, S. 7 (17. Juni 1780).

13 Charles Goury de Champgrand hatte vom Herzog d'Orléans mehrere Arkaden erworben. Er vermietete eine an den bekannten Curtius für dessen Wachsmuseum, eine andere im Erdgeschoß des Hauses Nr. 9 an den Genueser Schankwirt Corrazza (MC, Et. LXXI, 24. 9. 1783). Er wohnte im selben Haus in der 2. Etage mit seiner Tochter, die in seinem Salon die Honneurs machte. Sie heiratete, kurz bevor er am 29. Prairial Jahr II hingerichtet wurde, den Grafen de Rohan de Rochefort.

14 Zum Klub d'Orléans vgl. *Mémoire présenté au Roi par le duc d'Orléans le 20 août 1787 suivi de la Lettre de M. de Crosne au Club du Palais-Royal, avec la Remontrance du Club au baron de B...*, Lüttich, 1787 (BHVP, 601247, Nr. 9).

15 Der Klub der Ausländer von Hippolyte-Sanguin de Livry zog um in das Hotel Le Couteux, später umbenannt in Frascati, am Ende der Rue de Richelieu, danach in das Hotel d'Ogny, Rue Grange-Batelière; der Polnische Klub befand sich in Nummer 154 des Palais Royal (nach 1795 führte ihn Madame Robineau); der Klub de Valois, der sich nach dem 10. August 1792 auflöste, in Nummer 173. Gauthier de Calprenède war der Sohn des Direktors des Münzamtes unter Ludwig XVI. Esprit-Boniface de Castellane sollte nicht verwechselt werden mit seinem Bruder Boniface-Louis André (Marquis de Castellane, *Gentilshommes démocrates*, Paris 1890).

16 Zur Geschäftsverbindung Aucane/Saint-Amarand vgl. Notar Alleaume, 28. April 1792 und Notar Pezet de Corval, 1. Oktober 1792, sowie AN, T. 1658 (Akte Persico) und AN, W 251.

17 Mademoiselle Marchandeau de Lisle, Tochter eines Direktors der Kontrollrechte und der Louise Scholastique Flavie Bedane (Et. XIV, 24 Messidor Jahr V), ließ sich von Monsieur de Barairon scheiden, am Ende des Direktoriums heiratete sie den Heereslieferanten Rolland.

18 *Journal de la Cour et de la Ville*, 22. August 1971, und Tilly.

19 AP, DQ/10/785 und AN, T 707 (Beschreibung und Liste der Einrichtung des Klubs der Künste).
20 Zu Desfieux und Proli (er schrieb sich mit i, nicht mit y) vgl. die biografischen Angaben in: *Répertoire des sources manuscrites d'Alexandre Tuetey*, Bd. XI (Einleitung).
21 Joseph-Alexis de Nonant, freigiebiger Liebhaber von Mademoiselle de Maningan, schenkte Madame de Saint-Amarand dreimal die beträchtliche Summe von 25 000 Livres. AN, MC, Dupré, 8. März, 1. Juni und 2. Juli 1792.
22 AN, F/7/4775/10.
23 AN, MC, Et. CXIII, 19. 4. 1793.
24 AN, MC, Et. XVIII, 13. und 23. 8. 1793 (vgl. auch 8. Pluviôse Jahr II).
25 AN, MC, Et. CXIII, 5. 7. und 7. 9. 1793.
26 *Papiers inédits omis par Courtois (...) trouvés chez Saint-Just*, Coll. de Mémoires relatifs à la Révolution française, 1828, Bd. II, S. 262 f.
27 AN, W 384, 908, II. Teil, S. 56 (Denunziation von Chrétien).
28 D'Auréville, *De la passion du jeu*, Paris, 1814, S. 117–122.
29 Anmerkung über die Verschwörung des Auslands, in: Bonnemain, *Les Chemises Rouges*, Paris, Jahr II.
30 AN, F/7/4775/10; diese Akte enthält die wichtigsten Informationen über die Verhaftung der Familie Saint-Amarand. Zu Dossonville vgl. F/7/6318/13 (Erklärung von Armand und »Fragen an Dossonville«; Zeugenaussage von Demonceaux, Redakteur der Denunziationen [F/7/4680]).
31 A. Tuetey, *Répertoire*, a. a. O., Bd. X, S. 2495.
32 Foignet, *Encore une victime, ou Mémoire d'un prisonnier des Anglaises*, (o. Ort, o. Jahr).
33 Zum Prozeß vgl. A. Tuetey, a. a. O., Bd. XI, S. 2486–2495.

Die eigenwillige Tragödin

1 A. Jal, *Dictionnaire critique de biographie et d'histoire*, Paris 1864.
2 Baronin d'Oberkirch, *Mémoires*, Mercure de France, 1989, S. 171 f. A. Masson, *Le Département des Affaires étrangères...*, Paris 1877, S. 185.
3 A. Chateauneuf, *Mémoires*, 1820, S. 20.
4 Karamsin, Briefe eines reisenden Russen, Stuttgart 1986.
5 Zur weiblichen Homosexualität der Vergangenheit vgl. Marie-Jo Bonnet, *Les Relations amoureuses entre femmes*, Odile Jacob, Paris 1995. Die Autorin entschlüsselt wichtige Passagen aus der Literatur

über Lesbierinnen, ein in Anbetracht der Tatsache, daß die Diskussionen der Vergangenheit über Sexualität und Liebe meist nicht offen geführt wurden, äußerst nützliches Unternehmen. Sie schlägt ferner Lesarten der alten historischen sowie der zeitgenössischen Berichte zum Thema vor.

6 AP, DC/6/19 fol. 195 (Briefe der Emanzipation, 8. Mai 1775).

7 Fleury, *Mémoires*, a. a. O., Bd. I, S. 122–128.

8 *Mémoires secrets* von Pidansat de Mairobert, 11. Juli 1774. Zum Verhältnis des Marquis de Villette mit Mademoiselle Raucourt vgl. die Ausführungen von Jeffrey Merrick in *Homosexuality in modern France*, hg. v. Jeffrey Merrick/Byran T. Ragan, New York, Oxford University Press, 1996. Merrick untersucht die zeitgenössischen Schriften über Raucourt und Villette daraufhin, wieweit die damaligen sarkastischen und moralisierenden Diffamierungen vom Handschriftenarchiv abweichen. Über den Marquis de Villette und sein Verhältnis mit Guéménée zog vor allem Tilly im *Journal de la Cour*, Nr. 2, S. 3 her. Auch über Talleyrand enthielt er sich nicht zu blödeln: »Seine Excellenz/ist von besonderer Essenz,/ vögelt er ihn,/vögelt er sie,/das fragt er sich nie«. Auch habe, heißt es, Talleyrand Geschmack an Jockeys gefunden.

9 AP, DQ/10/456, zu Madame de Lassalle – oder Delassalle – geb. Jeanne Souque.

10 Die Unterlagen der Kommissare des Châtelet enthalten zahlreiche Verweise auf weitere mutwillige Beleidigungen der Beamten durch Mademoiselle Raucourt. Vgl. vor allem AN, Y 10902 (21. 8. 1774), Y 13556 (7. 7. 1775), Y 12681 (22. und 25. 11. 1776), AN, Y 15284 (16. 12. 1776), Y 15476 (27. 3. 1771), usw.

11 A. Campardon, *Les Comédiens du roi de la troupe française*, 1879.

12 *Correspondance secrète*, Bd. III, S. 302.

13 Châteauneuf, a. a. O., S. 257.

14 Campardon, a. a. O., S. 244–258.

15 AN, o/1/844 (9. 9. 1779).

16 *Correspondance secrète*, Bd. VIII, S. 325 und 363. Grimod de la Reynière, *Revue des comédiens*, Paris 1808, S. 214 f.

17 *Correspondance secrète*, 29. April 1780.

18 Zu Hérault vgl. Coste d'Arnobat, *Anecdotes curieuses et peu connues*, Genf 1783; zur Gräfin de Provence vgl. Charles Dupêchez, *La Reine velue*, Grasset 1995. Zu Mademoiselle Contat vgl. *Chronique arétine*, S. 69 und 80.

19 *Recueil de lettres secrètes*, S. 19 (Mademoiselle Rostain), 263 (Constance) und S. 541.

20 AP, DQ/10/34/112 (Nachlaß Hénin) und DQ/10/2/2030; vgl. auch AN, MC, Et. Mony, 31. 1. 1785 und T/580/3.
21 N. Mounier, *Le Quartier des Porcherons*, 1720–1789, Dissertation an der Ecole de Chartres, 1978.
22 AN, MC, Et. XVIII/953, 15. Brumaire Jahr IV.
23 *Mémoires secrets*, 6. 1. 1784.
24 AN, MC, Et. Moment, 8. 1. 1787; vgl. auch den Streit der beiden Frauen während des Konsulats in: AP, D/1/U/1/Akte 11, 4. Frimaire Jahr IX. Mademoiselle Raucourt wurde wegen ihrer Schulden bei Dienerschaft und Lieferanten häufig gerichtlich belangt, so von ihrer Zofe Mademoiselle James (AN, Et. LXXI, 13. 3. 1786) und von Madame Girod de Viennay (AP, D/1/U/1). Zum Verhältnis zwischen Barère und Madame de Mailly vgl. Vilate und vor allem die Briefe Barères von 1795 bis 1819, *Révolution française*, Bd. 49, 1905 und *Bulletin d'authographes*, Nr. 346, Juni 1905. Dank Barère wurde der Bruder von Madame de Mailly, Alexandre-Gilles Charpentier, Mitglied der Sektion der Freunde des Vaterlands, offiziell als einer der Drucker des Wohlfahrtsausschusses bestätigt. Nachdem Barère ihre Freilassung bewirkt hatte, leitete sie zusammen mit Granger bis 1797 den Spielsalon in der Chancellerie d'Orléans, Rue des Bons-Enfants, neben Méot.
25 Zur Affäre Talma vgl. Daniel Hamiche, *Le Théâtre et la Révolution*, Paris 1973.
26 Zum Prinz und zur Prinzessin d'Hénin vgl. AN, ET, Frochot, 28. Vendémiaire Jahr IX (Nachlaß des Prinzen und Verweise). Madame d'Hénin emigrierte, weil sie nach dem 10. August als Zeugin des Amtsmißbrauchs der Montagnards in bezug auf die Prinzessin de Lamballe, Laporte, d'Agremont u. a. gesucht wurde. Sie kehrte im Oktober 1792 mit Randon de Lucenay aus London zurück (den Paß erhielt sie von Chauvelin).
27 Charles Delpeuch de La Bussière vernichtete die Akte der nach 1792 eingegangenen Denunziationen gegen Mademoiselle Raucourt.
28 AN, F/7/4386, Akte 22.
29 Guérin, um 1730 geboren, war mit der Lothringerin Marie-Anne Galland (aus Lunéville) verheiratet; sie wohnten in einem Seitenflügel des Stadtpalais von Nantouillet.
30 Zum Schicksal des Prinzen d'Hénin während der Revolution vgl. AN, W 268 (Freilassung am 11. April 1793) und W 3 (Verurteilung am 5. Thermidor Jahr II), sowie die Polizeiakte F/7/4741, II, 48 Seiten. In einer Anzeige wird er beschuldigt, im Garten von Made-

moiselle Raucourt, in der Rue Royale, Silbergeschirr des Grafen d'Artois vergraben zu haben (vgl. Register Labat).

31 AN, F/7/4633 (Akte Raucourt-Saucerotte).

32 Zu La Bussière vgl. Grimod de la Reynière, *Revue des comédiens*, Paris 1808, S. 79–83 und La Bussière, *Charles, ou Mémoires historiques de M. de L. B.*, Paris, Liénart, 1804, sowie AN, AF II 60 Akte 439, p. 46 (16. Thermidor Jahr II).

33 AN, MC, Et. XVIII/953, Verkauf des Hauses in der Rue Royale an den Schweizer Daniel Dolfuss, Strohmann von Honoré Marsot, zum Preis von 1 500 000 Livres, davon 300 000 für die Einrichtung.

34 AN, F/7/7289 Akte 2415 (Fructidor Jahr V) und Bericht des Bürgers Descouchant in F/7/3036, f° 53,8. Prairial Jahr VI, fast wortgetreu nachgedruckt vom Herausgeber der *Mémoires de Barras*, der in den Papieren des ehemaligen Direktors eine Kopie fand. Aimée de Coigny – Madame Mouret de Montrond –, eine enge Freundin des Außenministers Talleyrand, behauptete, daß Mademoiselle Raucourt für die Briten, namentlich für Lord Malmesbury, früher Botschafter in Berlin und Friedensunterhändler in Lille, als Spionin tätig war (*Journal*, veröffentlicht von Marc Grangé, Perrin 1981, S. 252). Der Bankier Perrégaux, ständiger Korrespondent und Freund von Lord Auckland seit Ende des Ancien Régime, soll sie ebenso wie ihre Freundinnen Mesdames de Mailly, Théaulon und Elliot bezahlt haben.

35 Antonin Reschal, *La Névrose galante*, S. 30–32 (Briefe vom 30. 6. und 1. 7. 1803).

36 Das Inventar wurde am 31. Januar 1815 bei Dunnays registriert. Es fehlen Verweise auf weitere Akten, MC, Et. VII, 20. Messidor Jahr IX und das Inventar »Vermischtes«. Vgl. auch AP, DQ/7/2996–2997, und Dokumente in AA 66/733; zur Familie Raucourt vgl. AN, F/7/4633/87/IV, Briefe des Bruders und Peltier, Paris ..., VII, 575 (2. 7. 96) über den Selbstmord des Vaters. Da diese Untersuchung mehr der Frau als der Schauspielerin gilt, unterbleiben hier Hinweise auf die Comédie-Française, in deren Beständen sich zahlreiche handschriftliche Akten befinden.

Die königstreue Kinderfrau

1 Madame de Saint-Brice, geboren am 19. Oktober 1764 in Paris, wohnte 1814 in Versailles. Vgl. AN, 0/3/2976, Nr. 572 und Notarsakten ET. XXXV, 19. 12. 1791 und IV (Rochelle), 18. 5. 1814.

2 AN, F/7/46600 (Akte Danneville-Saint-Brice, Bericht von Guérin, Germinal Jahr II).

3 Antoine Valdec de Lessart (1742–1792), Freund und Vertrauter Nekkers, erst Innen-, nach 1791 Außenminister. Wurde wegen seiner Opposition gegen den Krieg mit Österreich angeklagt, in Orléans, später in Versailles gefangengehalten und während der Septembermorde erwürgt. P. Etienne, *Le Faubourg Poissonnière*, Paris 1986, S. 135–139 (Notiz über das Stadtpalais Benôit de Sainte-Paule).

4 Michel-Louis de Marcenay, Haushofmeister des Grafen de Provence, erster Heereslieferant unter Loménie de Brienne, dann mit eigener finanzieller Beteiligung zuständig für die Beschaffung und den Unterhalt der Artilleriepferde. Seine Frau war die Mätresse von d'Arblay, Mitglied des Kriegsausschusses und Flügeladjutant von Narbonne. Marcenay wurde 1781 in die Champagne ausgewiesen, weil er Schmähschriften herausgebracht hatte.

5 Mallet du Pan, *Mémoires et Correspondances*, a.a.O., S. 115; Verhör von Jacquet de la Douay, ehemals Stellvertreter des Vogts von Lons-le-Saulnier.

6 Zum Grafen de Lalain vgl. F/7/4774/28, Konvolut 3 (Brief an Arthur).

7 Gorsas, *Le Courrier*, Nr. XXII, August 1792.

8 Dem Haftregister des Gefängnisses Petite Force zufolge waren gleichzeitig mit Madame de Saint-Brice auch Thérèse de Lalain, verheiratete de Navarre; Anne-Françoise Antoine, verheiratete Basire; Anne-Elisabeth-Félicité-Josèphe de Cory, Marquise de Tourzel; Marie-Elisabeth Noll, die Witwe Thibaults in Haft; am 23. August 1792 kam Marie-Françoise-Henriette-Adelaïde Filleul (sicher Madame de Flahaut) hinzu, die bald freigelassen, emigrierte (BHVP, MS 760). Madame de Lamballe soll als Zeugin der Machenschaften der Montagnards umgebracht worden sein. Es heißt auch, der Marseiller Mamin sei mit der Ermordung beauftragt gewesen, und Rocher, ein ehemaliger Torwächter Ludwigs XVI., habe das Haupt der Unglücklichen aufgespießt und es Marie-Antoinette gezeigt.

9 Gower (Count), *The Despatches of Lord Gower*, London 1885, S. 228–232.

10 Thibaudeau, *Mémoires*; J. Bouchary, *Les manieurs d'argent à Paris . . .*, 1941–1943 (Anmerkungen zu Boyd, Formalaguès und den Pariser Geldkreisen während der Schreckensherrschaft).

11 Bertrand de Molleville, *Mémoires*, Bd. VIII, S. 7–13. Das »österreichische Komitee« gab es formell nicht; der Ausdruck bezeichnete

die Geheimdiplomatie in den Tuilerien, an der sich u. a. der Anwalt des Malteserordens, Regnaud de Saint-Jean d'Angely, beteiligte, über den der Orden beträchtliche Summen zur Verfügung stellte, um Stimmen gegen das Todesurteil für Ludwig XVI. zu sammeln.

12 Peltier, Paris ..., a. a. O., Bd. VII, S. 592.

13 Jean-Thomas-Elisabeth Richer de Sérizy – oder Cérizy –, mit Tallien, Desmoulins, Regnaud de Saint-Jean d'Angely und Fiévée befreundet, wird in den Memoiren der Gräfin de Bohm positiv beurteilt, hingegen verunglimpft von Dossonville, einem geschworenen Feind Talliens, der aus dem Nachlaß des 1707 gestorbenen Sénart ein Manuskript stahl und es 1824 unter dem Titel *Révélation von Sénart* umgeschrieben herausbrachte. Richer hatte des Geldes wegen die uneheliche Tochter von Nicolas-Médard Audinot, verwitwete Joseph Gardel, geheiratet. 1791–92 arbeitete er am Satireblatt *Actes des Apôtres* mit, unterhielt, von Persico finanziert, im Palais Royal einen Spieltisch für Trente-et-un, bei dem eine gewisse Lady Wortley (oder Voirthel?) als Animateurin auftrat. Tallien war zweifelsohne mit im Spiel.

14 AN, W 251.

15 Zu Tallien vgl. Marie-Hélène Bourquin, *Monsieur et Madame Tallien*, Perrin 1987.

16 AN, F/7/4660.

17 Auch Madame Devin de Fontenay tauchte unter. Einem Bericht Boulangers zufolge war sie im Allgemeinen Sicherheitsausschuß mit der Fälschung von Zeugenaussagen und Berichten betraut; Ysabeau hatte sie aus Bordeaux verjagt, wo sie eine Salpeterfabrik leitete. In Paris traf sie Tallien im Hotel des Landes oder bei Méot, *Papiers trouvés (...) omis par Courtois*, Bd. I S. 269–272.

18 Barras, *Mémoires*, Bd. III, S. 296 und Erwähnung in den Memoiren von d'Allonville.

19 Zu Barras und seinen Sekretären vgl. *AHRF*, Bd. 50, Bassand-Massenet, *La France après la terreur*, 1946, S. 107, Anmerkung 2: »Er besaß alle Laster, einschließlich des der Antike«; AN, F/7/6168, Akte V (Polizeibericht vom 16. 5. 1800). Trotz seiner politischen Unberechenbarkeit, und obwohl ihre Ansichten divergierten, unterhielt er stets beste Beziehungen zu Cambacérès. Victor Grand wurde der legitime Erbe von Barras. Ein anderer Geliebter von Barras, Raymond Valz, ertränkte sich vor seinen Augen und denen Talleyrands 1797 in Suresnes in der Seine.

21 AN, F/7/6168, Akte 4437: der vierte Haftbefehl gegen Madame de Saint-Brice – der erste erging 1792, die beiden nächsten 1794 – wur-

de am 24. Ventôse Jahr VI erlassen: »Kopie des Protokolls nach Beschlagnahmung und Versiegelung der Papiere im Haus der Bürgerin Jorel de Saint-Brice durch den Polizeikommissar der Division Roule«. AN, F/7/6168 Akte 1708: Untersuchung über Saint-Brice.

22 Auskünfte über die Familie der Madame de Saint-Brice und zur Vormundschaft für ihre Kinder enthalten AP und AN, MC, Et. IV, 18. 5. 1814, sowie zum Tod des Ehemanns AN, O/3/2976, Akte 572 (Pension).

Die unbeugsame Verschwörerin

1 Die Thiloriers wohnten zunächst in der Rue Neuve-des-Petits-Champs, dann ab dem 1. Juli 1782 als Untermieter von d'Eprémesnil im Stadthaus in der Rue Bertin-Poirée. Beschreibung und Inventar in: AN, MC, Et. LXVIII/608, 18. 2. 1784.

2 Die Hochzeit fand am 11. April 1768 in Bordeaux statt. Die älteste Tochter, Marie-Antoinette, genannt Chloé, heiratete 1789 Jacques Duval de Maréfosse, später den ehemaligen Priester Claude Armel Lagras de Bercagny; die jüngste 1808 den Baron Jean-Pierre de Batz, der seit der Revolution ihr Geliebter war.

3 Chamfort, *Ein Wald voller Diebe. Maximen, Charaktere, Anekdoten*, Nördlingen 1987, S. 165.

4 Clugny war Generalinspektor der Antillen gewesen (1760–63), Generalintendant der Marine und der Kolonien, dann Verwalter in Bordeaux (A. de Maurepas/ A. Boulant *Les Ministres et les ministères du siècle des Lumières*), Christian-Jas, Paris 1996, S. 353–356). Die Geldvergabe an die Thiloriers deklarierte Clugny als geliehenes Geld, in Wirklichkeit schenkte er es ihnen. AN, MC, Et. LXVIII/561, 22. 8. 1776.

5 Bibliothèque municipale de Bordeaux, Ms. 1201.

6 P. Manuel, *Police de Paris*, 1792, Bd. I S. 16, zu der von Suard ausgeübten Zensur der Schriften, in denen Beaujon, d'Eprémesnil und Seguir verspottet wurden: »Damals hüpfte Monsieur d'Eprémesnil wie eine Kröte um die Frauen herum, wenn sie Toilette machten, und Monsieur Séguier kroch um die Füße der Huren wie ein Wurm. Wie klug sie gewesen sind! Monsieur de Beaujon wäre erledigt gewesen, wenn man die Veröffentlichung von *Scènes dialoguées sur le malheur d'être riche* genehmigt hätte. Jeder hätte diesen breiigen feisten Gekken, der inmitten seiner Musen, die längst von einem anderen Leben träumen, vom Schlag getroffen wird, wiedererkannt!«

7 Zu Jones und Madame Thilorier vgl. R. de Koven, *The Life and Letters of J. P. Jones*, New York 1913, und die Arbeiten von James C. Bradford, Universität Texas. Der Bruder von Madame Thilorier, Mitglied der Cincinatti, war mit La Fayette befreundet. Zur Loge der »Neuf-Sœurs« vgl. L. Amiable und das Verzeichnis Le Bihan. Zu den Dichtern der »Caserne« vgl. *Cahiers*, 1990–91, Nr. 10–11.

8 *Recueil de lettres secrètes*, Paris 1783, S. 423.

9 Chamfort, a. a. O., S. 225. Die Ehe wurde am 12. 8. 1786 von Dufouleur notariell beglaubigt.

10 Zu Kersalaün, Departementsrat im Parlament der Bretagne, vgl. die *Mémoires secrets* vom 23. 10. 1987: »Was den Baron de Breteuil vor allem gegen den Grafen de Kersalaün einnahm, war offensichtlich ein Brief von Madame d'Eprémesnil, in dem sie sich äußerst beleidigend über den Minister ausließ.«

11 Ferrand, *Mémoires*, 1897, S. 29.

12 Bibliothèque Municipale de Clermont-Ferrand, Ms. 311, Bd. XI, p. 117–118.

13 Zu den Eprémesnils vgl. Henri Carré, »Un précurseur inconscient de la Révolution, *Révolution française*, Oktober 1897; O. Blanc, *Madame de Bonneuil*, 1987.

14 AP, Protokoll der Polizeikommissare der Sektion Saint-Germain l'Auxerois, A/a 182, 5. 2. 1791. Denunziationen von Goust du Lompré über die zahlreichen Treffen, »die ungefähr um 11 Uhr abends beginnen und bis weit in die Nacht dauern. Es fahren so viele Kutschen vor, daß die Straße verstopft ist.«

15 Verhör von Madame d'Eprémesnil: APP, A/B 349, S. 128 und 129, am 27. Pluviôse Jahr II. Sie selbst war nicht angeklagt, folgte jedoch aus Liebe ihrem Mann nach Paris. Sicher zahlten sie Geld dafür, daß sie in dasselbe Gefängnis kamen. Ein Zeitgenosse, E. Lairtullier, schrieb in *Femmes célèbres de 1789 à 1795*: »Sie war eine äußerst verdienstvolle Frau, sehr geistreich und bewundernswert tapfer.« Vgl. auch Gaudin, *Mémoires*, S. 18–23.

16 Zum Prozeß vgl. Bonnemain, *Les Chemises rouges*, S. 177, 182, 236. AN, W 129, p. 42, 99 (Ermittlung gegen Delroc, genannt Delcrot, Komplize der Madame d'Eprémesnil).

DIE GESCHÄFTSTÜCHTIGE LIEBESKÜNSTLERIN

1 Anne-Victoire Dervieux, geboren am 15. August 1752 in Paris, war die Tochter von Jean Dervieux und Anne Chevalier. Vgl. J. Stern,

A l'ombre de Sophie Arnould, François-Joseph Bélanger, Architecte des Menus-Plaisirs, Paris 1930 und R. Baschet, *Mlle Dervieux*, Paris 1946. Zur Rue Chantereine und dem Stadtviertel vgl. Gallet, Ledoux, Paris 1980; N. Mounier, *Le Quartier des Porcherons*, 1720–1789, Paris 1978.

2 AN, 0/3/2976, Nr. 1865.

3 Melchior Grimm, *Paris zündet die Lichter an*. Literarische Korrespondenz, Leipzig/München 1977, S. 316.

4 Castil Blaze, *Histoire de l'Académie royale de musique*, Paris 1840.

5 Zu Peixotto vgl. AN, Et. Ruen, 26. 1. 1786. Zu ihren Liebhabern rechnet man auch den Prinzen de Soubise, der sie wahrscheinlich als erster aushielt, den Marquis de Richelieu, den Herzog de Fitz-James, den Grafen de Warkowski, den Grafen von Bentheim, den Herzog des Deux-Ponts, Lord Binting.

6 *Dictionnaire des honnêtes femmes*, Paris 1790. Vergleichbare Phantastereien bringt z. B. die Sammlung *Recueil de lettres secrètes*, 1783, S. 251: »Für ein Boudoir in Lack gewann der Sohn eines Finanziers, der so häßlich war wie Äsop, die Gunst von Mademoiselle Quincy. Er erschien zum Liebesakt nackt wie Vulkan, ins Boudoir jedoch hatte er ein ganzes Bündel von Pfauenfedern bringen lassen, die er sich in den Hintern steckte. Nachdem er sich im Spiegel betrachtet hatte, bat er Mademoiselle Quincy, ihn ihren schönen Pfau zu nennen. Als er den süßen Namen vernahm und die ersten Liebkosungen empfing, spreizte er sich vor Stolz wie ein Pfau, und als seine Sinne sich regten, gewährte sie ihm Befriedigung, dieses eine Mal, denn fortan ließ die Schelmin ihn vor der Tür stehen und machte das Abenteuer obendrein publik.«

7 *Recueil de lettres secrètes*, S. 1783.

8 Das Haus wurde auf drei zusammengelegten Parzellen in der Rue Chantereine, die damals zwischen großen Gemüsegärten verlief, erbaut. Die Verträge wurden beim Notar La Roche unterschrieben, am 4. Februar, 17. März, 12. September 1777; AN, Z/1/j/1022; Durchsicht der Konstruktionspläne am 14. 8. 1777. Vgl. Béatrice de Rochebouët, »La maison de Mademoiselle Dervieux«, in *Catalogue de l'exposition Alexandre-Théodore Brongniart, architecture et décor*, Musée Carnavalet, April–Juli 1986, S. 47–52.

9 *Chronique arétine*, S. 178.

10 A. Châteauneuf, *Mémoires curieux, anectodes secrètes, histoires inédites*, Paris 1830, S. 155–159.

11 Zum Haus vgl. auch Denise Leroux-Lebard, *Connaissances des arts*, November 1965, S. 86–93. Zu Bélanger vgl. die von seinem Biogra-

phen Stern zusammengestellten Unterlagen in BHVP, Ms. 2827–2831.

12 AN, MC, Alleaume, Et. LXXXVI/886, Verkauf an Villain XIII, 21. 5. 1793.

13 *Curiosités de la foire Saint-Germain*, Paris 1779.

14 *Recueil de lettres secrètes*, a. a. O., S. 250 und 280.

15 AN, MC, Margantin, 28. 9. 1786 und 8. 1. 1787. Vgl. Jal, *Dictionnaire* (Artikel Dumesnil) und Costes d'Arnobat, *Mémoires de Marie-Françoise Dumesnil*, Paris 1800.

16 J.-A. Roucher, *Correspondance*, 1878, Brief vom 30. Pluviôse Jahr II.

17 Zit. von Baschet, a. a. O., S. 151.

18 Merlin de Douai, *Recueil alphabétique des questions de droit*, Paris 1820, Bd. IV, S. 149–151.

19 AN, F/7/4792 und F/7/4670, IV, 5 Aktenstücke.

20 Roucher, a. a. O., S. 288.

21 BHVP, Ms. 864.

22 AN, 0/3/2976, Nr. 1865, 9. 8. 1818.

Die adlige Denunziantin

1 *Chronique arétine*, S. 87 f.

2 Zu Louis-Jean-Joseph Demières, Vicomte de Linières, Chevalier des königlich-militärischen Saint-Louis-Ordens, Marineoffizier vgl. seine Akte im Militärarchiv in Vincennes.

3 AN, MC, Et. IX, 9. 3. 1793.

4 AN, MC Et. LXXVIII, 19. 12. 1797. Das Schloß Charlois gefiel keinem der Erben, es wurde deshalb am 14. 8. 1765 an Nicolas Chefdeville verkauft, der das riesige Gartengelände stückweise an verschiedene Personen verkaufte. Auf einer Parzelle ließ er ein Haus bauen, das er an einen gewissen Philippe-Nicolas Cordier veräußerte, der es an Madame de Linières weiterverkaufte.

5 *Correspondance secrète*, 21. 1. 1789, Bd. II, S. 322.

6 *Chronique arétine*, 1789, S. 91.

7 AN, ZZ/2/839/, 22. 1. 1790 (zur Verschuldung von Madame de Linières). AN, MC, Et. LXX für März–Juli 1791 und Et. V für Januar, Februar, Juni 1791 (zu den Affären u. a. mit Roch, Schuldenbegleichung usw.).

8 *Chronique arétine*, 1789, S. 92.

9 *Liste des maisons de jeu …*, 1791, S. 10.

10 Eine ausgezeichnete Biographie über Chabot veröffentlichte 1908 der Vicomte de Bonald. Der Überwachungsausschuß der Gesetzgebenden Versammlung, am 25. November 1791 per Gesetz geschaffen, bestand aus zwölf Mitgliedern, sechs von ihnen wurden jeden dritten Monat neu gewählt. Chabot und einige andere schienen jedoch von der Regelung ausgenommen zu sein. Die wichtigsten Mitglieder waren Merlin de Thionville, Bazire, Chabiot, Isnard, Quinette de Rochemont, Lecointre.

11 AN, MC, Et. XVIII, 21. 10. 1786.

12 Die entscheidenden Nachweise zu Hébert und seiner Ehefrau befinden sich im *Répertoire Tuetey*, Bde. X, CI und in A. de Lestapis, *La »Conspiration de Batz«*, 1793–1794, Paris, 1969. Zu den Daten Madame Héberts vgl. BHVP, Ms. 741, f° 206 (Bürgernachweis vom 4. 8. 1793). Aufrichtigkeit, Demagogie und Eigennutz vermischten sich bei Hébert derart, daß noch immer keine »endgültige« Biographie vorliegt.

13 Dem Abgeordneten des Departements Maine-et-Loire, Tallon, zufolge waren die beiden Frauen Schwestern (AN, F/7/4667). Das stimmt nicht, sie waren nur eng befreundet.

14 Koch war der Witwer von Pétronille Merkus, mit der er fünf Kinder hatte. Er wohnte in der Rue des Petites-Ecuries und in Passy. AN, MC, Et. XXII/65.

15 Zit. nach: A. Mathiez, *Annales révolutionnaires*, 1913–1914, S. 79.

16 Zur Verhaftung von Madame des Linières vgl. AF*/II/292, f° 287; F/7/4774/24; Ano, *Les Maîtresses de Chabot* (Jahr II).

17 *Papiers trouvés (...) omis par Courtois*, Bd. II, S. 382 und BHVP, Ms. 859 (293).

18 F/7/6179/2112, S. 475, 19. Germinal Jahr VII. Vgl. A. Mathiez, »Une amie de Chabot, la comtesse de Linières«, in *Annales révolutionnaires*, November 1920, S. 500–502.

19 Der Bankhalter Hazon de Saint-Firmain, der das Trente-et-un-Spiel eingeführt hatte, wurde, als ihn das Glück verließ, einer der Spitzel Fouchés, was ihn nicht hinderte, während der Restauration eine Rente zu verlangen.

20 AN, F/7/6247, S. 87, und *Revue de la Révolution*, Januar–April 1888.

DIE UNGLEICHEN FREUNDINNEN

1 Louise de Beaumont, geboren 1767 in Baynac (Dordogne), war die Schwester von Christophe-François de Beaumont; er heiratete am 24. 9. 1786 die von Chateaubriand verherrlichte Ulrique-Pauline de Montmorin; sie starb 1803 in Rom. Madame de Beaumont heiratete Jean-Georges-Louis-Marie Le Franc, geboren am 8. 12. 1760, Sohn von Jacques Le Franc de Pompignan und Antoinette-Marie-Félicité de Caulaincourt, verwitwete Grimod du Fort. Zur Familie de Pompignan vgl. A. Duffo, *Jean-Jacques Le Franc, marquis de Pompignan*, Paris 1913.

2 Zu Madame de Beaufort (9. 5. 1763–20. 10. 1837) vgl. A. de Montferrand, *Biographie des femmes auteurs contemporaines françaises*, Bd. I, S. 245–250; Befroy de Reigny, *Dictionnaire néologique*, 1801; Alfred Marquiset, *Les Bas-Bleus*, Paris 1913; A. Gélis, »La comtesse de Beaufort«, *Revue des Pyrénées*, 1914, Nr. 1; *Journal de la Cour et de la Ville* (zu den patriotischen Gedichten der Madame de Beaufort und des Chevalier de Cubières); Général d'Hautpoul, *Mémoires*, Paris 1880. Vgl. auch das Werkverzeichnis in Cioranescu.

3 F/7/4774/12; Aussage von Vannez, Vertrauter der Madame de Beaufort (Germinal Jahr II).

4 Zu Montgaillard vgl. O. Blanc, *Les Espions de la Révolution*, Paris 1995.

5 Josset de Saint-Ange, 1792 bis 1793 verkehrte er fast täglich mit Chabot, Julien de Toulouse und Merlin de Thionville, war der Bruder von Josset de Saint-Laurent, der wegen Unterschlagung von Emigranteneigentum verurteilt wurde. Josset de Saint-Ange unterhielt einen Spielsalon in den Arkaden (Nr. 93), in den er 1791 Madame de Beaufort einführte. Dank der Unterstützung von Santerre ernannte man ihn 1791 zum Brigadegeneral, obwohl er enge Beziehungen zu engagierten Royalisten aufrechterhielt. Madame de Beaufort stand wegen einer »Falschgeldaffäre in Passy«, wo sie vor ihrer Emigration nach Brüssel lebte, auch mit dem Grafen Béchon d'Arquin in Verbindung. Poupart de Beaubourg nennt sie eine »Intrigantin«, die erst mit Pâris, dann mit Saint-Ange eine Liaison gehabt habe. Die Andeutungen Poupart de Beaubourgs sind jedoch mit Vorsicht zu genießen, da er bekannt dafür war, Montagnards im Auftrag der Girondisten zu denunzieren (F/7/4774/63, 24. 1. 1793).

6 AN, W 121, f° 186, Anzeige des Waffenhändlers Roosmalen, genannt la Rose, Maison-Egalité Nr. 174, Hauptmann der 5. Kompanie der Sektion de la Montagne, gegen »einen anderen Spielsalon, in der Rue Villedo, Nr. 14, den Madame de Beaufort und Madame de

Linières, die Mätresse Beurmonvilles, betreiben. Paris, den 27. Prairial Jahr II«.

7 Zu Julien vgl. AN, W 77, S. 137.

8 F/7/4774/12; Aussage von Vannez.

9 Sie wohnte in der Rue Basse-des-Remparts; es könnte sich um die Prinzessin von Nassau-Saarbrücken, die Witwe des Marquis de Soyecourt, handeln.

10 Claude-Etienne de Mallet wohnte bis zur Emigration in der Rue Quincampoix Nr. 53. Danach lebte er im Hotel Ventadour in der gleichnamigen Straße. Vgl. seine Akte An, W 268. Zu den gefälschten Bescheinigungen und dem betrügerischen Zuspiel der Behörden in Villiers-la-Garenne/Forges-les-Eaux vgl. A. de Lestapis, »L'assassinat de Le Peletier de Saint-Fargeau«, *Revue de Deux Mondes*, 1964, S. 488–493.

11 Zu seiner Beteiligung am Falschgeldschmuggel und seiner Anwesenheit in Suresnes vgl. das Verhör von Kératry (AN, W 279/112, 9. 8. 1793). Sein Name wird auch im Verhör (26. 5. 1793) des Kompagnons und Freundes Charles-Robert de Pressac, genannt Tesseyre, zitiert; man beschuldigte sie, an einer konterrevolutionären Aktion in der Vendée, der sogenannten Affäre Beaune-Winter, zusammen mit Cressac de Lubraic und anderen Adligen teilgenommen zu haben (AN, W 4).

12 AN, W 268/5 (Verhör von Mallet).

13 Julien, angeklagt, für seine Begünstigungen Geld genommen zu haben, veröffentlichte im Jahre IV einen Rechenschaftsbericht über sein Vermögen, danach *Encore un mot à mes détracteurs (Noch ein Wort an meine Verleumder)*, und brüstete sich damit, viele Menschen vor dem Fallbeil gerettet zu haben, u. a. Rougeville, Madame Vincent, den Bischof Flavigny, mehrere republikanische Geistliche, die Kinder der Familie de La Guyomarais, den Belgier Villain, den Grafen de Jumilhac, Madame de Beaufort, den Bankier Lafarge, Mitglieder der Familien Canbisy, Comulier, Bonneval, Van den Yver, Mademoiselle Candeille. Cambacérès, Tallien, Merlin, Rovère, Rewbell und Marie-Joseph Chénier, der ihn am heftigsten angriff, ließen sich am 23. Germinal Jahr III die Akten (W 172, S. 124 f.) über Julien zur Überprüfung geben. Unter dem Konsulat zog er sich nach Turin zurück.

14 Der Aufenthalt von Madame de Beaufort bei Batz in Charonne wurde von Bazire bestätigt, vgl. F/7/4590, V, S. 80.

15 Vgl. Albert Mathiez' ausgezeichnete Darstellung über Julien und seine Freunde, »diese Karikaturen von Terroristen«, in: *La Cor-*

ruption parlementaire: un député d'affaires, Julien de Toulouse, S. 206 f.

16 Madame de Beaufort versuchte mit allen Mitteln der Verhaftung zu entgehen, wechselte vorübergehend den Namen; die Stadtverwaltung soll sie eine Zeitlang gedeckt haben. Zum Haftbefehl vom 29. Ventôse Jahr II vgl. AN, AA/30 1428; zu Ermittlung und Verhör vgl. BB/3/67/110 (für die Monate Pluviôse-Germinal) und BB/3/66/14 (für den Monat Floréal). Ihr Gastgeber, der Marquis de Cubières, Besitzer der Ermitage in der Rue Beaurepaire, Nr. 30 (dem ehemaligen Wohnsitz von Madame de Pompadour), saß seit dem 29. Ventôse im Gefängnis Récollets in Versailles. Auch Mademoiselle d'Estat soll in seinem Haus Zuflucht gefunden haben. Die Mätresse und spätere Ehefrau des Diplomaten und zeitweiligen Honorarkonsuls der spanischen Botschaft wußte, welche Konventsmitglieder während des Prozesses gegen Ludwig XVI. sich hatten bestechen lassen und war folglich in akuter Lebensgefahr. André Chénier, der zusammen mit seinen Freunden Regnaud de Saint-Jean d'Angely und Richer de Sérizy in die Korruption verwickelt war, ersparte ihr die Verhaftung, indem er die Schuld auf sich lud. Madame de Beaufort, im Gefängnis Plessis inhaftiert, überlebte den 9. Thermidor und kam danach frei (AN, F/7/4428, Nr. 41).

17 AN, BB/3/71/438–441 (Denunziationen).

18 AN, BB/3/72 erneute Verhaftung von Madame de Pompignan und Verhör. Vgl. die Polizeiakte F/7/4774/12.

19 AN, MC, Et. XIII/491.

Die schamlose Räuberin

1 F.-R. Hervé-Piraux, *Les Logis d'amour*, 1912, S. 152; E. Campardon, *L'Académie royale de musique*, Bd. II, S. 287.

2 BN, Ms. Fr. 11358, S. 676 (Bericht von Marais).

3 P. Manuel, a. a. O., Bd. II, S. 200.

4 C. Piton, a.a.O.; *Les Spectacles de Paris: Correspondance secrète*, Bd. IX, S. 106.

5 J. Hervez, *Chronique du XVIIIe siècle*, S. 152.

6 E. Campardon, a. a. O., Bd. I, S. 48.

7 *Liste des maisons de jeux, académies et tripots*, 1790, S. 7.

8 P. Manuel, a. a. O., Bd. II, S. 72 f. Vgl. auch *Liste des maisons de jeu ...*,

1790 und *Dénonciation des maisons de jeu ...*, 1791. Comte d'Aurévil-le, *De la passion du jeu*, Paris 1824.

9 P. Manuel, op.cit. Bd. II, S. 81.

10 Correspondance secrète, Bd. IX, S. 106; Manuel, a. a. O., S. 93 und 200.

11 *Mémoires secrets*, Bd. XXI, 6. 7. 1782 und Bd. XXXIV, 6. 1. 1784.

12 AN, MC, Et. XIII/422 und AP, Gaz/1512 (23. 8. 1786).

13 BN, Nelles acq. fr., Ms. 6685, Journal de Hardy, »Concours de filles impures à Longchamp«, März 1785, April 1787 usw.; Quillet, *Chronique de Passy*, Bd. II, S. 159; V. Fournel, *Vieux Paris*, Tours 1887 (Kap. V); L. Batcave, »Reprise de la promenade de Longchamp«.

14 *Bull. Sté Hist. d'Auteuil et de Passy*, Bd. IX, 1916–1919, S. 106–122.

15 Nikolaj Karamsin, *Briefe eines russischen Reisenden*, Stuttgart 1986.

16 *Mémoires secrets*, Februar 1787.

17 Ano, *Longchamp, poème avec notes*, o. Jahr, (BHVP, 16257).

18 Vgl. A. Gruber, »Les Wauxhall«, *Bull. de la soc. de l'Histoire de l'Art français*, 1791, S. 125–143; G. Langlois, »Les origines des remiers parcs de divertissement«, *Histoire de l'Art*, Nr. 19, 1992, S. 51–63.

19 Armand-Hubert Leclerc, geboren in Cany-Barville, Departement Seine-Maritime, wurde am 21. 7. 1793 Quartiermeister im Kriegsministerium, danach Kommandeur der 2. Division. Er gehörte zum Kreis um de Pereyra, Dubuisson und Desfieux. Vgl. A. Tuetey, *Répertoire*, Bd. XI, S. 61 und weitere Verweise.

20 AN, T 1604 (Unterlagen Merville).

21 AN, BB/3/68, Akte 154.

Die furchtlose Aristokratin

1 AN, F/7/4/4750 (Dubois de Courval): Madame de Fleury erbte die Papiere ihres Mannes, vor allem die Briefe der Baronin d'Estat an ihn.

2 Omer-Louis-François Joly de Fleury starb am 1. April 1784 im Alter von vierzig Jahren in der Zitadelle von Arras. Er wurde auf dem dortigen Friedhof in Anwesenheit des Majors J. B. Baillet, genannt Vaugrenant, und seines Bruders Gaston-Louis, Leutnant im Regiment von Navarre, beerdigt (AN, MC, Et. Boilleau, 11. Vendémiaire Jahr IV).

3 AN, F/7/4750.

4 Lescure, *Correspondance secrète sur Louis XVI*, Bd. I, S. 128.

5 *Recueil de lettres secrètes*, 1783, S. 520.
6 *Les après-soupers du Palais Royal ou Galerie des femmes qui font joujou entre elles* (o. Ort, o. Jahr).
7 AN, MC, Et. LXXI/17, 4. 8. 1786; Et. XXII/65, 30. 11. 1790; Et. XXII/72, 27. 8. 1791. Der Marquis Pavée de Villevieille, ein Freund und Geliebter Cambacérès, hatte 1781 eine Liaison mit dem Schauspieler Roselly-Grammont, zu dessen Gunsten er Schuldverschreibungen ausstellte (APP, DQ 10/1439/2649).
8 *L'Espion anglais*, 1789, Bd. X, S. 194.
9 Personalangaben, F/7/4750, S. 369.
10 AN, MC, Et. Hémard, 22. 7. 1782, mit einem unveröffentlichten Entwurf Bélangers.
11 Melchior Grimm, Briefe ..., a. a. O.
12 AN, Y 12704, 11. 5. 1779.
13 AN, F/7/4750.
14 APP, A/A/228, 2. Germinal Jahr II.
15 AN, MC, Et. Drugeon, 31. 1. 1793.
16 AN, F/7/4750.
17 AN, W 94, I., 2, p. 183 und U 1021, p. 969. Becq de Fouquières veröffentlichte in seiner Ausgabe der Werke André Chéniers Dokumente zum Prozeß gegen Mesdames de Fleury und de Mursin am 7. Thermidor. Vgl. auch J. F. N. Duchaulsoy, *L'Agonie de Saint-Lazare*, Jahr III, S. 45.

Die gelehrige Geliebte

1 AN, o/3/2976/777; 29. 3. 1756–15. 2. 1840.
2 P. Manuel, a. a. O., S. 170.
3 Zu Bertin d'Antigny (1760–1804) vgl. AN, DIII/241, p. 22 »Frage zu den Rechten und Erbansprüchen unehelicher Kinder«; Douarche, a. a. O., Bd. II, S. 22. Vom Direktorium zur Deportation verurteilt, emigrierte Bertin nach Hamburg und gründete dort das anti-republikanische Organ »Le Censeur«. Aus der Stadt gewiesen, floh er nach St. Petersburg, wo er Robineau, den Ehemann seiner Halbschwester, und Mademoiselle Hus, eine weitere, aus Stockholm angereiste Halbschwester, traf und mit ihnen gemeinsam am Théâtre Français der Stadt eine Anstellung fand. Vgl. Aulard, *Paris sous l'Empire*, 30. 9. 1804.
4 Zu Robineau vgl. L. Leconte, »Un pamphlétaire de la révolution

brabançonne«. *An. Fed. Hist. Belg.*, XXXV, Kongreß, 1953, Bd. IV, S. 417–446; E. B. Abbott, »Robineau dit de Beaunoir et les petits théâtres du 18e siècle«, *Rev. Hist. de la France*, XLIII, 1936.

5 Mademoiselle Hus heiratete einen gewissen Monsieur Lelièvre.

6 AP, DC/6 f° 33, 26. 6. 1790.

7 AN, F/7/6443/9327.

8 *Recueil de lettres secrètes*, 1783, S. 48. Bibl. de l'Arsenal, Ms. 12454: »Herr Dejean wird in Zukunft den Namen Villeman tragen«. Die Gefangenen in der Bastille wurden umbenannt. Seiner Akte zufolge kam Dejean am 3. 2. 1784 in die Bastille, wurde dann auf die Insel Sainte-Marguerite verbannt, floh am 10. März und kam, am 27. März wieder aufgegriffen, erneut in die Bastille, wo er bis 1789 blieb.

9 P. Manuel, a. a. O., Bd. II, S. 39–48.

10 A.-V. Arnault, *Souvenirs d'un sexagénaire*, Paris 1833.

11 *Dénonciation faite au public sur les dangers du jeu . . .*, 1790, S. 24.

12 APP, Protokolle der Polizeikommissare der Sektion de la Butte-des-Moulins, 11. 12. 1791.

13 Ebenda, 31. 8. 1792. Vgl. auch Sektion du Roule, 20. 5. 1792.

14 A. Tuetey, a. a. O., Bd. IX, Nr. 455, 7. 3. 1793.

15 BN, Ms. f 6574.

16 AN, F/7/4666 Akte IV (Paß).

17 Zur Familie Custine vgl. Anka Muhlstein, *Astolphe de Custine (1790–1857)*, Paris 1996.

18 AN, W 342/658, V.

19 AN, F/7/4774/95 und AF II 61 Akte 451, S. 37 f.

20 AN, BB/3/2976, Nr. 777.

21 A. Aulard, *Paris sous la réaction thermidorienne*, Bd. II, S. 489, 520, 621.

22 AN, o/3/2976, Nr. 777.

23 AN, F/7/4363, Brief vom 7. 9. 1817.

Die erfolgreiche Erpresserin

1 APP, DC/6/246, f° 295 zu Personalien und Tod (Paris, am 30. April 1840). Vgl. auch AN, MC, Et. Cousin, Mai 1840.

2 Louis-François-Alexandre de Gérente de Sénas d'Orgeval, geboren 1764, Bischof von Orléans 1788. Zuvor war er mit dem Titel eines Bischofs von Olba, Amtsgehilfe seines Onkels, des Bischofs von

Orléans. Er war ein Freund von Barère und von Dupin de Beaumont und veranstaltete mit ihnen während der Schreckensherrschaft Lustgelage. Vgl. die Memoiren von Dufort de Cheverny und von Vilate.

3 Chamfort, a. a. O., S. 331.
4 AN, MC, Et. Tiron, 7. 4. 1787.
5 AN, MC, Et. Silly, 29. 1. 1789 und 11. 8. 1789.
6 AN, MC, Et. XXIV/971, 15. 3. 1789.
7 AN, Z/1/J/1196.
8 AN, W 251 (Bericht Soltho-Douglas über die Spiele 1792).
9 AN, III/61/453.
10 *Le Courrier*, Bd. XXII, Nr. 6, S. 86.
11 APP, Register Labat.
12 AN, BB/3/71/400.
13 BHVP, Ms. 756, Denunziation von Armand (Germinal Jahr II).
14 Bouchary, *Les Faux-Monnayeurs pendant la Révolution*, Paris 1947.
15 AN, F/7/4774/31.
16 AN, F/7/4613/1. Mademoiselle Bourgoin, die durch ihre Proteste während des Prozesses die Richter gegen sich aufbrachte, war die Schwester der berühmten Schauspielerin gleichen Namens. Sie heiratete den Grafen de Mesnil-Simon im Gefängnis La Force, wenige Wochen, bevor er zusammen mit Mesdames Saint-Amarand, Sartines, d'Eprémesnil und den Verurteilten vom 29. Prairial hingerichtet wurde. Sie wurde in die Untersuchung einbezogen.
17 AN, F/7/4774/33/III.
18 Douarche, les Tribunaux civils. Bd. II, S. 97.
19 AN, F/7/6195, S. 107.

Die verarmte Spionin

1 Neben den untenstehenden Hinweisen finden sich Auskünfte über Etta Palm d'Aëlders in: H. Hardenberg, *Etta Palm*, Assen 1962; bei Albert Mathiez in: *Autour de Danton*, Paris 1926. Vgl. auch Colenbrander, *Nederland en de Revolutio*, s'Gravenhage 1905; W. K. Koppius, »Etta Palm«, *Nieuw Nederl. Biograph. Woorden*, b. T.X., S. 708.
2 Im Inventar ihrer Papiere befindet sich ein Scheck über 750 Livres, ausgeschrieben von Maillebois.
3 Gleichzeitig wurden neun Personen verhaftet, darunter waren de Rotondo und d'Ephraïm. Durchsuchungen fanden in der Drucke-

rei von Marat statt (alle Zeitschriften waren damals davon betroffen).

4 Von Beginn der Revolution an hatten Frauen Zutritt zu den Sitzungen des Allgemeinen Bundes der Freunde der Wahrheit (13. 10. 1790), vorausgesetzt, sie abonnierten dessen Mitteilungsblatt *La Bouche de Fer.* Zu den Schriften Etta Palms vgl. S. Lacroix, *Les Actes de la Commune de Paris*, mit zahlreichen Hinweisen und einem Index besonders zu Band VII, der die Rechenschaftsberichte von *La Bouche de Fer* enthält. Vgl. auch den *Moniteur*, (Bde. IX und XI) und die Parlamentsberichte mit Nachdrucken der Reden und Erwähnung ihrer Diskussionsbeiträge. Die Materialien sind verstreut. Vgl. u. a. in der BHVP die Sammlungen 8° 12807 und 4° 19779. Eine ihrer interessantesten Schriften heißt *Appel aux Françaises sur la régénération des mœurs et nécessité de l'influence des femmes dans un gouvernement libre*, Paris 1791, 8° , IV–146 Seiten: »Die Vorurteile gegen unser Geschlecht, aufrechterhalten von ungerechten Gesetzen, denen zufolge uns in der Gesellschaft eine untergeordnete Stellung zugewiesen wird, zwingen uns oft, das streitbare und grimmige Wesen des Mannes zu bekämpfen. Die Geldgier unserer Schicksalsgenossinnen machte ihn zu unserem Beherrscher, wodurch die süße und natürliche Pflicht, Gattin und Mutter zu sein, in elende, bedrückende Sklaverei ausartete.«

5 *Chronique* vom 20. 6. 1791. Die Autoren der *Gazette universelle* behaupteten, daß sie sich mit Baronin anreden ließ, »obwohl sie keine anderen Barone kannte als diejenigen, die sie mit ihrem Besuch beehrten«.

6 Sie schickte auch einen Brief an den *Patriote français*, den Brissot am 28. Juli veröffentlichte.

7 *Le Journal de la Cour* teilte in der Ausgabe vom 22. 7. 1791 mit: »Bei der Baronin d'Aëlders verkehrte die ganze Sippschaft angeblicher Republikaner.«

8 »Papiers inédits de Choudieu«, *Revue de la Révolution*, Bd. XII, Mai 1888, S. 564.

9 Sie ersuchte um die Unterstützung des populären Palloy und die Teilnahme seiner Ehefrau an ihren feministischen Unternehmungen. BHVP, Ms. 755, f° 273.

10 Am 1. 4. 1792 erschien sie an der Spitze einer Frauendelegation erneut vor der Schranke der Gesetzgebenden Versammlung und forderte: Gleichheit der Bildung, Mündigkeit mit 21 Jahren, Gleichheit vor dem Gesetz und das Recht auf Ehescheidung – Forderun-

gen, die Olympe de Gouges zuvor in ihrer *Déclaration des droits de la femme et de la citoyenne* (September 1791) erhoben hatte.

11 AN, AF/II/48 und 49; F/7/4590; F/7/4659.

12 AE, Correspondance politique, Holland, Bd. 584 und 585.

Bibliographie

Abensour, Léon, *La Femme et le féminisme en France avant la Révolution*, Paris 1923

Affiches de Paris (Annonces, affiches et avis divers, dits), hg. von Aubert, Paris 1751–1790

Aimer en France, 1760–1860, Actes du colloque international de Clermont-Ferrand, Clermont-Ferrand, 2 Bände, 1980

Almanach des demoiselles de Paris, pour l'année 1792, Paris 1792

Almanach des honnêtes femmes, pour l'année 1790, Paris 1790

Almanach des spectacles (par l'abbé de La Porte), à partir de 1752 jusqu'en 1815 *(Les Spectacles de Paris, ou Calendrier historique et chronologique des Théâtres de Paris)*

Ano, *Les Joueurs et M. Dusaulx*, Köln 1781

–, *Longchamp*, Paris 1788

Arnoldiana, ou Sophie Arnould et ses contemporains, par l'auteur du Biévriana (Albéric de Ville), Paris 1813

Aulard, A., *Paris pendant la réaction thermidorienne et sous le Directoire* (5 Bände)

Auréville, comte d', *De la passion du jeu*, Paris 1814

Barras, Paul, vicomte de, *Memoiren*, Stuttgart 1895/1896 (4 Bände)

Baschet, Paul, *Mademoiselle d'Hervieux, fille d'Opéra*, 1943

Benabou, Erica-Marie, *La Prostitution et la police des mœurs*, hg. von Pierre Goubert 1987

Bisson de Barthélemy, Pierre, *L'activité d'un procureur général à la fin de l'Ancien Régime, les Joly de Fleury*, 1964

Blanc, Olivier, *Der letzte Brief. Die Schreckensherrschaft der*

Französischen Revolution in Augenzeugenberichten. Wien/Darmstadt 1988
–, *Madame de Bonneuil*, Paris 1987
–, *Olympe de Gouges*, Wien 1989
BOISSE, ERNEST, *Les Abonnés de l'Opéra de* 1783 à 1786, Paris 1883
BONALD, vicomte de, *François Chabot*, Paris 1908
BONNET, MARIE-JO, *Les Relations amoureuses entre les femmes du XVIe au XXe siècle*, Paris 1995
Bordels de Paris, les, avec les noms, demeures et prix, Paris 1790
CAMPARDON, EMILE, *L'Académie royale de musique aux XVIIIe siècle*, Paris 1884 (2 Bände)
–, *Les Comédiens du roi de la troupe italienne*, Paris 1879 (2 Bände)
–, *Les Comédiens du roi de la troupe française pendant les deux derniers siècles*, Paris 1879
CAPON, GASTON, »*La rue Pigalle*«, *Bulletin de la Société Le Vieux Montmartre*, Nr. 40, 1900
–, *Les Petites Maisons galantes de Paris, folies, maisons de plaisance et vide-bouteilles*, Paris 1902
–, *Vie privée du prince de Conti*, Paris 1903
CAPON/PLESSIS, *Les Théâtres clandestins*
CASTIL-BLAZE, *Histoire de l'Académie royale de musique*, Paris 1840
CHAMFORT (ROCH NICHOLAS dit), *Ein Wald voller Diebe. Maximen, Charaktere, Anekdoten.* Nördlingen 1987
CHAUSSIER, HECTOR, *Le Gros Lot, ou une journée de Jocrisse au Palais-Egalité*, Paris an IX (1801)
Chronique arétine, ou Recherche pour servir à l'histoire des mœurs du XVIIIe siècle, 1789
Chronique scandaleuse, ou Mémoires pour servir à l'histoire de la génération présente (1783, 1788, 1789), hg. von J. Hervez 1912
Chronique scandaleuse, ou Mémoires pour servir à l'histoire de la génération présente, Paris 1791 (5 Bände)
COGNEL, M., *La Vie Parisienne sous Louis XVI* (1787), 1882

COLLE, *Journal historique*, Paris 1868 (3 Bände)
Correspondance littéraire, philosophique et critique de Grimm, Diderot, Raynal, Meister etc., Paris 1877–1882 (16 Bände)
Correspondance littéraire secrète, hg. von Métra (1775–1793), Neuwied (19 Bände)
Correspondance secrète sur Louis XVI et Marie-Antoinette, la Cour et la Ville de 1777 à 1792, d'après les manuscrits de la bibliothèque impériale de Saint-Pétersbourg, hg. von M. de Lescure, Paris 1866 (2 Bände)
COULET, H., *Le Roman jusqu'à la Révolution*, Paris 1967
Courrier de l'Europe, hg. Serres de Latour, Mac Mahon, Brissot, Montlosier, London 1776–1782
Courrier des 83 *départements*, de Gorsas (années 1789–1792)
Dénonciation faite au public sur les dangers du jeu, Paris 1791
D'ORIGNY, *Annales du Théâtre Italien*, Paris 1788 (3 Bände)
DOUARCHE, A., *Les Tribunaux civils de Paris pendant la Révolution*, Paris 1907
DUFORT DE CHEVERNY, *Mémoires*, hg. von R. de Crèvecœur, Paris 1886 (2 Bände)
DULAURE, JACQUES-ANTOINE, *Description de Paris*, Paris 1814
DUSAULX, J., *Gedanken über die Leidenschaften beim Spiel*, Breslau 1781
DUTHE, ROSALIE, genannt Mlle Gérard, *Souvenirs de Mlle Duthé*, Paris 1833 (4 Bände)
Etrennes aux grisettes pour l'année 1790, Paris 1790
Fastes scandaleuses, ou la galerie de Les plus aimables coquines de Paris, A. Paphos, Galerie du Palais-Egalité
FLANDRIN, JEAN-LOUIS, »La vie sexuelle des gens mariés dans l'ancienne société«, *Communications*, Nr. 35, 1982, 102–113
–, *Le Sexe et l'Occident, évolution des attitudes et des comportements*, Paris 1981
–, »Mariage tardif et vie sexuelle, discussions et hypothèses de recherche«, *Annales E.S.C.*, nov./déc. 1972, 1351–1378
FLEISCHMANN (HECTOR), *Les Demoiselles d'Amour du Palais Royal*, Paris 1911

–, *Les Filles publiques sous la Terreur*, Paris (o. J.)
Fleury, Bénard, dit, *Mémoires* hg. von J.-B.-P. Lafitte, Paris 1844 (2 Bände)
France, Eugène DE, *La Maison de la Gourdan. Documents inédits sur l'histoire des mœurs à la fin XVIII*e *siècle*, Paris 1908
Freundlich, Francis, *Le Monde du jeu à Paris – 1715–1800*, 1995
Funck-Brentano, Franz, *Les Lettres de cachet de Paris*, Paris 1903
–, *Figaro et ses devanciers*, Paris 1909
–, *La Bastille des comédiens, le For-Lévêque*, Paris 1903
Glotz, Madeleine / Maire, Madeleine, *Salon du XVIII*e *siècle*, Paris 1949
Goncourt, Edmond de, *La Guimard. D'après les registres des menus plaisirs de la bibliothèque de l'Opéra*, Paris 1893
Goncourt, Edmond de, *Mademoiselle Clairon*, Paris 1911
–, *Mademoiselle Saint-Huberti, d'après sa correspondance et ses papiers de famille*, Paris 1882
Goncourt, Edmond et Jules, *La Société française pendant le Directoire*, Paris 1855 (Neuaufl. 1989)
–, *Sophie Arnould, sa correspondance et ses mémoires inédits*, Paris 1859
Goulemont, J.-M., *Gefährliche Bücher. Erotische Literatur, Pornographie, Leser und Zensur im 18. Jahrhundert*. Reinbek 1993
Grand Carteret, John, *Les Almanachs français* 1896
Grappe, G., *Fragonard, peintre de l'amour aux XVIII*e *siècle*, Paris 1913 (2 Bände)
Grimod de la Reynière, *Revue des Comédiens ou critique raisonnée de tous les acteurs*, Paris 1808
Grimm, F. M., *Paris zündet die Lichter an. Literarische Korrespondenz*. München 1977
Grussi, Olivier, *La Vie quotidienne des joueurs sous l'Ancien Régime*, Paris 1985

Hervé-Piraux, F.-R., (Pseud. von François Bournand und Raphaël Viau –, *Histoire des petites maisons galantes*, 1910–1912 (3 Bände); Band 1: *Les temples de l'amour aux XVIII*e *siècle*, Paris 1910. Band 2: *Les folies d'amour aux XVIII*e *siècle*, Paris 1911, Band 3: *Les logis d'amour au XVIII*e *siècle*, Paris 1912
Hervez, Jean, *Les femmes et la galanterie au XVIII*e *siècle*, Paris 1906
Heyden-Rynsch, Verena von der, *Europäische Salons*, 3. Aufl. Düsseldorf 1997
Houssaye, Arsène, *Princesse de comédie et déesses d'Opéra*, Paris 1866
Imbert de Boudeau, *La Chronique scandaleuse*, Paris 1788
Intermédiaire des chercheures et des curieux
Jaton, A.-M., »Libertinage féminin, libertinage dangereux«, in: *Laclos et le libertinage*, Paris 1983
Journal de la cour et de la ville, ou le Petit Gautier (1790–1792)
Journal de Paris, 1777–1826
Journal du Palais Royal, Paris 1789
Jullien, Adolphe, *L'Opéra secret au XVIII*e *siècle*, Paris 1880
Karamsin, Nikolaj, *Briefe eines reisenden Russen*, Stuttgart 1986
Kraft/Ransonnette, *Plans, coupes et élévations des plus belles maisons de Paris*, Paris o. J.
Lamothe-Langon, *Mémoires de Mlle Sophie Arnould*, Paris 1837 (2 Bände)
Lapierre de Chateauneuf, A., *Les Dix Mélanges ou Mémoires secrets*, Paris 1829
Latour du Pin, marquise de, *Journal d'une femme de cinquante ans*, hg. von A. de Liedekerque-Beaufort, Paris 1911 (4 Bände)
Latynna, J. de, *Almanach du Commerce*, Paris 1779–1789
Leroux, Hugues, *La Dugazon*, Paris o. J.
Lever, Evelyne, *Marie-Antoinette*, Düsseldorf 1992
–, *Le Duc d'Orléans*, Paris 1996

Lettres de Julie à Eulalie, ou Tableau du libertinage à Paris, London 1785

Loménie, L.-M., *Beaumarchais et son temps,* 1856 (2 Bände)

Loredan-Larchey, *Journal des inspecteurs de M. de Sartines,* Brüssel 1863

Lyonnet, Henri, *Dictionnaire des Comédiens-Français,* 1925

Manuel, Pierre, *La Police de Paris dévoilée,* Paris, Jahr II der Freiheit (1793/94) (2 Bände)

Marand-Fouquet, Catherine, *La Femme au temps de la Révolution,* Paris 1989

Marquiset, Alfred, *Jeux et Joueurs d'autrefois (1789–1837),* Paris 1929

Mauzi, Robert, *L'Idée du bonheur dans la littérature et la pensée française au XVIIIe siècle,* Paris 1964

Mayeur de Saint-Paul, *Le Chroniqueur désœuvré, ou l'Espion du boulevard du Temple,* Paris 1782

Mémoires secrets pour servir à l'histoire de la République des lettres en France de 1762 jusqu'à nos jours, London 1777–1789 (36 Bände), hg. von Bachaumont, Pidansat de Mairobert und Moufle d'Angerville

Mercier, Louis-Sébastien, *Les Tableaux de Paris,* Jean-Claude Bonnet, Mercure de France, 1994 (2 Bände)

Merrick, Jeffrey, »The marquis de Villette and mademoiselle de Raucourt, Representations of male and female sexual deviance in late Eighteenth Century France«, in: *Homosexuality in Modern France,* 1996

Miniatures, Les, ou Recherche sur les trois grands spectacles, Paris 1790

Montbas, Hugue de, *La Police parisienne sous Louis XVI,* Paris 1949

Morel, de Rubempré, J., *La Pornologie, ou Histoire de la débauche,* Paris 1848

Musée féminin (1784–1789)

Nagy, Peter, *Libertinage et révolution,* 1975

Nouvelles de Cythère, ou Affiches du Palais Royal, Paris 1788

Le Parc aux Cerfs, ou les origines de l'affreux déficit, 1790

PARMENTIER, A., »Les boulevards de Paris au XVIIIe siècle«, *Revue du XVIIIe siècle*, I, 1913, 121–138

Petit Almanach des grands spectacles, Paris 1972

PEUCHET, JACQUES, *Mémoires tirés des archives de la police pour servir à l'histoire de la morale et de la police ...*, 1838 (3 Bände)

PIDANSAT DE MAIROBERT, MATHIEU-FRANÇOIS, *Confession de Mademoiselle Sapho, ou la secte des Anandrynes* (1785), 1977

–, *L'Espion anglais, ou Correspondance secrète entre milord All'eye et milord All'ear*, London, 1777–1784 (10 Bände)

PINHAS-DELPUECH, R., »De l'affranchi au libertin«, dans *Eros philosophe, Discours libertin des Lumières*, hg. von François Moureau und Alain-Marc Rieu, 1984

PITON, CAMILLE, *Paris sous Louis XV*, Paris 1906–1914 (5 Bände)

POISSON, GEORGES, *Choderlos de Laclos ou l'obstination*, Paris 1985

POL, ANDRÉ, *Le XVIIIe siècle galant et libertin, Recueil de documents curieux et rares*, Paris o. J. (Neuauflage von *La cassette verte de M. de Sartine. Le vol plus haut, ou l'espion des principaux théâtres, L'espion anglais* (Auszüge), *Lettres de l'observateur anglais sur la »foutromanie« de Séna de Meilhan, Correspondance de Madame Gourdan, Les lauriers ecclésiastiques)*

PORTALIS, BARON ROGER, *Henri-Pierre Danloux et son journal pendant l'émigration* (1735–1809), Paris 1910

Portefeuille d'un Talon Rouge, contenant des anecdotes galantes et secrètes de la Cour de France, Paris 1788

PUJOULX, JEAN-BAPTISTE, *Paris à la fin du XVIIIe siècle*, Paris, an IX (1801)

RAVAISSON-MOLLIEN, *Archives de la Bastille*, Paris 1892–1904 (19 Bände)

RESCHAL, A., *La Névrose galante*, Paris 1909

RESTIF DE LA BRETONNE, *Die Abenteuer hübscher Frauen*. München 1966

–, *Mes inscriptions, Journal intime* (1780–1787), hg. von Paul Cottin, Paris 1889

REUILLY, JEAN DE, *La Raucourt et ses amies. Étude des mœurs saphiques au XVIIIe siècle,* Paris 1909

Revue de l'An VIII, ou Les originaux du Palais-Royal, Paris 1800

Revue des comédiens, La, par M..., vieux comédien (A.B.L. Grimod de La Reynière/Fabien Pillet), Paris 1808 (2 Bände)

RIVALS, »*Essai sur la fureur du jeu et sur les femmes du monde, par un ancien garde du corps du roi*«, BN, MS. fonds français, Nr. 14958

ROBIQUET, PAUL, *Théveneau de Morande, étude sur le XVIIIe siècle,* Paris 1882

ROLLAND, ARMANDE-JOSÉPHINE MARTINEAU DE LILLE, Mme. *La Famille de Sainte-Amaranthe,* Paris 1864

Romans libertins du XVIIIe siècle, collection Bouquins, hg. von Raymond Trousson, Paris 1996

SAUVAL, HENRI, *La Chronique scandaleuse de Paris,* 1910

STERN, JEAN, *Mesdemoiselles Colombe,* Paris 1923

–, *Un brasseur d'affaires (...) Michel-Jean Simon,* 1933

–, *A l'ombre de Sophie Arnould, l'architecte Bélanger,* Paris 1930 (2 Bände)

–, *Belle et bonne, une fervente amie de Voltaire,* Paris 1938

THÉVENEAU DE MORANDE, *Le Gazetier cuirassé* (1771–1784)

–, *L'Argus patriotique* (1791–1792)

–, *La Gazette noire,* Paris, 1784

THIRION, H., *La Vie privée des financiers,* Paris 1895

TILLY, COMTE ALEXANDRE DE, *Memoiren. Dokumente zur Sittengeschichte des XVIII. Jahrhunderts,* Wien 1923

UZANNE, OCTAVE (A. ROBIDA), *Documents sur les mœurs du XVIIIe siècle: la Chronique scandaleuse, la Gazette de Cythère, les Mœurs secrètes du XVIIIe siècle,* Paris 1879–1883 (4 Bände)

VEZE, RAOUL, *La Galanterie parisienne au XVIIIe siècle, Rapports de police,* Paris 1905

VIAL/CAPON, *Journal d'un bourgeois de Popincourt, Lefevre de

Beauneuf, Paris 1902 (Auszug aus: *Correspondance historique et archéologique)*

VIGÉE-LEBRUN, LOUISE-ELISABETH, *Der Schönheit Meisterin. Erinnerungen der Elisabeth Vigée-LeBrun.* Darmstadt 1985

Vol plus haut, ou L'Espion des principaux théâtres de la capitale, Paris 1784

Voyage autour des galeries du Palais Royal, Paris an VIII (1800)